改訂22版

東京都
屋外広告物条例の解説

●監修/東京都都市整備局
　　　　都市づくり政策部緑地景観課
●編著/東京都屋外広告物研究会

大成出版社

目　　次

解　説　編

規 程 編

6

解説編

序章　屋外広告物の規制

1　屋外広告物規制の必要性

　屋外広告物は、まちを訪れる人々を適切に案内誘導したり、あるいは、商品、サービスの受け手である消費者に情報を提供するなど、様々な機能を有しており、都市における諸活動を円滑にし、人々の日常生活に多くの利便をもたらしている。

　このようなメッセージを伝えるという機能を担う屋外広告物も、同時に、川・緑地等の自然や建築物などとともに都市景観の重要な構成要素の一つである。しかし、経済活動の活発化に伴い、屋外広告物が無秩序・大量に掲出されると、自然の風致やまちの美観を損ねることにもなりかねないので、まちの良好な景観を形成する観点から適切に規制される必要がある。

　さらに、近年における建築物の中高層化に伴い広告技術は進展し、屋外広告物の表示方法は多様化・大型化している。建築物の屋上、壁面などに設置される広告板、広告塔については、適切に規制され、設置・管理されなければ、景観や風致を損ねるのみならず、落下し、貴重な生命や財産を奪うことにもなりかねないなど潜在的な危険性を秘めているといわなければならない。とりわけ、台風や地震の多い我が国の自然風土を加味すると、この面から屋外広告物について十分な規制あるいは適切な指導を行うことは極めて肝要である。

　屋外広告物の有するこうした二つの側面を踏まえ、屋外広告物の表示については、良好な景観の形成、風致の維持及び公衆に対する危害の防止という観点から規制を行うことが必要である。

2　東京都屋外広告物条例の経緯

　美観風致の維持及び公衆に対する危害を防止することを目的とする屋外広告物法は、昭和24年に制定された。東京都屋外広告物条例は、同法の成立を受け、昭和24年に制定したものである。その後、昭和48年の屋外広告業の届出制度の創設等を内容とする法改正を受けて条例改正を行うなど数次にわた

り部分的な改正を行ってきたが、屋外広告物規制の基本的な事項については改正していなかった。しかし、この間、都市の高密度化、建築物の高層化等社会環境が大きく変化するとともに、都市計画法、建築基準法等の関係法令も大幅な改正が行われ、従来の規制ではこの変化に十分対応することが困難となっていた。そこで、屋外広告物の規制について全面的な見直しをするため、昭和56年2月、都知事は東京都広告物審議会に対して、「東京における屋外広告物の規制に関する方針及び基準について」諮問した。

同審議会は、昭和59年5月に都知事に答申し、都はこの答申を受け、「広告協定地区」や「屋外広告物等の総表示面積の規制」等を内容とする条例の改正を行い、昭和62年4月から改正条例を施行している。

平成8年3月には、防災上の観点から、条例改正により規模の大きな屋外広告物や道路上にある屋外広告物等について、「屋外広告物管理者」設置の制度を設けた。

また、平成11年7月に知事は、「東京における車体利用広告規制のあり方について」東京都広告物審議会に対して諮問を行い、同審議会は、平成11年11月に中間答申、平成13年2月に答申を行った。これらに基づき、平成12年3月に、路線バス及び路面電車の車体利用広告について条例及び施行規則の当該規制に関する部分を改正し、平成13年10月には、電車及び観光バスの車体利用広告規制に関する部分についての施行規則の改正を行った。

さらに平成14年10月、知事は、広告技術の進歩、都市景観に関する都民意識の高まり等の社会経済情勢の変化に対応するため、「東京における今後の広告物規制のあり方について」東京都広告物審議会に諮問を行った。

平成15年1月、同審議会は中間答申を行った。この中の提言等に基づき、同年3月にタクシー及びハイヤーの車体利用広告について、施行規則の改正を行った。

また、同年7月には地区計画との連携、地下歩行者専用道等への広告表示及び公益施設・物件への広告表示に関する条例改正、同年9月にはこれらの規格等に関する施行規則の改正を行った。

さらには、平成16年6月、景観法の制定と併せ、屋外広告物法が改正された。目的に、良好な景観の形成が加わるとともに、規制の実効性を確保するために、簡易除却対象となる広告物等の拡大や、屋外広告業の登録制の導入

等の制度が整備された。

　また、平成17年1月に東京都広告物審議会は「東京における今後の広告物規制のあり方について」知事へ答申を行った。

　平成17年3月、屋外広告物法の改正及び東京都広告物審議会答申に基づき、「地域の個性や魅力を活かすための広告物の地域ルールとの連携」、「違反広告物対策の強化」、「屋外広告業の登録制度の導入」等を主な内容とする条例改正を行い、同年7月、その手続等を定める施行規則の改正を行った。

　平成18年10月、景観法（平成16年法律第110号）第8条第1項により定められた景観計画に即して、広告物の表示等の制限が可能となるよう条例改正を行い、平成19年3月、東京都景観計画の策定を受けて、同施行規則の改正を行った。

　平成20年4月には、江戸川区一之江境川親水公園沿線景観形成地区地区計画の屋外広告物の基準について地域ルールとして、条例施行規則へ反映した。同年12月、違反広告物の取締りの実効性を向上させるため、許可済みの広告物等に貼付する標識票の導入について、施行規則の改正を行った。

　平成21年3月、小笠原における景観形成特別地区の指定に伴い、父島・母島の自然公園特別地域以外の区域を新たに許可区域とするため、施行規則の改正を行った。

　平成21年4月には、地域における歴史的風致の維持及び向上に関する法律（平成20年法律第40号）に基づく、歴史的風致向上地区整備計画の区域についても地域ルールが適用できるよう条例改正を行った。

　平成22年1月、墨田区景観計画に位置付ける向島百花園、旧安田庭園周辺地域を禁止区域に指定した（同年2月施行）。

　また、同年3月には、千代田区麹町地区地区計画の屋外広告物の基準について、条例施行規則へ反映するため同規則の改正を行った（同年4月施行）。

　平成23年4月には、高速道路を走行する路線バス等への第三者広告の表示を条件付きで認めることとした。

　また、広告宣伝車のデザインについて、申請者に意匠等作成経過報告書を求めることができるよう、規則の一部を改正した（同年10月施行）。

　平成24年3月には、足立区花畑五丁目地区地区計画、足立区西新井三丁目

地区地区計画、品川区小山台一丁目防災街区整備地区地区計画、品川区景観計画重点地区の屋外広告物の基準について、地域ルールとして条例施行規則へ反映した（同年4月施行）。

平成25年5月には、江戸川区の古川親水公園沿線景観形成地区地区計画及び二之江西地区地区計画における屋外広告物の基準について、地域ルールとして条例施行規則に反映した（同年6月施行）。

平成27年3月には、江戸川区の地区計画の変更を受けて、古川親水公園沿線景観形成地区地区計画を廃止し、江戸川五丁目付近地区地区計画における屋外広告物の基準を地域ルールとして条例施行規則に反映させる改正を行った（同年4月施行）。

同年12月には、文京区景観計画に位置付ける小石川植物園周辺地域を禁止区域に指定した（平成28年1月施行）。

平成28年7月には、東京都景観計画に位置付ける殿ヶ谷戸庭園周辺地域を禁止区域に指定した（同年8月施行）。

平成29年6月には、世田谷区玉川二丁目地域の用途地域計画の変更に伴い、多摩川風致地区のうち、告示で指定した禁止区域から除外する区域を変更した。

平成29年12月には、都市緑地法等の一部を改正する法律（平成29年法律第26号）の施行による都市計画法の改正により、新たな用途地域の類型として田園住居地域が創設された。都市緑地法等の一部を改正する法律の施行による屋外広告物法の改正を踏まえ、禁止区域に田園住居地域を追加する条例及び施行規則の改正を行った（平成30年4月施行）。

令和2年3月には、建築物等に光で投影する広告物であるプロジェクションマッピングについて、観光資源としての活用や東京の都市の魅力向上につなげていく観点から規制の見直しを行い、条例及び施行規則の改正を行った（同年7月施行）。

令和3年3月には、東京都のDX（デジタルトランスフォーメーション）推進に向けた取組により、屋外広告業の登録、屋外広告物の表示・掲示の許可を行う場合に作成する様式について押印を不要とした（同年4月施行）。

令和5年2月には、タクシー車両のモデルチェンジに伴い、主要な車種となったジャパンタクシーに合わせた規格に最適化するための規格の改正のほ

か、内閣府からの通知に基づく写真の規格の変更、はんこレスの推進に伴う
様式の改正を行うため、施行規則の改正を行った（同年4月施行）。

第1章　屋外広告物法

1　法の概要

　屋外広告物法（昭和24年法律第189号）は、良好な景観の形成、風致の維持及び公衆に対する危害を防止するために、屋外広告物の表示及び屋外広告物を掲出する物件の設置並びに屋外広告業について、必要な規制の基準を定めるものとして、制定されたものである。具体的な規制については、都道府県、政令指定都市及び中核市の定める条例によるものである。

　屋外広告物法による規制の概要は次のとおりである。

- ○　目的（第1条）
- ○　定義（第2条）
- ○　広告物等の制限（第3条〜第6条）
- ○　違反に対する措置（第7条）
- ○　除却した広告物等の保管、売却又は廃棄（第8条）
- ○　屋外広告業の登録等（第9条〜第11条）
- ○　登録試験機関（第12条〜第25条）
- ○　特別区の特例（第26条）
- ○　大都市等の特例（第27条）
- ○　景観行政団体である市町村の特例等（第28条）
- ○　適用上の注意（第29条）
- ○　罰則（第30条〜第34条）

（関連通達）
○屋外広告物法の一部を改正する法律について

　屋外広告物法の一部を改正する法律は、昭和48年9月17日法律第81号をもって公布され、昭和48年12月16日から施行される運びとなったが、今回の改正は、屋外広告物に対する規制の実情にかんがみ、違反広告物について都道府県知事の行う除却措置に関する規定を整備するとともに、屋外広告業の届出制度の創設等その指導の強化を図り、もって都市の美観風致の維持等を確保しようとするものである。

　この改正の趣旨に従い、その実施にあたっては、下記の点に十分留意して、屋外

広告物条例の改正等必要な措置を講じ、その運用に遺憾なきを期するとともに、すみやかに関係事項を貴管下関係機関に周知徹底方取り計られたく命により通達する。

記

1　違反はり札、立看板の除却措置の簡素化について　　⎫

2　屋外広告業に対する指導の強化について　　　　　　⎬　「通達、通知」参照

　　　　　　　　　　　　　　　　　　　　　　　　　　⎭

3　屋外広告物行政の運用について

　屋外広告物行政は、周知のように、都市の美観風致を維持し、及び公衆に対する危害を防止するため、国民の表現の手段を規制するものであるので、その運用にあたってはいやしくも国民の政治活動の自由その他国民の基本的人権を不当に侵害することのないよう厳正な運用を期する必要があり、今回この旨を明文化した（法第15条の改正規定）。

　今後屋外広告物行政を推進するにあたっては、この趣旨に十分留意するとともに、あわせて公共掲示板の設置等公的な表現の場の確保に努められるよう配慮されたい。

　なお、政治資金規正法（昭和23年法律第194号）第6条の届出を経た政党、協会等が表示するはり紙、はり札又は立看板の手数料は、これを徴収しないこととされるとともに市民運動、労働運動にかかわるはり紙、立看板等の取扱いについては慎重に行われたい。

4　公衆に対する危害の防止について

　近時、屋外広告物の損壊等による事故が多発しているが、広告塔及び工作物等に掲出する広告物の設置については、公衆に危害を及ぼすことのないよう監督を厳重にし、事故防止について万全の対策を講ずるよう広告主、工事施工者等を十分指導されたい。

（昭和48年11月12日建設省都公緑発第80号建設事務次官通達）

（関連通知）

○屋外広告物法の一部改正について

　「景観法の施行に伴う関係法律の整備等に関する法律」が、平成16年6月18日法律第111号をもって公布され、平成16年12月17日から施行されたところです。この中で、屋外広告物法については、景観行政を行う市町村による屋外広告物条例の制定、許可区域の全国化、簡易除却対象となる広告物等の範囲の拡大、屋外広告業の登録制度の導入等の所要の改正が行われたところです。今回の改正は、違反広告物対策の実効性を確保するとともに、良質で地域の景観と調和した屋外広告物の表示等を図ることを目的とするものであります。

　今般、この改正により創設・充実された措置の活用に当たり、円滑かつ適切な運用を図ることが重要であるとの認識から、屋外広告物法の運用に関する技術的助言

8

として、この通知を送付するものです。貴職におかれましては、下記の事項に留意し、改正法について広くその趣旨及びその内容の周知を図り、法の普及に努めるとともに、法の円滑かつ適切な運用を図ることにより、更なる良好な景観の形成、風致の維持及び公衆に対する危害の防止が図られることとなれば幸甚です（以下「通達、通知」参照のこと）。

（平成16年12月17日国都公緑第148号国土交通省都市・地域整備局長通知）

2　法の目的

（目的）
第1条　この法律は、良好な景観を形成し、若しくは風致を維持し、又は公衆に対する危害を防止するために、屋外広告物の表示及び屋外広告物を掲出する物件の設置並びにこれらの維持並びに屋外広告業について、必要な規制の基準を定めることを目的とする。

　これは、屋外広告物の規制は、その目的を良好な景観の形成、風致の維持と公衆に対する危害の防止に限定し、そのための手段として、表示の場所、方法並びに物件の設置及び維持に対して規制を加えるものである。したがって、屋外広告物の表示する内容にまで立ち入って規制をすることはできない。このように、表示の内容については、屋外広告物としての規制をすることはできないが、他の法律や条例等によって別個の観点から規制されることがある（例えば、わいせつな内容のものや、青少年の健全な育成を阻害するおそれのある内容のものは、刑法、軽犯罪法、青少年の健全な育成に関する条例等によって規制されている。）。しかしながら、このような規制や刑罰とは関係なく、表示する広告物の内容について広告主あるいは屋外広告業者等が職業倫理の上から適切な配慮を行わなければならないことは、当然のことである。

3　定　義

（定義）
第2条　この法律において「屋外広告物」とは、常時又は一定の期間継続して屋外で公衆に表示されるものであつて、看板、立看板、はり紙及びはり札並

びに広告塔、広告板、建物その他の工作物等に掲出され、又は表示されたも
の並びにこれらに類するものをいう。
2　この法律において「屋外広告業」とは、屋外広告物（以下「広告物」とい
う。）の表示又は広告物を掲出する物件（以下「掲出物件」という。）の設置
を行う営業をいう。

(1)　屋外広告物の定義

①　ここでいう「常時又は一定の期間継続して」とは、1日1時間でも
それが継続して掲出されれば該当する。

②　「屋外」とは、物件の設置されている場所が屋外かどうかであって
屋外から見えるという意味ではない。

③　「公衆」とは、不特定多数人をいう。例えば、野球場内、遊園地
内、駅のホーム等で、特定の人々（入場者等）のみにしか見えない方
法で表示されたものは屋外広告物に該当しない。

④　「その他の工作物等」とは、元来、広告物の表示又は掲出の目的を
持たないもの、例えば煙突、塀のごときものを指す。また、「等」と
は、工作物とは称しえないもの、例えば、岩石、樹木等を利用したも
のを包含するための表現である。

⑤　「これらに類するもの」とは、広告物は、今後いかなる形式で現わ
れてくるか予測できないので、そのようなものを含めようとするもの
である。

⑥　法にいう屋外広告物は有体物に限定されている。

※参考例

＜屋外広告物に該当するものの例＞

イ　建築物の外壁、塀等における絵画、イラスト等の表示

ロ　日よけに表示した文字、絵画等

ハ　鉄道の乗客を対象とするもので鉄道用地外又は鉄道用地内であつ
てホームに正対していないもの

ニ　一般公共の用に供される地下道に設置されるもの

ホ　電光ニュース板

ヘ　目的地への案内誘導標識

＜屋外広告物に該当しないものの例＞

イ　単に光を発するもの（サーチライト、文字のない単一色の板への照明）

ロ　自動車のガラス等の内側から表示されたもの

ハ　鉄道駅ホームの上及び鉄道用地内でホームに正対して設置されたもの

ニ　工場、野球場、遊園地内等で、その構内に入る特定の者のみを対象とするもの（一般公共の用に供されるものを除く。）

ホ　音響広告

ヘ　街頭演説等ののぼり旗等一時的で、かつ、設置者の直接的な管理下にあるもの

ト　地下駐車場、地下鉄の鉄道施設等で、特定の施設利用者のみが使用する地下道に表示されるもの

(2)　屋外広告業の定義

　昭和48年の法改正以降、屋外広告業の届出制が設けられてきたが、平成16年の法改正により登録制が導入された。この登録制度は、屋外広告物の直接規制や違反広告物対策等の屋外広告物に対する施策とあいまって、違反広告物が表示されず良好な景観の形成に寄与する広告物が表示される体制を構築し、同時に屋外広告業者の実態をより的確に把握し、その指導・育成に資することを目的とするものである。

　登録しなければならない「屋外広告業」とは、元請・下請を問わず、広告主から広告物の表示又は広告物を掲出する物件の設置に関する工事を請け負い、屋外で公衆に表示することを業とするものである。

第2章　東京都屋外広告物条例

1　条例の制定

　屋外広告物法の制定により、屋外広告物の規制が都道府県（後に指定都市及び中核市を追加）の固有の事務とされ、条例の定めるところにより行うものとされた。このため、東京都においても、東京都屋外広告物条例（昭和24年条例第100号）を制定したものである。

2　総則（第一章）

(1)　条例の目的等

> （目的等）
> 第1条　この条例は、屋外広告物及び屋外広告業について、屋外広告物法（昭和24年法律第189号。以下「法」という。）の規定に基づく規制、都民の創意による自主的な規制その他の必要な事項を定め、もつて良好な景観を形成し、若しくは風致を維持し、又は公衆に対する危害を防止することを目的とする。
> 2　この条例の適用に当たつては、国民の政治活動の自由その他国民の基本的人権を不当に侵害しないように留意しなければならない。

　条例は、①　屋外広告物の表示の場所及び方法並びに屋外広告物を掲出する物件の設置及び維持について必要な基準を定めること、②　屋外広告業について必要な事項を定めること、③　都民の創意による自主的な規制その他の必要な事項を定めること、により良好な景観の形成、風致の維持と公衆に対する危害の防止を目的とする。

(2)　定義

> （定義）
> 第2条　この条例において、次の各号に掲げる用語の意義は、それぞれ当該各

号に定めるところによる。
一　屋外広告物　法第2条第1項に規定する屋外広告物（以下「広告物」という。）をいう。
二　屋外広告業　法第2条第2項に規定する屋外広告業をいう。
三　広告主　広告物を表示し、又は広告物を掲出する物件（以下「掲出物件」という。）を設置することを決定し、自ら又は屋外広告業を営む者その他の事業者（以下「屋外広告業者等」という。）に委託する等により、当該広告物を表示し、又は当該掲出物件を設置する者をいう。

　　この項で定義する広告主は、屋外広告物の設置や表示の工事を行う屋外広告業とは違い、屋外広告業者等と委託契約を結ぶなどすることにより、屋外広告物の設置や表示に係るものをいう。広告主は実際に屋外広告物の設置や表示の工事は行わないものの、屋外広告業者等に対しては「委託元」となり、屋外広告物の設置場所、設置方法、表示内容等の決定に際して大きな影響力を持つ者である。

(3)　責務

（都の責務）
第3条　東京都（以下「都」という。）は、この条例の目的を達成するため、広告物に関する施策を策定し、及び実施する責務を有する。
2　都は、前項の施策の円滑な実施を図るため、広告主、屋外広告業者等、国並びに特別区及び市町村との適切な連携を図るものとする。
（都民の責務）
第4条　都民は、都がこの条例に基づき実施する広告物に関する施策について理解を深めるとともに、これに協力するよう努めるものとする。
（広告主及び屋外広告業者等の責務）
第5条　広告主は、この条例の規定及び自らの創意による自主的な規制を遵守するとともに、広告物の表示又は掲出物件の設置を委託した屋外広告業者等に、この条例の規定を遵守させるために必要な措置を講じる責務を有する。
2　広告主は、都がこの条例に基づき実施する広告物に関する施策に協力するよう努めるものとする。
3　屋外広告業者等は、広告主と連携し、この条例の規定及び自らの創意による自主的な規制を遵守する責務を有する。

　4　屋外広告業者等は、都がこの条例に基づき実施する広告物に関する施策に協力するよう努めるものとする。

　　この条例の目的である良好な景観の形成、風致の維持、公衆に対する危害の防止を実現するためには、都、国、区市町村、都民、広告主及び屋外広告業者等が連携し、この条例の規定を遵守し又は遵守させ、更に都が実施する施策に対して協力することが求められるため、都、都民、広告主、屋外広告業者等についての責務を規定したものである。

3　広告物等の制限（第二章）

(1)　禁止区域

（禁止区域）
第6条　次に掲げる地域又は場所に、広告物を表示し、又は掲出物件を設置してはならない。
　一　都市計画法（昭和43年法律第100号）第8条第1項第一号の規定により定められた第一種低層住居専用地域、第二種低層住居専用地域、第一種中高層住居専用地域、第二種中高層住居専用地域及び田園住居地域並びに同項第十二号の規定により定められた都市緑地法（昭和48年法律第72号）第12条の規定による特別緑地保全地区。ただし、知事の指定する区域を除く。
　二　都市計画法第8条第1項第六号の規定により定められた景観地区のうち知事の指定する区域、景観法（平成16年法律第110号）第74条第1項の規定により指定された準景観地区であつて同法第75条第1項に規定する条例により規制を受ける地域のうち知事の指定する区域、景観法の施行に伴う関係法律の整備等に関する法律（平成16年法律第111号）第1条の規定による改正前の都市計画法第8条第1項第六号の規定により定められた美観地区（以下「旧美観地区」という。）及び都市計画法第8条第1項第七号の規定により定められた風致地区。ただし、旧美観地区及び風致地区にあつては、知事の指定する区域を除く。
　三　森林法（昭和26年法律第249号）第25条第1項第十一号の規定により保安林として指定された森林のある地域
　四　文化財保護法（昭和25年法律第214号）第27条又は第78条第1項の規定により指定された建造物及びその周囲で知事の定める範囲内にある地域並びに同法第109条第1項若しくは第2項又は第110条第1項の規定により指定され、又は仮指定された地域並びに指定され、又は仮指定されたもの及

びその周囲で知事の定める範囲内にある地域

五　歴史的又は都市美的価値を有する建造物及びその周囲並びに文化財庭園
　　など歴史的価値の高い施設の周辺地域で知事の定める範囲内にある地域

六　古墳、墓地、火葬場及び葬儀場並びに社寺、仏堂及び教会の境域

七　国又は公共団体の管理する公園、緑地、運動場、動物園、植物園、河
　　川、堤防敷地及び橋台敷地

八　自然公園法（昭和32年法律第161号）第20条第1項の規定により指定さ
　　れた国立公園及び国定公園の特別地域並びに同法第73条第1項の規定によ
　　り指定された東京都立自然公園の特別地域

九　学校、病院、公会堂、図書館、博物館、美術館等の建造物の敷地及び官
　　公署の敷地

十　道路、鉄道及び軌道の路線用地。ただし、第8条第二号に掲げる地域を
　　除く。

十一　前号の路線用地に接続する地域で、知事の定める範囲内にあるもの。
　　　ただし、第8条第二号に掲げる地域を除く。

十二　前各号に掲げるもののほか、別に知事の定める地域

　　この項に指定する禁止区域は、主として良好な景観の形成、風致の維
持の観点から、屋外広告物の表示等を禁止する必要のある特定の地域又
は場所を規定したものである。

①　第1項第四号により知事が定める範囲

　イ　浜離宮恩賜庭園及び旧芝離宮恩賜庭園の周囲の区域で、地盤面か
　　ら高さ20メートル以上の空間（平19年告示第479号）

　ロ　小石川後楽園、六義園、旧岩崎邸庭園、旧古河庭園の周囲の区域
　　で、地盤面から高さ20メートル以上の空間（平20年告示第452号）

　ハ　向島百花園の周囲の区域で、地盤面から高さ15メートル以上の空
　　間（平22年告示第90号）

　ニ　小石川植物園の周囲の区域で、地盤面から高さ20メートル以上の
　　空間（平27年告示第1795号）

　ホ　殿ヶ谷戸庭園の周囲の区域で、地盤面から高さ20メートル以上の
　　空間（平28年告示第1315号）

②　第1項第五号により知事が定める範囲

　イ　新宿御苑の周囲の区域で、地盤面から高さ20メートル以上の空間

（平19年告示第480号）

ロ　清澄庭園の周囲の区域で、地盤面から高さ20メートル以上の空間
（平19年告示第480号）

ハ　旧安田庭園の周囲の区域で、地盤面から高さ15メートル以上の空
間（平22年告示第91号）

③　第1項第九号にいう学校、病院等の範囲

本号に掲げる建築物の敷地内が禁止区域とされたのは、公営、民営
のいかんを問わず、強い公共性、公益性を有するためである。

イ　「学校」の範囲

学校教育法（昭和22年法律第26号）第1条にいう学校（小・中・
高等学校、義務教育学校、中等教育学校、大学、高等専門学校、特
別支援学校、幼稚園）をいう。同法第124条及び第134条にいう専修
学校及び各種学校は含まない。

ロ　「病院」の範囲

医療法（昭和23年法律第205号）第1条にいう病院、診療所をい
う。同法第2条にいう助産所は含まない。

ハ　「図書館」の範囲

図書館法（昭和25年法律第118号）第2条にいう図書館

ニ　「博物館」の範囲

博物館法（昭和26年法律第285号）第2条にいう博物館。

なお、登録博物館であって技術館、歴史館、科学館、民芸館、資
料館、センター、動物園等の名称を使用するものもある。

ホ　「公会堂」の範囲

国、地方公共団体及び公益法人が設立し、管理するもの

ヘ　「美術館」の範囲

公会堂と同じく、国、地方公共団体及び公益法人が設立し、管理
するもの

ト　「等の建造物」の範囲

児童福祉法（昭和22年法律第164号）第35条にいう保育所等の児
童福祉施設、老人福祉法（昭和38年法律第133号）第14条にいう老
人福祉施設、社会教育法（昭和24年法律第207号）第20条にいう公

民館など。名称のいかんを問わず、公益法人が設立し、管理するもので、前記に類似の施設

チ　「官公署」の範囲

官公署とは、国及び地方公共団体、公団、公社等の庁舎である。ただし、公営企業、公社、公団にあって販売活動等の直接的営業行為を行う施設は許可区域とする。したがって、都営交通駅等は許可区域である。

また、都営交通の自動車営業所、自動車操車場の敷地において庁舎と明確に区分できる駐車場等も許可区域である。

④　第1項第十号にいう道路の範囲

道路法（昭和27年法律第180号）上の道路で、供用されているもの

⑤　第1項第十一号により知事が定める禁止区域

道路、鉄道等の路線用地は全て禁止区域であるが、これらに接続する地域で屋外広告物を規制する区域は知事が告示で定めている。

（道　路）

イ　京葉道路（昭35年告示第826号、改正昭62年同第151号）

ロ　代々木公園周辺道路（昭39年告示第1166号、改正昭62年同第151号）

ハ　駒沢公園周辺道路（　　　　〃　　　　　　　　〃　　　　　）

ニ　お茶の水、市ケ谷及び弁慶橋風致地区の周辺道路（昭40年告示第247号、改正昭41年同第543号、改正昭62年同第151号）

ホ　高速自動車国道東名自動車道、中央自動車道、関越自動車道（昭43年告示第535号、昭45年同第319号、昭47年同第564号、昭53年同第293号、改正昭62年同第151号、一部改正平27年）

ヘ　首都高速道路（昭46年告示第1412号、改正昭53年同第292号、改正昭62年同第151号）

ト　秩父多摩甲斐国立公園内道路（昭48年告示第1160号、改正昭62年同第151号）

チ　主要地方道等沿道の市街化調整区域（昭62年告示第152号、一部改正平27年）

（鉄　道）

イ　中央線及び京浜東北線の一部（昭35年告示第827号、改正昭62年

同第151号）

　ロ　東京モノレール羽田空港線（昭39年告示第1166号、改正昭62年同第
　　　151号、一部改正平27年）

　ハ　東海道本線（新幹線）の一部（　　〃　　　　　　　　〃　　）

⑥　第1項第十二号により知事が定める禁止区域

　　新宿副都心地区（昭41年告示第542号、改正昭62年同第153号、一部
　　改正平27年）

（2）　禁止物件

（禁止物件）

第7条　次に掲げる物件には、広告物を表示し、又は掲出物件を設置してはな
らない。

一　橋（橋台及び橋脚を含む。）、高架道路、高架鉄道及び軌道

二　道路標識、信号機及びガードレール

三　街路樹及び路傍樹

四　景観法第19条第1項の規定により指定された景観重要建造物及び同法第
　　28条第1項の規定により指定された景観重要樹木

五　郵便差出箱、信書便差出箱、公衆電話ボックス、送電塔、テレビ塔、照
　　明塔、ガスタンク、水道タンク、煙突及びこれらに類するもの

六　形像及び記念碑

七　石垣及びこれに類するもの

八　前各号に掲げるもののほか、特に良好な景観を形成し、又は風致を維持
　　するために必要なものとして知事の指定する物件

2　次に掲げる物件には、はり紙（ポスターを含む。以下同じ。）、はり札等
　　（法第7条第4項前段に規定するはり札等をいう。以下同じ。）、広告旗（同
　　項前段に規定する広告旗をいう。以下同じ。）、又は立看板等（同項前段に規
　　定する立看板等をいう。以下同じ。）を表示し、又は設置してはならない。

一　電柱、街路灯柱及び消火栓標識

二　アーチの支柱及びアーケードの支柱

　　この第7条に指定する禁止物件は、屋外広告物が表示されることによ
って、良好な景観の形成、風致の維持、公衆に対する危害防止に支障を
来すおそれのある物件である。

　また、第2項はいわば「限定的な禁止物件」として、電柱、街路灯柱、消火栓標識及びアーチの支柱、アーケードの支柱には、はり紙、はり札等、広告旗、立看板等を表示し又は設置してはならない旨を明確にしたものである。

① 第1項第一号にいう橋等について

　イ 「橋」には陸上橋、歩道橋を含む。

　ロ 「高架鉄道」「高架道路」のうち、高架下の駅舎、商店、駐車場等に設置するもので、自らの屋号、商標、商品の名称又は、その内容を表示するためのものについては許可区域内（用途地域や告示区域等）であれば許可できる。ただし、橋台、橋脚に設置するものは不可

② 第1項第五号にいう公衆電話ボックスについて

　「公衆電話ボックス」には、キャビネットスタンド型（電話機をポール上の樹脂の箱の中に据え付けたもの。）を含む。

③ 第1項第五号にいうこれらに類するものの例

　無線塔、吸排気塔

④ 第1項第七号にいうこれに類するものの例

　がけ、土手、堤防、よう壁

⑤ 第1項第八号により知事が指定する禁止物件

　イ 駐車場法（昭和32年法律第106号）第8条第2項に規定する標識及びパーキングメーター（昭34年告示第448号、改正昭62年同第154号）

　ロ 青山（玉川）通り及び環状7号線の共架柱（昭38年告示第1252号、改正昭62年同第154号）

(3) 許可区域

（許可区域）

第8条　次に掲げる地域又は場所（第6条各号に掲げる地域又は場所を除く。）に広告物を表示し、又は広告物を掲出する物件を設置しようとする者は、知事の許可を受けなければならない。

一　特別区、市及び町の区域

二　道路、鉄道及び軌道の路線用地並びにこれらに接続する地域で、知事の
　定める範囲内にある地域
三　自然公園法第 5 条第 1 項又は第 2 項の規定により指定された国立公園又
　は国定公園の区域及び同法第72条の規定により指定された東京都立自然公
　園の区域
四　景観法第 8 条第 2 項第一号に規定する景観計画の区域のうち、知事の指
　定する区域

　　この第 8 条に規定された地域は、知事の許可を受けることにより屋外
広告物を表示することができる地域である。
　　同条第四号においては、東京都景観計画に規定する水辺景観形成特別
地区（平19年告示第481号）、小笠原（父島二見港周辺）景観形成特別地
区（平21年告示第465号）及び品川区景観計画に規定する重点地区（平
24年告示第545号）を指定している。
　　東京都において、許可を受けることなく屋外広告物を掲出できる地域
は、西多摩郡檜原村及び大島、八丈島、小笠原父島・母島を除く島しょ
のうち、自然公園法に基づく自然公園の指定のない区域である。ただ
し、これらの地域においても、第 6 条（禁止区域）、第 7 条（禁止物
件）、第19条（禁止広告物等）、第20条（管理義務）、第21条（規格の設
定）、第28条（除却の義務）等の規定は適用される。

(4)　特定の区域における広告物の基準（地域ルール）

（地区計画等の区域における基準）
第 9 条　知事は、都市計画法第 4 条第 9 項に規定する地区計画等の区域（同法
　第12条の 5 第 2 項第一号に規定する地区整備計画、密集市街地における防災
　街区の整備の促進に関する法律（平成 9 年法律第49号）第32条第 2 項第一号
　に規定する特定建築物地区整備計画、同項第二号に規定する防災街区整備地
　区整備計画、地域における歴史的風致の維持及び向上に関する法律（平成20
　年法律第40号）第31条第 2 項第一号に規定する歴史的風致維持向上地区整備
　計画、幹線道路の沿道の整備に関する法律（昭和55年法律第34号）第 9 条第
　2 項第一号に規定する沿道地区整備計画又は集落地域整備法（昭和62年法律
　第63号）第 5 条第 3 項に規定する集落地区整備計画（以下「地区整備計画
　等」という。）が定められている区域に限る。）において、当該地区整備計画

等の内容として定められた広告物又は掲出物件（以下「広告物等」という。）に関する事項が、良好な景観を形成し、又は風致を維持し、かつ、公衆に対する危害を防止するものであると認める場合は、当該事項を、この条例の規定による当該区域に係る広告物等の基準として東京都規則（以下「規則」という。）で定めることができる。

第10条　削除

（広告誘導地区等における基準）

第11条　知事は、良好な景観を形成し、又は風致を維持するために必要であると認める場合には、一定の区域を広告誘導地区として指定し、当該区域における広告物等の形状、面積、色彩、意匠その他表示の方法に関する事項を誘導方針として定めることができる。

2　前項に規定する広告誘導地区において、土地、建築基準法（昭和25年法律第201号）第2条第一号に規定する建築物（以下「建築物」という。）、工作物又は広告物等の所有者又はこれらを使用する権利を有する者は、前項に規定する誘導方針に則して、規則で定めるところにより、広告物等の形状、面積、色彩、意匠その他表示の方法に関する事項を合意書として定めることができる。

3　知事は、前項の規定により定められた合意書の内容又は東京のしゃれた街並みづくり推進条例（平成15年東京都条例第30号）第27条第2項の規定により承認された街並み景観ガイドラインの内容として定められた広告物等の事項が、良好な景観を形成し、又は風致を維持し、かつ、公衆に対する危害を防止するために特に必要であると認める場合には、当該事項を、この条例の規定による当該区域に係る広告物等の基準として規則で定めることができる。

（広告協定地区）

第12条　一定の区域内の土地、建築物、工作物又は広告物等の所有者又はこれらを使用する権利を有する者は、良好な地域環境を形成するため、当該区域内の広告物等の形状、面積、色彩、意匠その他表示の方法の基準に関する協定（以下この条において「広告協定」という。）を締結したときは、広告協定書を作成し、その代表者によつて、知事に提出して、当該区域について広告協定地区として指定するよう求めることができる。

2　知事は、前項の規定による申請があつた場合において、当該広告協定が良好な地域環境の形成に寄与すると認めるときは、当該区域を広告協定地区として指定することができる。

3　知事は、前項の規定により広告協定地区を指定するときは、あらかじめ当該区域の存する特別区、市及び町の長の意見を聴かなければならない。

4　知事は、第2項の規定により広告協定地区を指定したときは、当該広告協定をした者に対し、良好な地域環境を形成するため必要な措置をとるべきことを指導し、又は助言することができる。

5　第1項及び第2項の規定は、広告協定地区の変更又は廃止について準用する。

（プロジェクションマッピング活用地区）

第12条の2　まちづくりの推進を図る活動等を行うことを目的とする一般社団法人又は一般財団法人、特定非営利活動促進法（平成10年法律第7号）第2条第2項の特定非営利活動法人その他規則で定める団体（以下「まちづくり団体等」という。）は、地域の特性に応じたプロジェクションマッピング（建築物その他の工作物等に光で投影する方法により表示される広告物をいう。以下同じ。）の活用を図るため、規則で定めるところにより、一定の区域をプロジェクションマッピング活用地区（以下「活用地区」という。）に指定するよう知事に申請することができる。

2　前項の規定による申請は、次に掲げる事項を定めたプロジェクションマッピング活用計画（以下「活用計画」という。）の案を添えて行わなければならない。

一　活用地区の名称、位置及び区域

二　プロジェクションマッピングの活用に係る方針

三　プロジェクションマッピングの表示の場所、位置、形状、規模、色彩その他表示の方法に関する基準（以下「表示基準」という。）

四　表示基準が適用される建築物その他の工作物等

五　その他規則で定める事項

3　まちづくり団体等は、活用計画の案を作成しようとするときは、説明会を開催する等活用地区の住民の意見を反映させるよう努めなければならない。

4　知事は、第1項の規定による申請があつた場合において、当該申請に係る活用計画の案の内容が知事が別に定める基準を満たすものと認めるときは、当該活用計画の案に掲げる区域を活用地区として指定することができる。

5　知事は、前項の規定により活用地区を指定するときは、あらかじめ当該活用地区に係る区域の存する特別区及び市町村の長の意見を聴かなければならない。

6　まちづくり団体等は、第4項の規定により指定された活用地区に係る活用計画の内容を変更（軽微な変更を除く。）しようとするときは、規則で定めるところにより、その旨を知事に申請しなければならない。

7　第3項から第5項までの規定は、前項の規定による申請について準用する。

8　まちづくり団体等は、第4項の規定により指定された活用地区を廃止しよ

うとするときは、規則で定めるところにより、その旨を知事に届け出なければならない。

9　前各項に定めるもののほか、活用地区の指定に関し必要な事項は、知事が別に定める。

〈関連規則〉

（地区計画等の区域における広告物等の基準）

第10条の2　新たに条例第8条第四号の規定による指定があつた際、当該指定のあつた区域に現に適法に表示され、又は設置されている広告物等については、当該指定の日から当該区域ごとに知事が別に定める日までの間は、表示し、又は設置しておくことができる。

第10条の3　条例第9条の規則で定める基準は、別表第1の2のとおりとする。

（広告誘導地区における合意書）

第11条　条例第11条第2項の合意書（以下「合意書」という。）は、次に掲げる要件を満たすものとする。

　一　合意書における広告物等の形状、面積、色彩、意匠その他表示の方法に関する事項が、条例第11条第1項の誘導方針に則したものであること。

　二　条例第11条第1項の広告誘導地区（以下「広告誘導地区」という。）における土地、建築物、工作物又は広告物等の所有者及びこれらを使用する権利を有する者の3分の2以上の合意によるものであること。

2　広告誘導地区における土地、建築物、工作物又は広告物等の所有者又はこれらを使用する権利を有する者は、合意書を作成したときは、当該合意書を知事に届け出るものとする。

3　前2項の規定は、合意書の変更及び廃止について準用する。

（まちづくり団体等）

第11条の2　条例第12条の2第1項の規則で定める団体は、次に掲げるものとする。

　一　地方自治法（昭和22年法律第67号）第260条の2第7項の認可地縁団体

　二　商店街振興組合法（昭和37年法律第141号）第2条の商店街振興組合及び商店街振興組合連合会

　三　会社法（平成17年法律第86号）第2条第1号の株式会社、合名会社、合資会社及び合同会社

　四　法人でない団体であつて、事務所の所在地、構成員の資格、代表者の選

任方法、総会の運営、会計に関する事項その他当該団体の組織及び運営に
関する事項を内容とする規約その他これに準ずるものを有しているもの

（活用地区の指定の申請）

第11条の3　条例第12条の2第1項の規定による申請は、別記第9号様式の3
による活用地区指定申請書により行うものとする。

2　条例第12条の2第2項の活用計画の案には、次に掲げる図書を添付しなけ
ればならない。

　一　条例第12条の2第2項第四号に規定する建築物その他の工作物等であつ
　　て、国、地方公共団体又は他人が管理し、又は所有するものにプロジェク
　　ションマッピングを表示する場合においては、当該建築物その他の工作物
　　等の所有者等の承諾を証明する書面

　二　その他知事が必要と認める書類

（プロジェクションマッピング活用計画に定める事項）

第11条の4　条例第12条の2第2項第五号の規則で定める事項は、次に掲げる
事項とする。

　一　プロジェクションマッピングの活用に係る運営体制

　二　その他知事が必要と認める事項

（活用計画の変更等）

第11条の5　条例第12条の2第6項の規定による変更の申請は、別記第9号様
式の4の活用地区指定変更申請書に、当該変更に係る活用計画の案を添えて
行わなければならない。

2　条例第12条の2第8項の規定による廃止の届出は、別記第9号様式の5の
活用地区廃止届により行わなければならない。

別表第1の2　（第10条の3関係）

地区計画等の名称	地区計画等の区域	広告物等の基準
一　東京都市計画地区計画一之江境川親水公園沿線景観形成地区地区計画（平成18年江戸川区告示第487号。以下この項において「当地区計画」という。）	江戸川区一之江一丁目、一之江五丁目、一之江六丁目、一之江町、二之江町、西一之江三丁目、松江六丁目、松江七丁目、船堀五丁目、船堀六丁目及び船堀七丁目各地内	一　条例第13条から第17条までに規定する広告物等であること。 二　条例第13条第五号に掲げる広告物等（同条ただし書により規則で定める基準に適合する場合を除く。）については、次の基準に該当するものであること。 ㈠　建築物の屋上へ取り付けないこと。 ㈡　赤色光を使用しないこと。 ㈢　光源が点滅しないこと。 ㈣　建築物の壁面を利用する広告物等の表示面積の合計は、当地区計画で定める住居街区（以下この項におい

		て単に「住居街区」という。）にあつては15平方メートル以下、当地区計画で定める複合街区（以下この項において単に「複合街区」という。）にあつては20平方メートル以下であること。 （五）　土地に直接設置する広告塔及び広告板の地盤面から広告物の上端までの高さは、住宅街区にあつては5メートル以下、複合街区にあつては10メートル以下であること。
二　東京都市計画地区計画麹町地区地区計画（平成20年千代田区告示第117号）	一　千代田区麹町一丁目地内	一　条例第13条から第17条までに規定する広告物等であること。 二　条例第13条第五号に掲げる広告物等（同条ただし書の規則で定める基準に適合する場合を除く。）については、次の基準に該当するものであること。 （一）　建築物の屋上へ取り付けないこと。 （二）　赤色光又は黄色光を使用しないこと。 （三）　光源が点滅しないこと。 （四）　露出した光源を使用しないこと。 （五）　表示面積の合計は、10平方メートル以下であること。 （六）　土地に直接設置する広告塔及び広告板の地盤面から広告物の上端までの高さは、10メートル以下であること。 （七）　地盤面より広告物等の上端までの高さが10メートル以上であるものについては、当該広告物に使用する色彩のマンセル値が、次の表の左欄に掲げる色相の区分に応じて、同表の右欄に定める彩度を超えないこと。ただし、一広告物の表示面積の3分の1以下の面積については、同表の下欄に定める彩度を超えて使用することができる。

色相	彩度
0.1Rから10Rまで	5
0.1YRから5Yまで	6
5.1Yから10Gまで	4
0.1BGから10Bまで	3
0.1PBから10RPまで	4

二　千代田区麹町 　二丁目、麹町三 　丁目、麹町四丁 　目及び麹町五丁 　目各地内	一　次の基準に該当するものであること。 　㈠　赤色光又は黄色光を使用しないこと。 　㈡　光源が点滅しないこと。 　㈢　露出した光源を使用しないこと。 　㈣　広告板又は広告幕の表示面積の合計は、20平方メートル以下であること。 　㈤　土地に直接設置する広告塔及び広告板の地盤面から広告物の上端までの高さは、10メートル以下であること。 　㈥　地盤面より広告物等の上端までの高さが10メートル以上であるものについては、当該広告物に使用する色彩のマンセル値が、次の表の左欄に掲げる色相の区分に応じて、同表の右欄に定める彩度を超えないこと。ただし、一広告物の表示面積の3分の1以下の面積については、同表の右欄に定める彩度を超えて使用することができる。

色　　　　　　相	彩度
0.1Rから10Rまで	5
0.1YRから5Yまで	6
5.1Yから10Gまで	4
0.1BGから10Bまで	3
0.1PBから10RPまで	4

三　千代田区麹町 　五丁目及び麹町 　六丁目各地内	一　条例第13条から第17条までに規定する広告物等であること。 二　条例第13条第五号に掲げる広告物等（同条ただし書の規則で定める基準に適合する場合を除く。）については、次の基準に該当するものであること。 　㈠　建築物の屋上へ取り付けないこと。 　㈡　赤色光又は黄色光を使用しないこと。 　㈢　光源が点滅しないこと。 　㈣　露出した光源を使用しないこと。 　㈤　表示面積の合計は、20平方メートル（学校及び病院に係る広告物等については、50平方メートル）以下であること。

		(六) 土地に直接設置する広告塔及び広告板の地盤面から広告物の上端までの高さは、10メートル以下であること。 (七) 地盤面より広告物等の上端までの高さが10メートル以上であるものについては、当該広告物に使用する色彩のマンセル値が、次の表の左欄に掲げる色相の区分に応じて、同表の右欄に定める彩度を超えないこと。ただし、一広告物の表示面積の3分の1以下の面積については、同表の右欄に定める彩度を超えて使用することができる。 色相 / 彩度の表 | 色　　　　　　　　相 | 彩度 | |---|---| | 0.1Rから10Rまで | 5 | | 0.1YRから5Yまで | 6 | | 5.1Yから10Gまで | 4 | | 0.1BGから10Bまで | 3 | | 0.1PBから10RPまで | 4 |
三　東京都市計画地区計画花畑五丁目地区地区計画（平成23年足立区告示第362号）	足立区花畑三丁目、花畑四丁目、花畑五丁目及び花畑六丁目各地内	一　条例第13条から第17条までに規定する広告物等であること。 二　赤色光を使用しないこと。 三　光源が点滅しないこと。 四　露出した光源を使用しないこと。 五　建築物の壁面に表示し、又は設置する広告物等については、次の基準に該当するものであること。 　(一)　広告物等の表示面積が50平方メートル以下であること。 　(二)　広告物等を表示し、又は設置する壁面における各広告物等の表示面積の合計が、当該壁面面積の10分の1以下であること。 六　建築物の屋上を利用する広告塔及び広告板（以下この項において「広告塔等」という。）については、次の基準に該当するものであること。 　(一)　一建築物につき、表示し、又は設置する広告塔等は2基以下、かつ、表示面積は合計で120平方メートル以下であること。 　(二)　一面の表示面積は、50平方メートル以下であること。 　(三)　地盤面から広告塔等の上端までの

		高さは、25メートル以下であること。
四　東京都市計画地区計画西新井三丁目地区地区計画（平成17年足立区告示第374号）	足立区西新井三丁目地内	一　条例第13条から第17条までに規定する広告物等であること。 二　建築物の屋上へ取り付けないこと。 三　建築物の壁面から突出させないこと。 四　赤色光を使用しないこと。 五　光源が点滅しないこと。 六　露出した光源を使用しないこと。 七　表示面積の合計は、20平方メートル（学校及び病院に係る広告物等にあつては、50平方メートル）以下であること。 八　広告物に使用する色彩は、足立区景観条例（平成21年足立区条例第24号）第22条の規定により足立区長に提出された西新井第三団地地区景観ガイドラインの基準を満たすこと。
五　東京都市計画防災街区整備地区計画小山台一丁目地区防災街区整備地区計画（平成18年品川区告示第420号）	品川区小山台一丁目及び西五反田四丁目各地内	一　建築物の屋上へ取り付けないこと。 二　有色光を使用しないこと。 三　光源が点滅しないこと。 四　露出した光源を使用しないこと。
六　東京都市計画地区計画二之江西地区地区計画（平成23年江戸川区告示第437号。以下この項において「当地区計画」という。）	江戸川区春江町四丁目、春江町五丁目、西瑞江五丁目及び江戸川六丁目各地内	一　条例第13条から第17条までに規定する広告物等であること。 二　条例第13条第5号に掲げる広告物等（同条ただし書の規則で定める基準に適合する場合を除く。）については、次の基準に該当するものであること。 ㈠　建築物の屋上へ取り付けないこと。 ㈡　赤色光を使用しないこと。 ㈢　光源が点滅しないこと。 ㈣　表示面積の合計は、当地区計画で定める景観街区A（以下この項において単に「景観街区A」という。）及び当地区計画で定める景観街区B（以下この項において単に「景観街区B」という。）にあつては10平方メートル以下、当地区計画で定める景観街区C（以下この項において単に「景観街区C」という。）にあつては20平方メートル以下であること。 ㈤　土地に直接設置する広告塔及び広

		告板の地盤面から広告物の上端までの高さは、景観街区A及び景観街区Bにあっては5メートル以下、景観街区Cにあっては10メートル以下であること。
七　東京都市計画地区計画江戸川五丁目付近地区地区計画（平成26年江戸川区告示第76号。以下この項において「当地区計画」という。）	江戸川区江戸川四丁目、江戸川五丁目、江戸川六丁目、西瑞江五丁目及び春江町四丁目各地内	当地区計画で定める景観街区C（以下この項において単に「景観街区C」という。）、当地区計画で定める景観街区D（以下この項において単に「景観街区D」という。）及び当地区計画で定める景観街区E（以下この項において単に「景観街区E」という。）に表示し、又は設置する広告物等については、次の基準に該当するものであること。 一　条例第13条から第17条までに規定する広告物等であること。 二　条例第13条第5号に掲げる広告物等（同条ただし書の規則で定める基準に適合する場合を除く。）については、次の基準に該当するものであること。 ㈠　建築物の屋上へ取り付けないこと。 ㈡　赤色光を使用しないこと。 ㈢　光源が点滅しないこと。 ㈣　表示面積の合計は、景観街区Cにあっては20平方メートル以下景観街区D及び景観街区Eにあっては10平方メートル以下であること。 ㈤　土地に直接設置する広告塔及び広告板の地盤面から広告物の上端までの高さは、景観街区Cにあっては10メートル以下、景観街区D及び景観街区Eにあっては5メートル以下であること。

① 　目的

　　屋外広告物に関する規制は、屋外広告物を表示する際に守るべき最低の基準を定めたものである。しかし、都民の景観意識は高まりを見せており、魅力ある都市景観をつくるためには、各地域の景観特性にきめ細かく対応していく必要がある。そのため、昭和61年にできた地域の実状に詳しい地元住民、広告主、広告業者等の自主的な広告物等に関する規制である広告協定地区制度（平成7年11月に臨海副都心広

告協定地区が誕生）に加え、都市計画法による地区計画等、東京のし
ゃれた街並みづくり推進条例（平成15年条例第30号）による街並み重
点地区及び屋外広告物条例により指定した広告誘導地区に定められた
広告物等に関する基準を屋外広告物規制に反映させ、地区の景観特性
に応じたきめ細かい規制を行うこととしている。

　このほか、プロジェクションマッピングについては、観光振興や地
域の魅力発信など、地域の特性に応じた活用がしやすくなるよう、プ
ロジェクションマッピング活用地区制度を設け、活用地区において
は、まちづくり団体等が当該地区の表示基準等を定める。

② 　特定の区域における広告物規制の種類
　1）地区計画等との連携
　　　区市町村が都市計画決定した地区計画等の地区整備計画の内容に
　　おける屋外広告物に関する事項が、良好な景観を形成し、又は風致
　　を維持し、かつ公衆に対する危害を防止するものであると認められ
　　る場合は、広告物審議会の意見を聴いた上で、屋外広告物条例施行
　　規則に定めることにより、許可の基準とすることができる。
　2）街並み景観重点地区との連携
　　　東京のしゃれた街並みづくり推進条例により知事が指定した街並
　　み景観重点地区において策定された「街並み景観ガイドライン」の
　　内容における屋外広告物に関する事項が、良好な景観を形成し、又
　　は風致を維持し、かつ、公衆に対する危害を防止するために特に必
　　要であると認められる場合は、広告物審議会の意見を聴いた上で、
　　屋外広告物条例施行規則に定めることにより、許可の基準とするこ
　　とができる。
　3）広告誘導地区の指定及び合意書の届出
　　　知事が指定した広告誘導地区において、土地、建築物、工作物又
　　は広告物等の所有者及びこれらを使用する権利を有する者の3分の
　　2以上の合意により、屋外広告物に関する事項について合意書とし
　　て定めることができる。合意書の内容は、当該広告誘導地区につい
　　て知事が定めた屋外広告物に関する誘導方針に即して定める必要が
　　ある。

　なお、合意書を定めた場合は知事に届け出る。さらに、当該合意書に定められた内容が良好な景観を形成し、又は風致を維持し、かつ、公衆に対する危害を防止するものであると認められる場合は、広告物審議会の意見を聴いた上で、屋外広告物条例施行規則に定めることにより、許可の基準とすることができる。

４）広告協定地区

　地域の地元住民、広告主、広告業者等による屋外広告物の自主的な規制に関する協定に対して、知事が広告協定地区の指定をすることにより、協定の位置付けを明確にするとともに、広く周知することによって、地元関係者の自主的な発想による景観づくりの促進を図ろうとするものである。協定の締結者は、協定区域内の土地、建築物、工作物、広告物等の所有者又はこれらを使用する権利を有する者である。

　なお、協定の締結に当たっては、協定区域内の全員の加入が望ましいものの、関係者が多く全員の加入が難しいときは、その区域内の良好な地域環境が形成されるに足ると認められる範囲の関係者の同意があれば指定することができる。したがって、協定への加入は任意であり、加入を強制するものではない。

　また、この協定の締結に当たっては、国民の政治活動の自由その他国民の基本的人権を不当に侵害することのないように留意しなければならない。

５）プロジェクションマッピング活用地区

　知事は、まちの活性化やにぎわい創出等に資すると認めるときは、地域特性に応じたプロジェクションマッピングの活用を図る地区において、プロジェクションマッピング活用地区を指定することができる。

　活用地区の指定は、まちづくり団体等（まちづくりの推進を図る活動等を行うことを目的とする一般社団法人又は一般財団法人、特定非営利活動法人、認可地縁団体、商店街振興組合及び商店街振興組合連合会、株式会社、合名会社、合資会社及び合同会社、及び法人でない団体であつて、事務所の所在地、構成員の資格、代表者の

選任方法、総会の運営、会計に関する事項その他当該団体の組織及び運営に関する事項を内容とする規約その他これに準ずるものを有しているもの）からの申請に基づき行い、当該申請にはプロジェクションマッピングの表示基準等を定めた、プロジェクションマッピング活用計画の案を添えて行うものとする。

③　基準の内容

地区計画等、街並み景観重点地区及び広告誘導地区において、屋外広告物の基準を屋外広告物条例施行規則に定める場合には、建築物の壁面又は屋上利用した屋外広告物あるいは敷地内の独立看板等が対象となる。広告物の形状、面積、色彩、意匠、その他表示の方法に関することを基準として設けることができる。

プロジェクションマッピング活用地区においては、プロジェクションマッピングの表示の場所、位置、形状、規模、色彩その他表示の方法に関する基準（以下「表示基準」という。）や表示基準が適用される建築物その他の工作物等を定めるものとする。

なお活用計画の案を作成しようとするときは、活用地区の住民の意見を反映させるよう努めなければならない。

④ 手続の流れ

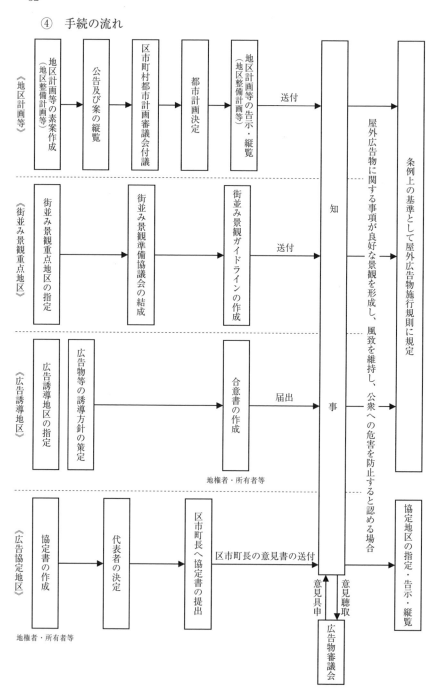

《地区計画等》
地区計画等の素案作成（地区整備計画等） → 公告及び案の縦覧 → 区市町村都市計画審議会付議 → 都市計画決定 → 地区計画等の告示・縦覧（地区整備計画等） → 送付

《街並み景観重点地区》
街並み景観重点地区の指定 → 街並み景観準備協議会の結成 → 街並み景観ガイドラインの作成 → 送付

《広告誘導地区》
広告誘導地区の指定 → 広告物等の誘導方針の策定 → 合意書の作成 → 届出

地権者・所有者等

《広告協定地区》
協定書の作成 → 代表者の決定 → 区市町長へ協定書の提出 → 区市町長の意見書の送付

地権者・所有者等

知事

屋外広告物に関する事項が良好な景観を形成し、風致を維持し、公衆への危害を防止すると認める場合

条例上の基準として屋外広告物施行規則に規定

協定地区の指定・告示・縦覧

意見具申　意見聴取

広告物審議会

(5)　適用除外広告物

（禁止区域若しくは禁止物件又は許可区域に許可を受けずに表示又は設置をすることができる広告物等）

第13条　次に掲げる広告物等は、第 6 条から第 8 条までの規定にかかわらず、表示し、又は設置することができる。ただし、第二号から第六号まで及び第八号に掲げる広告物等については、規則で定める基準に適合するものでなければならない。

一　他の法令の規定により表示する広告物等

二　国又は公共団体が公共的目的をもつて表示する広告物等

三　公益を目的とした集会、行事、催物等のために表示するはり紙、はり札等、広告旗、立看板等、広告幕（網製のものを含む。以下同じ。）及びアドバルーン

四　公益上必要な施設又は物件に寄贈者名を表示する広告物

五　自己の氏名、名称、店名若しくは商標又は自己の事業若しくは営業の内容を表示するため、自己の住所、事業所、営業所又は作業場に表示する広告物等（以下「自家用広告物」という。）

六　自己の管理する土地又は物件に、管理者が管理上必要な事項を表示する広告物等

七　冠婚葬祭、祭礼等のために表示する広告物等

八　公益を目的とした行事、催物等のために表示するプロジェクションマッピングで、公益性を有するもの

（禁止区域又は許可区域に許可を受けずに表示又は設置をすることができる広告物等）

第14条　次に掲げる広告物等は、第 6 条及び第 8 条の規定にかかわらず、表示し、又は設置することができる。ただし、第一号、第二号及び第四号に掲げる広告物等については、規則で定める基準に適合するものでなければならない。

一　講演会、展覧会、音楽会等のために表示する広告物等

二　電車又は自動車の外面を利用する広告物等

三　人、動物、車両（電車及び自動車を除く。）、船舶等に表示する広告物

四　塀又は工事現場の板塀若しくはこれに類する仮囲いに表示する広告物

（禁止区域に許可を受けて表示又は設置をすることができる広告物等）

第15条　次に掲げる広告物等は、第 6 条の規定にかかわらず、知事の許可を受けたときは、規則で定める基準により、表示し、又は設置することができる。

　一　自己の氏名、名称、店名又は商標を表示するため、自己の住所、事業
　　　所、営業所又は作業場に表示する広告物等
　二　規則で定める道標、案内図板等の広告物等で、公共的目的をもつて表示
　　　するもの
　三　電柱、街路灯柱等を利用して表示する広告物等で、公衆の利便に供する
　　　ことを目的とするもの
　四　電車又は自動車の外面を利用する広告物等
　五　知事の指定する専ら歩行者の一般交通の用に供する道路の区域に表示又
　　　は設置をする広告物等
　六　規則で定める公益上必要な施設又は物件に表示する広告物等
　七　第6条第四号及び第五号（同条第一号から第三号まで及び第六号から第
　　　十一号までに掲げる地域又は場所を除く。）並びに同条第十二号に掲げる
　　　地域のうち、知事が特に指定する地域に表示又は設置をする規則で定める
　　　非営利目的のための広告板

（沿道、沿線等の禁止区域に許可を受けて表示又は設置をすることができる広
告物等）

第16条　次に掲げる広告物等（前3条及び次条に規定するものを除く。）は、
　　第6条の規定にかかわらず、知事の許可を受けたときは、同条第十号及び第
　　十一号に掲げる地域（同条第一号から第九号まで及び第十二号に掲げる地域
　　又は場所を除く。）に表示し、又は設置することができる。ただし、第一号
　　に掲げる広告物等の許可の基準は、規則で定める。
　一　第6条第十号に規定する道路の路線用地及び同条第十一号に規定する道
　　　路の路線用地に接続する地域で、かつ、都市計画法第7条第1項の規定に
　　　より定められた市街化調整区域に表示し、又は設置する広告物等
　二　第6条第十一号に掲げる地域に表示し、又は設置する広告物等で、当該
　　　広告物等を表示し、又は設置する当該地域の路線用地から展望できないも
　　　の（前号に掲げるものを除く。）

（非営利広告物等の表示）

第17条　規則で定める非営利目的のためのはり紙、はり札等、広告旗、立看板
　　等、広告幕及びアドバルーン（次項において「非営利広告物等」という。）
　　は、第6条の規定にかかわらず、同条第一号、第四号、第五号、第十号及び
　　第十一号（同条第二号、第三号及び第六号から第九号までに掲げる地域又は
　　場所を除く。）並びに同条第十二号に掲げる地域に表示し、又は設置するこ
　　とができる。
2　非営利広告物等は、第8条の規定にかかわらず、同条各号に掲げる地域又
　　は場所に表示し、又は設置することができる。

〈関連規則〉

（適用除外の基準）

第12条　条例第13条ただし書の規則で定める基準は、次の各号に掲げる広告物等について、当該各号に定めるとおりとする。

一　条例第13条第二号に掲げる広告物等

イ　条例第6条又は第7条に規定する禁止区域又は禁止物件に表示し、又は設置する広告物等で、表示面積が10㎡を超えるものについては、別記第10号様式による屋外広告物表示・設置届を知事に提出したものであること。

ロ　別表第2の7の項上欄に掲げる地域地区等に表示し、又は設置する場合にあつては、同項の中欄に定める禁止事項1及び2に抵触しないこと。

二　条例第13条第三号に掲げる広告物等

イ　公共の安全、福祉の増進、環境の保全、教育の向上その他の社会一般の利益のために行う集会、行事、催物等のために表示するものであること。

ロ　別記第10号様式による屋外広告物表示・設置届を知事に提出したものであること。

ハ　表示期間が30日以内であること。

三　条例第13条第四号に掲げる広告物

表示面積の合計が、0.5㎡以下で、かつ、当該広告物を表示する施設又は物件のその面の外郭線内を一平面とみなした場合の当該平面の面積の20分の1以下であること。

四　条例第13条第五号に掲げる広告物等

別表第2の上欄に掲げる地域地区等の区分に応じて同表の中欄に定める禁止事項に抵触せず、かつ、当該区分に応じて同表の下欄に定める広告物等の表示面積の範囲内であること。

五　条例第13条第六号に掲げる広告物等

表示面積の合計が、自己の管理する土地又は自己の管理する物件の存する土地の面積について1,000㎡までを5㎡とし、5㎡に1,000㎡を増すまでごとに5㎡を加えて得た面積以下であること。

六　条例第13条第八号に掲げるプロジェクションマッピング

イ　表示期間が3月以内であること。

ロ　企業広告等（営利を目的として表示されるものをいう。以下同じ。）の占める割合（企業広告等の表示に係る投影時間と当該表示に係る投影

面積の積を総投影時間と総投影面積の積で除して得た数値をいう。）が
おおむね３分の１以下であること。
　　ハ　企業広告等による収益の用途が公益に関する目的を有すること。
　　ニ　別記第10号様式による屋外広告物表示・設置届を知事に提出したもの
　　　であること。
２　前項第一号ロの基準は、次のいずれかに該当するもの（以下「文化財等か
　ら展望できない広告物等」という。）については適用しない。
　一　条例第６条第四号（同条第一号から第三号まで及び第五号から第十二号
　　まてに掲げる地域又は場所を除く。）に掲げる地域に表示し、又は設置す
　　る広告物等で、文化財保護法（昭和25年法律第214号）第27条又は第78条
　　第１項の規定により指定された建造物及び同法第109条第１項若しくは第
　　２項又は第110条第１項の規定により指定され、又は仮指定されたものか
　　ら展望できないもの（建築物、工作物等により遮られ展望できないものを
　　含む。）
　二　条例第６条第五号（同条第一号から第四号まで及び第六号から第十二号
　　まてに掲げる地域又は場所を除く。）に掲げる地域に表示し、又は設置す
　　る広告物等で、歴史的又は都市美的価値を有する建造物及び文化財庭園な
　　ど歴史的価値の高い施設から展望できないもの（建築物、工作物等により
　　遮られ展望できないものを含む。）
３　第１項第四号に規定する禁止事項のうち、別表第２の七の項中欄に定める
　もの（四を除く。）は、文化財等から展望できない広告物等については適用
　しない。
第13条　条例第14条ただし書の規則で定める基準は、次の各号に掲げる広告物
　等について、当該各号に定めるとおりとする。
　一　条例第14条第一号に掲げる広告物等
　　イ　別記第10号様式による屋外広告物表示・設置届を知事に提出したもの
　　　であること。
　　ロ　会場の敷地（会場が公園、緑地、運動場等の敷地内である場合は、こ
　　　れらの敷地を含む。）内に表示し、又は設置するものであること。
　　ハ　催物の名称、開催期日、開催内容、主催者名等当該催物の案内に必要
　　　な事項（商品名を除く。）を表示するものであること。
　　ニ　各広告物等の表示面積が10㎡以下であり、かつ、その間隔が30ｍ以上
　　　であること。
　　ホ　広告物等の上端までの高さが地上５ｍ以下であること。
　　ヘ　色彩が４色以内であること。
　　ト　表示期間が当該催物が開催される日の前日から終了する日までである

こと。

二　条例第14条第二号に掲げる広告物等

　　イ　電車又は自動車の車体（車輪及び車輪に附属する部分は車体に含まれ
　　　　ない。以下同じ。）に、電車又は自動車の所有者又は管理者の氏名、名
　　　　称、店名又は商標を表示するものであること。

　　ロ　自動車の車体に、第18条第一号に掲げる事項を表示するものであるこ
　　　　と。

　　ハ　道路運送車両法（昭和26年法律第185号）に基づく登録を受けた自動
　　　　車で、当該登録に係る使用の本拠の位置が他の道府県の区域（指定都市
　　　　（地方自治法第252条の19第１項の指定都市をいう。以下同じ。）、中核
　　　　市（同法第252条の22第１項の中核市をいう。以下同じ。）及び法第28条
　　　　の条例で定めるところにより同条に規定する事務を処理することとされ
　　　　た市町村の区域を除く。）、指定都市の区域、中核市の区域又は法第28条
　　　　の条例で定めるところにより同条に規定する事務を処理することとされ
　　　　た市町村の区域に存するものに、当該道府県、指定都市、中核市又は市
　　　　町村の広告物等に関する条例の規定に従つて表示するものであること。

三　条例第14条第四号に掲げる広告物

　　イ　別記第10号様式による屋外広告物表示・設置届を知事に提出したもの
　　　　であること。

　　ロ　宣伝の用に供されていない絵画、イラスト等であること。

第14条　条例第15条の規則で定める基準は、次の各号に掲げる広告物等につい
　　て、当該各号に定めるとおりとする。

一　条例第15条第一号に掲げる広告物等

　　　　別表第２の上欄に掲げる地域地区等の区分に応じて同表の中欄に定める
　　　禁止事項に抵触せず、かつ、表示面積（第12条第四号に掲げる広告物等の
　　　表示面積を含む。）の合計が20㎡（学校及び病院に係る広告物等について
　　　は、50㎡）以下であること。

二　条例第15条第二号に掲げる広告物等

　　イ　表示面積が３㎡以下であること。

　　ロ　広告物等の上端までの高さが地上５ m以下であること。

　　ハ　寄贈者名、表示者名等を表示する部分の面積が当該広告物等の表示面
　　　　積の８分の１以下であること。

三　条例第15条第三号に掲げる広告物等

　　　　近隣の店舗、事務所、工場等の案内誘導を目的とするもの（以下「案内
　　　誘導広告物等」という。）であること。

四　条例第15条第四号に掲げる広告物等

　　第19条第1項に掲げる規格に適合すること。

　五　条例第15条第五号に掲げる広告物等

　　イ　柱又は壁面に表示し、又は設置するものであること。

　　ロ　表示面積が、知事の指定する専ら歩行者の一般交通の用に供する道路
　　　（以下「歩行者道」という。）の区域内の柱及び壁面の総面積の10分の
　　　6以下であること。

　　ハ　各広告物等の色彩及び意匠が、歩行者道の色彩及び意匠に全体として
　　　調和したものであること。

　　ニ　近隣の道路又は建物、交通機関等への案内誘導を目的とする標識の識
　　　別が困難とならないものであること。

　六　条例第15条第六号に掲げる広告物等

　　第19条第1項に規定する規格に適合すること。

　七　条例第15条第七号に掲げる非営利目的のための広告板

　　イ　第18条第一号に掲げる事項を表示するためのものであること。

　　ロ　別表第2の七の項上欄に掲げる地域地区等に表示し、又は設置する場
　　　合にあつては、同項の中欄に定める禁止事項1及び2に抵触しないこと。

2　前項の基準は、条例第15条に掲げる広告物等のうち、条例第6条第十号及
　び第十一号に掲げる地域（同条第一号から第九号まで及び第十二号に掲げる
　地域又は場所を除く。）に表示し、又は設置する広告物等で、当該広告物等
　を表示し、又は設置する当該地域の路線用地から展望できないもの（第17条
　第2項において「路線用地から展望できない広告物等」という。）について
　は適用しない。

3　第1項第一号に規定する禁止事項のうち別表第2の七の項中欄に定めるも
　の（四を除く。）は、文化財等から展望できない広告物等については適用し
　ない。

4　第1項第七号ロの基準は、文化財等から展望できない広告物等については
　適用しない。

第15条　条例第15条第二号の規則で定める道標、案内図板等の広告物等で公共
　的目的をもつて表示するものは、駐車場案内標識など、近隣の道路、建物、
　公共施設又は交通機関等への案内誘導等を目的とするものをいう。

第16条　条例第15条第六号の規則で定める公益上必要な施設又は物件は、避難
　標識又は案内図板等とする。

第17条　条例第16条ただし書の規定による許可の基準は、次に定めるとおりと
　する。

　一　案内誘導広告物等であること。

　二　表示面積が6㎡以下であること。

　三　広告物等の上端までの高さが地上８ｍ以下であること。

　四　光源が点滅しないこと。

２　前項の基準は、条例第16条第一号に掲げる広告物等のうち、路線用地から展望できない広告物等については適用しない。

（非営利広告物等）

第18条　条例第17条の非営利広告物等は、次の要件に該当する広告物等とする。

　一　次に掲げるいずれかの事項を表示するためのものであること。

　　イ　収益を目的としない宣伝、集会、行事及び催物等

　　ロ　政党その他の政治団体、労働組合等の団体又は個人が政治活動又は労働運動として行う宣伝、集会、行事及び催物等

　二　表示期間が30日以内であること。

　三　表示面積がはり紙及びはり札等にあつては１㎡以下、立看板等にあつては３㎡以下であること。

　四　広告面又は見やすい箇所に表示者名又は連絡先を明記してあること。

① 適用除外広告物の範囲

　　屋外広告物の定義は、屋外広告物法により「常時又は一定の期間継続して屋外で公衆に表示されるものであって、看板、立看板、はり紙及びはり札並びに広告塔、広告板、建物その他の工作物等に掲出され、又は表示されたもの並びにこれらに類するものをいう。」と極めて広義に定められており、その中には個人住宅の表札等までも含まれる（第１章３定義参照）。

　　しかし、これら全ての広告物を規制の対象とすることは、社会生活の実態からみても現実的でなく、また、行政の効率上からも適当ではない。そこで、社会生活上必要な最低限の広告物については、広告物の掲出目的、表示面積などの一定基準に適合する場合に限って地域的規制の規定（第６条）、物件的規制の規定（第７条）、許可区域の規定（第８条）の全部又は一部の適用を除外するものである。しかし、この場合においても適用を除外される条項以外の第19条（禁止広告物等）、第20条（管理義務）、第21条（規格の設定）、第28条（除却の義務）等の条例の適用は受ける。

　　なお、条例、規則に定める基準を超えるものは、適用除外広告物に該当しない。

40

② 適用除外広告物及び適用が除外される条項

適用除外の広告物＼適用除外の項目		禁止区域 (第6条)	禁止物件 (第7条)	許可区域 (第8条)
第13条	(1) 他の法令の規定により表示する広告物等	表示可能	表示可能 (ただし、規格に適合するもの。)	許可不要
	(2) 国又は公共団体が公共的目的をもって表示する広告物等			
	(3) 公益を目的とした集会、行事、催物等のために表示するはり紙、はり札等、広告旗、立看板等、広告幕及びアドバルーン			
	(4) 公益上必要な施設又は物件に寄贈者名を表示する広告物			
	(5) 自己の氏名、名称、店名若しくは商標又は自己の事業若しくは営業の内容を表示するため、自己の住所、事業所、営業所又は作業場に表示する広告物等			
	(6) 自己の管理する土地又は物件に、管理者が管理上必要な事項を表示する広告物等			
	(7) 冠婚葬祭、祭礼等のために表示する広告物等			
	(8) 公益を目的とした行事、催物等のために表示するプロジェクションマッピングで、公益性を有するもの			
第14条	(1) 講演会、展覧会、音楽会等のために表示する広告物等	表示可能	表示不可	許可不要
	(2) 電車又は自動車の車体の外面を利用する広告物(自己の氏名・名称等、非営利広告物等を表示する場合)			
	(3) 人、動物、車両(電車及び自動車を除く。)、船舶等に表示する広告物			
	(4) 塀又は工事現場の板塀等に表示する広告物			
第15条	(1) 自己の氏名、名称、店名又は商標を表示するため、自己の住所、事業所、営業所又は作業場に表示する広告物等 (第13条(5)以外)	表示可能	表示不可	要許可
	(2) 規則で定める道標、案内図板等の広告物等で、公共的目的をもって表示するもの			
	(3) 電柱、街路灯柱等を利用して表示する広告物等で、公衆の利便に供することを目的とするもの			
	(4) 電車又は自動車の車体の外面を利用する広告物等(自己の営業の内容等、商業広告等を表示する場合)			
	(5) 知事の指定する専ら歩行者の一般交通の			

	用に供する道路の区域に表示又は設置をする広告物等			
	(6)　規則で定める公益上必要な施設又は物件に表示する広告物等			
	(7)　知事が特に指定する地域に表示又は設置をする規則で定める非営利目的のための広告板			
第16条	(1)　第6条第十号に規定する道路の路線用地及びこれに接続する地域で、かつ、市街化調整区域に表示し、又は設置する広告物等	表示可能	表示不可	要許可
	(2)　第6条第十一号に掲げる地域に表示し、又は設置する広告物等で、当該広告物等を表示し、又は設置する当該地域の路線用地から展望できないもの			
第17条	規則で定める非営利目的のために表示するはり紙、はり札等、広告旗、立看板等、広告幕及びアドバルーン	一部の地域（※）で表示可能	表示不可	許可不要

※第一種・第二種低層住居専用地域、第一種・第二種中高層住居専用地域、田園住居地域、特別緑地保全地区、文化財庭園等の周辺地域、沿道・沿線の禁止区域、別に知事の定める地域

③　禁止区域若しくは禁止物件又は許可区域に許可を受けずに表示又は設置をすることができる広告物等（第13条関係）

　この項に該当する屋外広告物は禁止区域（条例第6条）、禁止物件（条例第7条）及び許可区域（条例第8条）の規定の適用が除外される。信号機、道路標識、ガードレール、電柱等の道路上の工作物については、道路法、道路交通法による道路占用（2次占用）・道路使用の許可が必要となる。

　また、当該物件が他人の所有である場合は、当然その所有者の承諾が必要である。

1）他の法令の規定により表示する広告物等

　　公職選挙法による選挙ポスター、建築基準法による確認の表示等法令の規定により表示されるもの

2）国又は公共団体が公共的目的をもって表示する広告物等

　　国又は公共団体が公共的目的をもって表示するものは、適用除外の広告物である。ただし、条例第6条の禁止区域、第7条の禁止物件に表示する広告物等で表示面積が10㎡を超えるものについては、

屋外広告物表示・設置届の提出が必要となる。

3）公益を目的とした集会、行事、催物等のために表示するはり紙、はり札等、広告旗、立看板等、広告幕及びアドバルーン

下記の要件に適合するものが適用を除外される。

イ　公共の安全、福祉の増進、環境の保全、教育の向上その他の社会一般の利益のために行う集会、行事、催物等のために表示するものであること。

ロ　別記第10号様式による屋外広告物表示・設置届を知事に提出したものであること。

ハ　表示期間が30日以内であること。

（第2章3(5)⑨非営利広告物等の表示参照）

4）公益上必要な施設又は物件に寄贈者名を表示する広告物

ベンチ、灰皿スタンド等を寄贈する代わりに、当該ベンチ等に下記の要件に適合する表示をするもの

表示面積の合計が、0.5㎡以下で、かつ、当該広告物を表示する施設又は物件のその面の外郭線内を一平面とみなした場合の当該平面の面積の20分の1以下であること。

5）自己の氏名、名称、店名若しくは商標又は自己の事業若しくは営業の内容を表示するため、自己の住所、事業所、営業所又は作業場に表示する広告物等＝自家用広告物＝

自家用広告物で、規則別表第2に定める事項を遵守しているものが適用除外の対象となる。

〈規則別表第2〉―要約―

地　域　・　地　区　等	表示面積	禁　止　事　項	※条例第6条第十号及び第十一号の禁示区域内の禁　止　事　項
1　第一種・第二種低層住居専用地域　　第一種・第二種中高層住居専用地域　　田園住居地域 2　風致地区	合計が5㎡以下	1　屋上への取付け 2　壁面からの突出 3　ネオン管の使用	1　光源の点滅 2　赤色光の使用（ただし、赤色光を使用する部分の面積が、当該広告

3　特別緑地保全地区 4　国立公園、国定公園及び都立自然公園の特別地域 5　第一種文教地区 6　条例第6条第三号の地域又は都市計画法第8条第1項第一号の地域以外の地域で条例第6条第十二号の地域			表示面の20分の1以下である場合は使用することができる。この表において以下同じ。）
7　条例第6条第四号及び第五号の規定により定められた地域	1　上欄1から6までに掲げる地域地区等合計が5㎡以下 2　1以外に掲げる地域地区等合計が10㎡以下	1　屋上への取付け 2　光源の使用 3　使用する色彩のマンセル値が、次の表の左欄に掲げる色相の区分に応じて、同表の右欄に定める彩度を超えるもの。ただし、一広告物の表示面積の3分の1以下の面積については、同表の右欄に定める彩度を超えて使用することができる。	1　光源の点滅 2　赤色光の使用 3　露出したネオン管の使用

色相	彩度
0.1R から10R まで	5
0.1YR から5Y まで	6
5.1Y から10G まで	4
0.1BG から10B まで	3
0.1PB から10RP まで	4

8　全域	合計が	条例第7条第1項	

	5 ㎡以下	第一号及び第七号に掲げる物件から突出させないこと。	
9　第二種文教地区	合計が10㎡以下		1　光源の点滅 2　赤色光の使用
10　第一種・第二種・準住居地域 　　近隣商業地域 　　商業地域 　　準工業地域 　　工業地域 　　工業専用地域 11　都市計画法第8条第1項第一号の地域以外の地域	合計が10㎡以下		1　光源の点滅 2　赤色光の使用 3　露出したネオン管の使用
12　10に掲げる地域内の景観地区のうち知事の指定する区域、旧美観地区 13　10に掲げる地域内の東京国際空港用地、新宿副都心地区	合計が10㎡以下	1　屋上への取付け 2　光源の点滅 3　赤色光の使用 4　露出したネオン管の使用	
14　条例第8条第四号の規定により指定された区域（平成21年東京都告示第465号により指定された区域に限る。以下「指定区域」という。）	5 ㎡未満		

※首都高速道路、東海道新幹線、中央自動車道、東名自動車道等

○適用除外の自家用広告物の表示面積について

㈠　表示面積は、一つの事業所又は営業所におけるもので、広告物の総表示面積をいう。したがって、2面以上の表示のある広告物の面積は各々の表示面の合計であり、また、数個の広告物を表示又は設置しているときは、各々の広告物の表示面積を合計したものである。

㈡　本条の適用除外は条例第6条（禁止区域）、第7条（禁止物件）及び

第8条（許可区域）の適用が除外されるということである。したがって、規則別表第2に定める禁止事項を遵守するとともに、第19条（禁止広告物等）、第20条（管理義務）、第21条（規格の設定）、第28条（除却の義務）等の条項をも遵守したものでなければならない。

(ハ)　テナントビルのテナント名の集合表示の突出看板は、各階ごとの入室状況と広告表示が一致し、かつ、1個の突出看板に表示された各々のテナントの表示面積が別表第2の基準の範囲内であるときに限って適用除外の自家用広告物として取り扱う。これは、一つ一つのテナントを「一つの事業所又は営業所」としてみなすからである。

　　また、壁面看板及び建植看板についても、1基に表示される各々のテナントの表示面積が規則別表第2の基準の範囲内であるときは同様とする。

　　なお、一つのビルにテナントが複数存在する場合、ある一つのテナントの自家用広告物の表示面積の合計が許可が必要な面積に達した場合には、当該テナントビルに属する他のテナント分も含めた全ての広告物について、許可申請が必要となる。

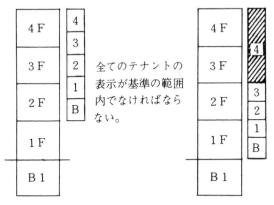

(ニ)　赤色光等禁止表示の定義
　　○赤色光……直射サイン、反射サイン又は透過サインを問わず光源から発する色光又は透過材を透して見える色光が、紅赤色若しくは赤色又は桃色のものをいう。光源が赤色以外であってもその被覆部分が赤色の光を発するものも含まれる。赤色ペンキにライトを当てた場合は、

赤色光ではない。オレンジ色は含まない。ただし、赤色光を使用する部分の面積が、広告物等の表示面積の20分の1以下のものは除く。

　なお、水辺景観形成特別地区における赤色光の定義は、84ページに示したとおりである。

○点滅するもの……一定の時間をおいて、照明が点いたり消えたりするもの。映像等が連続的に動くものも含む。

○露出したネオン管……ネオン管が、ガラス又はプラスチック等に被覆されていないで外部から直接見えるもの。ただし、チャンネル（みぞ形の文字わく又は意匠のみぞわく）又はこれに類する方法を用いたものはこの限りでない。チャンネル使用の場合は、原則としてチャンネル内のネオン管は1本とする。

㈭　広告物の設置場所が別表第2の地域・地区等を重複して指定されているときは厳しい規制が適用される。例えば、商業地域で第一種文教地区であれば、第一種文教地区の規制が適用され、表示面積5㎡以下で屋上、突出看板、ネオン管を使用しないものが適用除外広告物となる。

㈬　一営業所の敷地が二つの用途地域に分かれている場合は、広告物の所在するそれぞれの地点の用途地域を適用する。

　　6）自己の管理する土地又は物件に、管理者が管理上必要な事項を表示する広告物等

　　　　○○建設予定地、○○会社所有地、立入禁止等管理の必要性から下記要件に適合する表示をするもの。表示面積の合計が、自己の管理する土地又は自己の管理する物件の存する土地の面積について1,000㎡までを5㎡とし、5㎡に1,000㎡を増すまでごとに5㎡を加えて得た面積以下であること。

　　7）冠婚葬祭、祭礼等のために表示する広告物等

　　　　冠婚葬祭、祭礼等において、慣例に従って表示するもの。例えば祭ちょうちん等。

　　　　また、地域商店街が、自らの商店街で商店街の行事として行う短期的な大売出しの広告物等も同様の扱いとする。

　　8）公益を目的とした行事、催物等のために表示するプロジェクションマッピングで、公益性を有するもの

　　下記の要件に適合するものが適用を除外される

　　イ　表示期間が3月以内であること。

　　ロ　企業広告等（営利を目的として表示されるものをいう。以下同
　　　　じ。）の占める割合（企業広告等の表示に係る投影時間と当該表
　　　　示に係る投影面積の積を総投影時間と総投影面積の積で除して得
　　　　た数値をいう。）がおおむね3分の1以下であること。

　　ハ　企業広告等による収益の用途が公益に関する目的を有すること。

　　ニ　別記第10号様式による屋外広告物表示・設置届を知事に提出し
　　　　たものであること。

④　禁止区域又は許可区域に許可を受けずに表示又は設置することがで
　きる広告物等（第14条関係）

　1）講演会、展覧会、音楽会等のために表示する広告物等
　　　講演会、展覧会、音楽会等のために下記の要件に適合する表示を
　　するもの。

　　イ　別記第10号様式による屋外広告物表示・設置届を知事に提出し
　　　　たものであること。

　　ロ　会場の敷地（会場が公園、緑地、運動場等の敷地内である場合
　　　　は、これらの敷地を含む。）内に表示し、又は設置するものであ
　　　　ること。

　　ハ　催物の名称、開催期日、開催内容、主催者名等当該催物の案内
　　　　に必要な事項（商品名を除く。）を表示するものであること。

　　ニ　各広告物等の表示面積が10㎡以下であり、かつ、その間隔が30
　　　　m以上であること。

　　ホ　広告物等の上端までの高さが地上5m以下であること。

　　ヘ　色彩が4色以内であること。

　　ト　表示期間が当該催物が開催される日の前日から終了する日まで
　　　　であること。

　2）電車又は自動車の車体の外面を利用する広告物
　　　電車（気動車を含む。）又は自動車の車体に下記の要件に適合す
　　る表示をするもの。車体とは、ボディ本体を指し、電車のパンタグ
　　ラフ、底面、自動車のタイヤ、ホイールは含まれない。

なお、自己の事業又は営業の内容を表示する場合には許可が必要。

イ　電車若しくは自動車の車体に、電車若しくは自動車の所有者又は管理者の氏名、名称、店名若しくは商標を表示するものであること。

ロ　自動車の車体に、規則第18条第一号に掲げる事項（非営利事項）を表示するものであること。

ハ　道路運送車両法（昭和26年法律第185号）に基づく登録を受けた自動車で、当該登録に係る使用の本拠の位置が他の道府県の区域（指定都市（地方自治法（昭和22年法律第67号）第252条の19第1項の指定都市をいう。以下同じ。）、中核市（同法第252条の22第1項の中核市をいう。以下同じ。）及び法第28条において条例で定めるところにより同条に規定する事務を処理することとされた市町村の区域を除く。）、指定都市の区域、中核市の区域又は法第28条の条例で定めるところにより同条に規定する事務を処理することとされた市町村の区域に存するものに、当該道府県、指定都市、中核市又は市町村の広告物等に関する条例の規定に従って表示するものであること。

3）人、動物、車両（電車及び自動車を除く。）、船舶等に表示する広告物

人に表示する広告物等の例としては、サンドイッチマン、チンドン屋等がある。

また、車両とは、自転車、リヤカー、馬車等の人力又は動物の力により移動するものをいう。

4）塀又は工事現場の板塀等に表示する広告物

塀又は工事現場の板塀若しくはこれに類する仮囲いに表示される、都市景観を向上させようという、善意に動機付けられた屋外広告物の掲出・表示の動きに対して条例上、適用除外制度により支援するものである。要件は、下記のとおりである。

イ　別記第10号様式による屋外広告物表示・設置届を知事に提出したものであること。

ロ　宣伝の用に供されていない（事業促進効果を有しない）絵画、

イラスト等であること。

　上記要件に該当しない商業性のある広告物の場合でも、許可区域であって、許可基準に適合すれば許可を受けることにより掲出・表示できる。

⑤　禁止区域に許可を受けて表示又は設置することができる広告物等（第15条関係）

1）自己の氏名、名称、店名又は商標を表示するため、自己の住所、事業所、営業所又は作業場に表示する広告物等

　禁止区域において、③5）の自家用広告物の表示面積以上の表示を必要とする場合には、自己の氏名、名称、店名又は商標を表示する場合（自己の事業の内容及び営業の内容は不可）に限って、許可を受けることにより③5）の自家用広告物の表示面積を含めて20㎡以下までの表示をすることができる。ただし、学校、病院については50㎡以下までとすることができる。

　なお、この場合においても③5）の自家用広告物の禁止事項を遵守したものでなければならない。

2）駐車場案内標識など、道標、案内図板等の広告物等で、近隣の建物や公共施設の案内誘導等、公共的目的をもって表示するもの

　下記の要件に適合して表示をするもの。ただし、街路樹、ガードレール等の禁止物件には、これらの広告物を表示することはできない。

イ　表示面積が3㎡以下であること。

ロ　広告物等の上端までの高さが地上5m以下であること。

ハ　寄贈者名、表示者名等を表示する部分の面積が当該広告物等の表示面積の8分の1以下であること。

3）電柱、街路灯柱等を利用して表示する広告物等で、公衆の利便に供することを目的とするもの

　下記の要件に適合して表示するもの（消火栓標識及びバス停留所標識を含む。）

　　○　近隣の店舗、事務所、工場等の案内誘導を目的とするもの（以下「案内誘導広告物等」という。）であること。

4）電車又は自動車の車体の外面を利用する広告物等

　　規格については、第2章3(6)②6）を参照のこと。

5）知事の指定する専ら歩行者の一般交通の用に供する道路の区域に表示又は設置をする広告物等

　　下記の要件に適合して表示するもの

イ　柱又は壁面に表示し、又は設置するものであること。

ロ　表示面積が、知事の指定する専ら歩行者の一般交通の用に供する道路（以下「歩行者道」という。）の区域内の柱及び壁面の総面積の10分の6以下であること。

ハ　各広告物等の色彩及び意匠が、歩行者道の色彩及び意匠に全体として調和したものであること。

ニ　近隣の道路又は建物、交通機関等への案内誘導を目的とする標識の識別が困難とならないものであること。

　　なお、歩行者道の知事の指定基準は以下のとおりである。

○　道路法の適用を受ける地下歩行者専用道等であること。

○　車道から隔離された歩行者空間であること。

○　歩行者のための幅員がおおむね6m以上のもの

　　ただし、地下歩行者専用道等の構造上、歩行者のための幅員が6m以上確保できない場合にあっても、以下のいずれかの場合であれば指定できる。

・コンコースなどを合わせた歩行者のための幅員が、6m以上を確保できる場合

・歩行者の安全な通行及び災害等の避難誘導等に支障がないよう十分な幅員が確保できると道路管理者との協議の上判断される場合

6）規則で定める公益上必要な施設又は物件に表示する広告物

　　規則で定める公益上必要な施設又は物件は、避難標識又は案内図板等とする。規格については、第2章3(6)②7）を参照のこと。

7）上記1）から6）までに掲げる広告物のうち、条例第6条第十一号に掲げる地域（道路、鉄道等の路線用地に接続する地域で知事が定める禁止区域。ただし、条例第6条第一号から第九号まで及び第

十二号に掲げる地域は除く。）に表示又は設置する広告物等で当該
地域の路線用地から展望できない広告物等

　　上記1）から3）までの基準の適用はなく、一般の規格等に適合
するものは知事の許可を受けることにより表示又は設置することが
できる（第2章3(5)⑧行政実例及び※注意事項参照）。

8）知事が特に指定する地域に表示又は設置する規則で定める非営利
目的のための広告板

　　知事が特に指定する地域は、東京都告示第479号及び第480号の区
域である（平19年告示第600号）。

⑥　沿道、沿線等の禁止区域に許可を受けて表示又は設置することがで
きる広告物等（第16条関係）

1）条例第6条第十号及び第十一号に規定する道路の路線用地及びこ
れに接続する地域で、かつ、都市計画法第7条第1項の規定により
定められた市街化調整区域に表示し、又は設置する広告物等

　　主要地方道等沿道の市街化調整区域の禁止区域に表示すること
ができる広告物は、下記の要件に適合するものであること。

　イ　案内誘導広告物等であること。

　ロ　表示面積が6㎡以下であること。

　ハ　広告物等の上端までの高さが地上8m以下であること。

　ニ　光源が点滅しないこと。

2）上記1）に掲げる広告物等で、当該路線用地から展望できない広告
物等

　　上記1）の基準の適用はなく、一般の規格等に適合するものは、
知事の許可を受けることにより表示又は設置することができる。

3）条例第6条第十一号に掲げる地域に表示し、又は設置する広告物
等で、当該広告物等を表示し、又は設置する当該地域の路線用地か
ら展望できないもの

　　条例第6条第十一号に掲げる区域であっても、当該道路、鉄道等
から展望することができない場合は、一般の規格等に適合するもの
であれば、知事の許可を受けることにより表示又は設置することが
できる。

⑦　条例第6条第四号、第五号に掲出できる広告物の色彩（第12条、第14条関係）

　　一つの広告物の中で、その表示面積の合計3分の1を超えて使用する色相の値は、別表第2の表の値を超えてはならない。

⑧　文化財等から展望できない広告物等（第12条、第14条関係）

　　文化財庭園等の中から、自然の立地条件により展望できない広告物等及び建築物、工作物等により遮られ展望できない広告物等をいう。

（行政実例）

1.　屋外広告物標準条例案に規定されている「展望することができる地域」の解釈について

（問）本県屋外広告物条例においても標準条例案に準拠して、道路、鉄道等から「展望することができる地域」で知事が指定する区域と規定しており、この解釈として下記のいずれで解釈運用するのが適切であるか至急御教示くださるようお願いします。

記

1.　知事指定の道路、鉄道等から広告物または広告物を掲出する物件（物件は広告を表示する目的で作られたもの）が展望できなければ規制対象外とする。

2.　自然の立地条件により広告物の設置地域が展望できない場合には、その地域は規制対象外とし、また一方家屋連担等の人為的障害物により当該広告物自体は直接展望できないが広告物の設置場所を含む一円の地域が展望できる場合にはその地域は規制対象とする。

3.　展望の可否にかかわらず指定地域内全域を規制対象とする。

（答）標準条例案第3条第八号中「展望することができる地域」とは、貴意の記2のとおりに解するのが妥当である。

（昭和41年7月7日建設省都発第119号　愛知県土木部長あて都市局長回答）

※注意事項

①　「道路からの展望を目的とする」は道路から見えるかどうかということである。この場合、防音壁、他の建築物等の障壁は無いものとして判断する。

②　広告物を設置する場所が建築物の面で、道路と正反対の面に取付ける広告物は、展望を目的とするものではなく、一般の規格に適合するものであれば許可することができる。

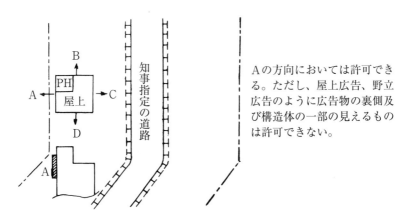

Aの方向においては許可できる。ただし、屋上広告、野立広告のように広告物の裏側及び構造体の一部の見えるものは許可できない。

③　首都高速道路のように路面高の一定空間を禁止区域としている場合、下図のように広告物及びこれを掲出する物件の一部がこの区域内にあっても禁止される。鉄骨等は広告物等を掲出する物件の一部である。

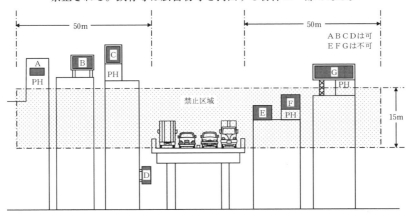

④　首都高速道路沿線において、第一種・第二種低層住居専用地域、第一種・第二種中高層住居専用地域、景観地区のうち知事の指定する区域、旧美観地区、風致地区、第一種文教地区等の、周辺50mの区域（商業地域は除く。）は路面高以上全面禁止区域である。

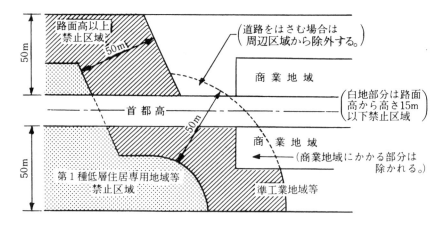

⑨　非営利広告物等の表示（第17条関係）

　　下記に定める非営利目的のために表示するはり紙、はり札等、広告
　旗、立看板等、広告幕及びアドバルーンで、基準、規格に適合するも
　のは、第6条（禁止区域）のうち、第一種・第二種低層住居専用地
　域、第一種・第二種中高層住居専用地域、田園住居地域、特別緑地保
　全地区、文化財庭園などの周辺地域、沿道、沿線の禁止区域及び知事
　が特に指定する地域の適用を除外する。

　　また、非営利広告物であっても下記に定める基準を超えるもの又は
　はり紙、はり札等、広告旗、立看板等、広告幕及びアドバルーン以外
　のものは、適用除外の広告物とはならない。

　1）次に掲げるいずれかの事項を表示するためのものであること。

　　イ　収益を目的としない宣伝、集会、行事及び催物等

　　ロ　政党その他の政治団体、労働組合等の団体又は個人が政治活動
　　　　又は労働運動として行う宣伝、集会、行事及び催物等

　2）表示期間が30日以内であること。

　3）表示面積がはり紙及びはり札等にあっては1㎡以下、立看板等に
　　　あっては3㎡以下であること。

　4）広告面又は見やすい箇所に表示者名又は連絡先を明記してあるこ
　　　と。

（関連通達）

　○東京都屋外広告物条例及び同条例施行規則の一部改正について（通知）

　　　　　　昭和51年4月1日付51首建監第76号　首都整備局建築指導部長通知

　非営利の目的のために表示するはり紙、はり札及び立看板（現行広告幕、アドバルーンを含む。以下同じ）に対する許可規定等の適用除外について

　この趣旨は、屋外広告物行政が都市の美観風致の維持及び公衆に対する危害防止のために国民の表現の手段を規制するものであることにかんがみ、特に国民の政治活動の自由その他国民の基本的人権を不当に侵害しないようにするため認めることとしたものである。

(1)　適用除外の取扱いについて

　　　非営利の目的のために表示するはり紙、はり札及び立看板で規則で定める規格以内のものは許可規定及び第一種住居専用地域及び第二種住居専用地域（現行特別緑地保全地区及び条例第6条第十号及び第十一号の禁止区域を含む。）（以下「第一種住居専用地域等」とする。）に係る禁止規定が適用除外される。

　　　しかし、規格外のもの並びに第一種住居専用地域等以外の禁止区域内（条例第2条第1項（現行条例第6条第二号）に規定する美観地区（現行景観地区のうち知事の指定する区域、旧美観地区、以下同じ。）並びに第二号から第十号（現行条例第十二号、以下同じ。）迄の禁止区域が第一種住居専用地域等内にある場合を含む。）及び禁止物件に表示されたはり紙等については、違反広告物として、昭和49年3月20日付、はり札、立看板の処理要領等を参考のうえ簡易除却すること。

　　　なお、政治資金規正法第6条第1項の規定による届出を経た政治団体が、政治目的のために掲出又は表示するものについては、本条例改正の趣旨から、明らかに条例等に違反していると認められるものであってもできる限り事前に管理者等に連絡のうえ撤去すること。

(2)　非営利の目的のために表示するはり紙、はり札（現行条例はり札等、広告旗、以下同じ。）及び立看板（現行条例立看板等、以下同じ。）

　　　非営利の目的のために表示するはり紙、はり札及び立看板とは、東京都屋外広告物条例施行規則（以下「規則」という。）第8条第2項（現行規則第18条）の要件を具備したものである。

　　　広告が非営利の目的であるかないかの判断に当たっては、別紙(1)の例示を参考として行う。

(3)　条例第5条第1項第二号（現行条例第13条第三号、以下同じ。）にいう「公益上やむを得ないもの」との関連

　　　非営利の目的のために表示するはり紙、はり札及び立看板は、規則で定める規格以内ならば許可規定及び第一種住居専用地域等に係る禁止規定の適用除外があるが規則で定める規格を超えるもの又は第一種住居専用地域等以外の禁止

区域（条例第2条第1項に規定する美観地区並びに第二号から第十号の禁止区域が第一種住居専用地域等内にある場合を含む。）若しくは禁止物件に表示するものについては条例第5条第2項及び第3項（現行条例第17条第1項及び第2項）の適用がない。

　しかし、これらの広告物のうち公益を目的としたものであれば、条例第5条第1項第二号及び規則第8条第一号ロ（現行規則第12条第二号）の規定に基づき知事の承認（現行届出）を受けたときは、許可規定並びに禁止規定の全部の適用が除外されることとなる。公益を目的としたものと考えられるものについては、別紙(2)の例示を参考にして判断すること。

（別　紙）

(1)　はり紙、はり札（現行条例はり札等）及び立看板（現行条例立看板等）（現行条例広告旗、広告幕、アドバルーンを含む。）で非営利の目的のために表示するものの例示

　イ　芸能ショー及びプロのスポーツ興業等で開催目的がチャリティーショー（収益を社会福祉事業等に使用することが明示されたもの）である場合の広告。

　ロ　自治会等が行うバザー（慈善市）の広告。

　ハ　家庭教師の広告（求む、したい等の個人が行うもの。）

　ニ　個人が自ら自己のアパート、下宿等について行う広告。
　　　「アパート（空室）あります」部屋数、家賃、家主の電話番号等が表示されている。

　ホ　迷い犬（鳥）等の広告。

　ヘ　私有地（主に空地）に表示する「ゴミを捨てるな」等や民家のへい等に表示する「小便するな」「はり紙するな」等。（現行条例第13条第六号の管理上必要な広告物に該当。）

　ト　その他これらに類するもの。

(2)　はり紙、はり札等、広告旗、立看板等、アドバルーン及び広告幕で公益を目的とするものの例示

　イ　交通安全運動のための集会、行事、催物に係るもの。

　ロ　火災予防運動のための集会、行事、催物に係るもの。

　ハ　自然保護運動のための集会、行事、催物に係るもの。

　ニ　青少年健全育成運動のための集会、行事、催物に係るもの。

　ホ　環境浄化運動のための集会、行事、催物に係るもの。

　ヘ　国勢調査のための集会、行事、催物に係るもの。

　ト　納税促進のための集会、行事、催物に係るもの。

　チ　国又は地方公共団体の行なう物産展のための集会、行事、催物に係るもの。

　リ　その他これらに準ずるもの。

(6)　屋外広告物の規格

（規格の設定）

第21条　次に掲げる広告物等について、知事がその表示又は設置の場所、位置、形状、規模、色調等について、規則で定める規格を設けたときは、当該広告物等は、これらの規格によらなければならない。

一　広告塔

二　広告板

三　立看板等

四　はり紙

五　はり札等

六　広告旗

七　建築物の壁面を利用する広告物等

八　建築物から突出する形式の広告物等

九　電柱又は街路灯柱を利用する広告物等

十　道路に沿い、又は鉄道及び軌道の沿線に設置する広告物等

十一　電車又は自動車の外面を利用する広告物等

十二　プロジェクションマッピング

十三　前各号に掲げるもののほか、特に良好な景観形成又は風致の維持に必要なものとして規則で定める広告物等

2　都市計画法第8条第1項第一号の規定により定められた第一種住居地域又は第二種住居地域内に表示する広告物等（自家用広告物及び第14条第四号に規定する広告物を除く。）の表示面積は、前項の規定にかかわらず、規則で定める基準に適合するものでなければならない。

3　第8条第四号の規定により指定された区域に表示する広告物等のうち、景観法第8条第1項の景観計画に同条第2項第四号イの規定により定めた事項については、前2項の規定にかかわらず、規則で定める基準に適合するものでなければならない。

4　第12条の2第4項の規定により指定された活用地区に表示するプロジェクションマッピング（同条第2項第四号に規定する建築物その他の工作物等に表示されるものに限る。）は、前3項の規定にかかわらず、当該活用地区の表示基準に適合するものでなければならない。

〈関連規則〉

①　屋外広告物の種類

1	広　告　塔	多角柱又は円柱の面を利用するもので、広告表示面を含む構造物が三角塔、四角塔、円型塔等のもの。球形及び多面体を含む。
2	広　告　板	広告表示面が板状で、1面又は2面（板の両面）に表示されたもの。建築物の壁面、日よけ等の取付文字、書き文字等及び突出看板を含む。
3	プロジェクションマッピング	建築物その他の工作物等に光で投影する方法により表示されるもの
4	小型広告板	広告表示面が板状で、1面に表示されたもので縦・横共に1m以下のもの
5	は　り　紙	紙等に印刷又は手書された広告物で他の物件に貼付するもの
6	は　り　札　等	ベニヤ板、プラスチック板及びブリキ板のように、比較的軽易な材質の板に紙その他のものを貼り、若しくは差し込む等により定着させ、又は直接印刷したものを工作物等に針金等でつるし、若しくはくくりつける等容易に取り外すことのできる状態で取り付けたもの
7	広　告　旗	表示面積3㎡以下ののぼり（モモタロウ旗）等、容易に取り外すことのできる状態で立て、又は立て掛けられているもの。それを支える台等も含む。
8	立　看　板　等	木、ビニールパイプ等の枠に紙張り、布張り等をしたものや、ベニヤ板、プラスチック板、ブリキ板等に紙その他のものを張ったもの、又は直接塗装・印刷したもの、置看板、パンフレットやチラシ等を掲出する物件等
9	電柱・街路灯柱利用広告物	電柱（電話柱及び東電柱を含む。）又は街路灯柱に取り付けた広告物
10	標識利用広告物	標識（バス停標識、消火栓標識、避難標識、案内図板等）に取り付けた広告物
11	宣　伝　車	自動車登録規則（昭和45年運輸省令第7号）別表第2に規定する広告宣伝用自動車の外面を利用する広告物

12	バス又は電車の車体利用広告で長方形の枠を利用する方式によるもの	電車又はバスの車体に長方形の枠を利用して表示した広告物
13	上記以外の車体利用広告物	12以外の方式による電車又はバスに表示した広告物及び乗用車又は貨物自動車に表示した広告物
14	アドバルーン	綱を付けた気球を掲揚し、その綱を利用して又は気球に広告表示したもの
15	広告幕（網）	布、ビニール等に広告表示し、建築物の壁面、地上のポール等に取り付けたもの。表示面積3㎡を超えたのぼりを含む。なお、枠を固定したり、パネル状に取り付けるなどにより、表示面（幕の部分）が固定されたものは前記2の広告板として扱う。
16	ア ー チ	道路上を横断して設置するもの。広告幕（横断幕）は除く。
17	装飾街路灯	街路灯自体が広告と認められるもの
18	店頭装飾	クリスマスセール、お中元セール、新装開店時等において、商店の入口周辺に一時的に設置するもの

※なお、簡易除却の対象となる屋外広告物は、法第7条第4項の立看板等の定義による。

② 屋外広告物の規格

　1）広告塔及び広告板

　　イ　土地に直接設置する広告塔及び広告板

　　　(イ)　広告塔等の上端は地上10m以下であること。ただし、商業地域内に設置する自家用広告物で、自己の氏名、名称、店名、商標又は自己の事業若しくは営業の内容を表示する場合については13m以下とすることができる。

　　　(ロ)　道路の上空に突出するものは、道路境界線からの出幅は1m以下とする。また、広告塔等の下端は、歩車道の区別のある歩道上にあっては地上3.5m以上（道路境界線からの出幅が0.5m以下の場合は2.5m以上）とし、歩車道の区別のない道路上にあっては、地上4.5m以上であること。

60

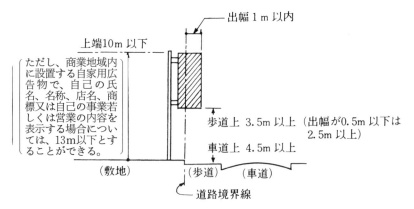

ロ　建築物の屋上を利用する広告塔等

(イ)　木造建築物の屋上に設置する広告塔等の高さは、地盤面から10m以下であること。

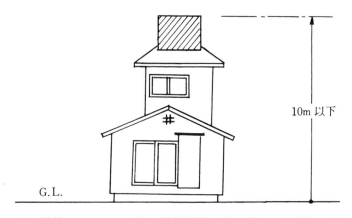

(ロ)　鉄筋コンクリート造、鉄骨造等の耐火構造の建築物の屋上に設置する広告塔等（地盤面から広告塔等の上端までの高さが10m以下を除く。）は、地盤面から設置する箇所までの高さの3分の2以下で、かつ、地盤面から広告物の上端までの高さは、第一種住居地域、第二種住居地域又は準住居地域内にあっては33m以下、第一種住居地域、第二種住居地域又は準住居地域外においては52m以下であること。

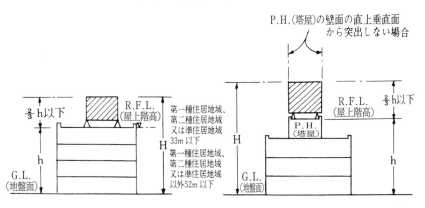

階段室、昇降機塔等 P.H.（塔屋）の水平投影面積の合計が当該建築物の建築面積の 8 分の 1 を超える場合

※建築物の階段室、昇降機塔、物見塔その他これらに類する屋上構造物（工作物で造られた目隠し、設備機器を覆う囲い等は除く。）の上に設置する広告塔等については、次のいずれかに掲げる場合にあっては、その階段室、昇降機塔等の高さは、建築物の高さに算入せず、広告塔等の高さに含まれるものとする。

㋑　屋上構造物の水平投影面積の合計が当該建築物の建築面積の 8 分の 1 以下のとき。

㋺　屋上構造物の水平投影面積の合計が当該建築物の建築面積の 8 分の 1 を超える場合において、当該広告塔等が屋上構造物の壁面の直上垂直面から突出するとき。

※建築面積とは、原則として建築物の外壁又はこれに代る柱の中心線で囲まれた部分を真上から見た場合における面積（水平投影面積）をいう。

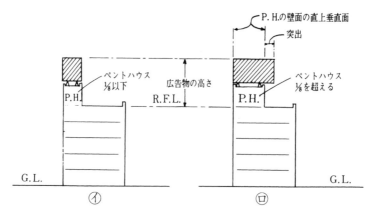

<参考> 高低差のある地盤面の算出方法（平均地盤面）

　建築物の高さの算定は、地盤面から測定することになっているが、地盤面に高低差がある場合には、高低差３m以内ごとに平均地盤面を算出する。これは敷地全体の地盤面の平均ではなく、建築物の接する周囲の地盤面の平均である。

　下記は算出例。

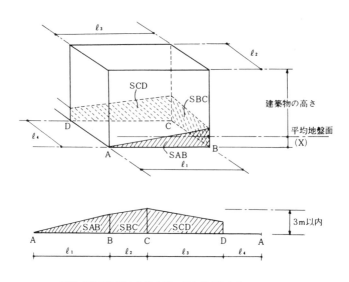

$$平均地盤面高（x）= \frac{敷地が地面と接する最も低い点を基点とした建築物各面の土中にある総面積}{建築物の周長}$$

$$x = \frac{SAB + SBC + SCD}{\ell_1 + \ell_2 + \ell_3 + \ell_4}$$

　(ハ)　自家用広告物のうち、自己の氏名、名称、店名又は商標を表

示する場合で、下記の規格に適合するときは、前記に規定する広告塔等の上端までの高さの限度を超えて設置することができる。なお、これは特別の処置であるため、美観及び建築物との調和については十分な配慮をすること。

㋑　光源が点滅しないこと。

㋺　階段室、昇降機塔等の屋上構造物の壁面に設置すること。

㋩　表示する文字、数字、商標等の上端から下端までの長さは、地盤面から当該下端までの高さが100m以下の場合にあっては3m以下、100mを超える場合にあっては5m以下であること。

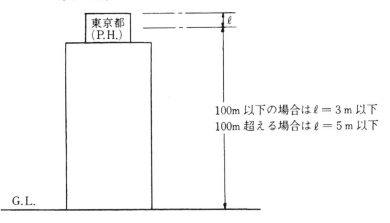

100m以下の場合は ℓ＝3m以下
100m超える場合は ℓ＝5m以下

㋥　建築物の壁面の直上垂直面から突出して設置しないこと。

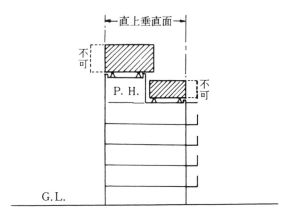

2）建築物の壁面を利用する広告物等

　イ　地盤面から広告物等の上端までの高さが第一種住居地域、第二
　　　種住居地域又は準住居地域内にあっては33m以下、第一種住居地
　　　域、第二種住居地域又は準住居地域外にあっては52m以下である
　　　こと。

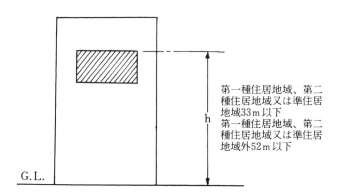

第一種住居地域、第二
種住居地域又は準住居
地域33m以下
第一種住居地域、第二
種住居地域又は準住居
地域外52m以下

　ロ　自家用広告物のうち、自己の氏名、名称、店名又は商標を表示
　　　する場合で、下記の規格に適合するときは、前記に規定する広告
　　　物等の上端までの高さの限度を超えて設置することができる。な
　　　お、これは特別の措置であるため、美観及び建築物との調和につ
　　　いては十分な配慮をすること。

　　⒤　光源が点滅しないこと。

　　㋺　広告物のそれぞれの文字、数字、商標等の上端から下端まで
　　　の長さは、地盤面から当該下端までの高さが100m以下の場合
　　　にあっては３m以下、100mを超える場合にあっては５m以下
　　　とすること。

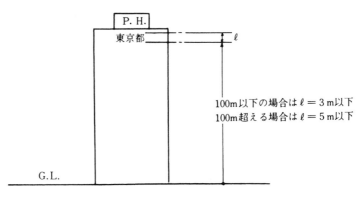

ハ　壁面の外郭線から突出して表示し、又は設置しないこと。

ニ　窓又は開口部を塞いで表示し、又は設置しないこと。ただし、広告幕については、非常用進入口、避難器具が設置された開口部等を除き、この限りでない。

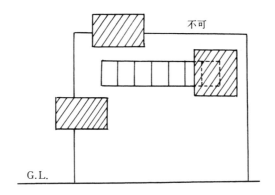

※　建築物の外面にガラス張り等により全面及び一部に設置されたハメゴロシ窓等の部分に設置する場合は、外壁の一部とすることができる。

　　　ただし、他の法令（建築基準法・消防法等）に抵触しないこと。

ホ　広告物等の表示面積の合計は、当該壁面面積の10分の３以下（表示期間が７日以内のものを除く。ただし、１か月に１回とする。）とし、各広告物等の表示面積（広告幕を除く。）は商業地域内は100㎡以下、商業地域外は50㎡以下であること。

(イ) 当該壁面面積及び各広告物等の表示面積

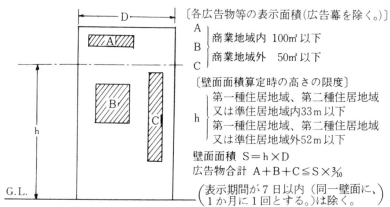

〔各広告物等の表示面積(広告幕を除く。)〕

A
B 商業地域内 100㎡以下
C 商業地域外 50㎡以下

〔壁面面積算定時の高さの限度〕

h 第一種住居地域、第二種住居地域
又は準住居地域内33m以下
第一種住居地域、第二種住居地域
又は準住居地域外52m以下

壁面面積 S＝h×D
広告物合計 A＋B＋C≦S×3/10

(表示期間が7日以内(同一壁面に、)
1か月に1回とする。)は除く。

(ロ) 当該壁面の考え方

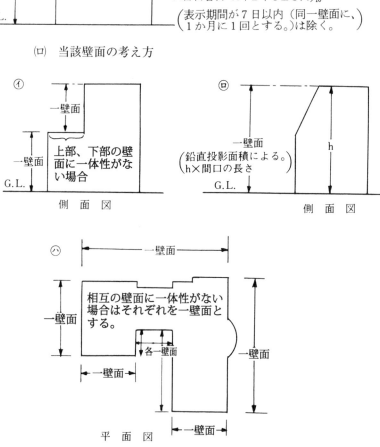

(イ)
一壁面
一壁面
G.L.
上部、下部の壁面に一体性がない場合
側 面 図

(ロ)
一壁面
(鉛直投影面積による。)
h×間口の長さ
h
G.L.
側 面 図

(ハ)
一壁面
一壁面
相互の壁面に一体性がない場合はそれぞれを一壁面とする。
各一壁面
一壁面
一壁面
一壁面
平 面 図

(ハ)　建築物のすみ切の壁面は、左右どちらかの壁面と一体に捉える。

(ニ)　建築物の屋上階高（R．F．L．）より下の部分を壁面とする。しかし、建築物の外壁が連続して立ち上った部分（パラペット等）がある場合、及び建築物の壁面と屋上構造物の面が同一平面である場合は、パラペット等の天端までのラインを壁面とする。

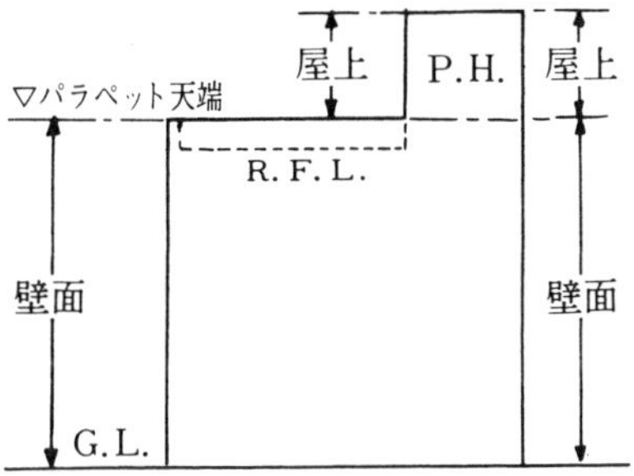

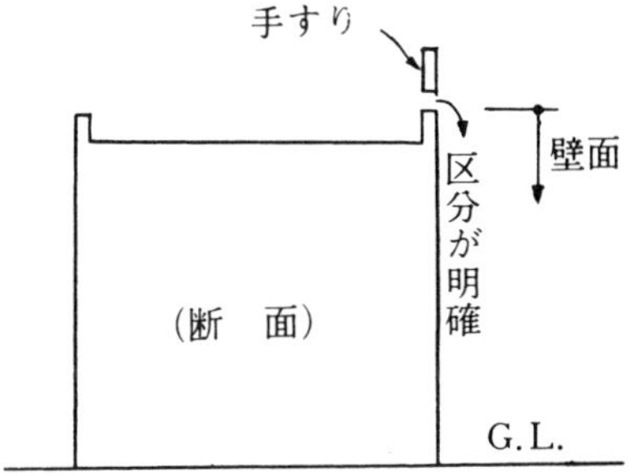

(ホ)　建築物の壁面と屋上構造物の面が同一平面で両方にまたがって広告物等を表示し、又は設置する場合は、壁面利用広告物として扱う。

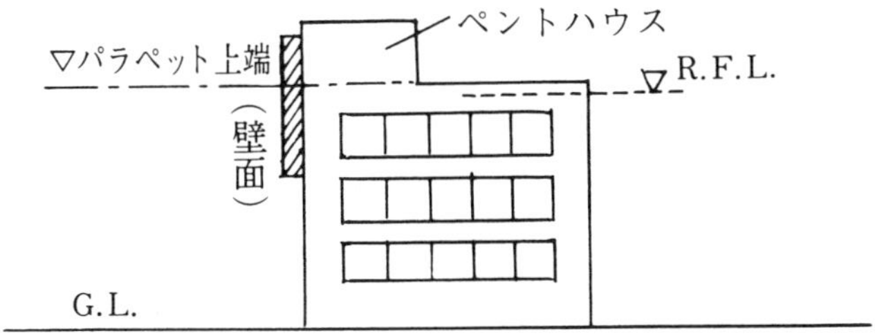

(ヘ)　壁面及び日よけ等の取付文字、書き文字のように独立した広告板となっていないものについては、連続した1個の広告表示部分を広告板とする。ただし、取付文字等の大きさ以上に文字間隔のある場合は、個々の文字部分を長方形とした広告板とする。

へ　建築物の一壁面に内容を同じくする広告物等を表示し、又は設置する場合においては、各広告物等の間隔が5ｍ以上であること。

68

3）建築物から突出する形式の広告物等

イ　地盤面から広告物等の上端までの高さが第一種住居地域、第二種住居地域又は準住居地域内にあっては33m以下、第一種住居地域、第二種住居地域又は準住居地域外にあっては52m以下であること。

ロ　広告物等（つり下げ式のものを含む。）の道路境界線からの出幅が1m以下であり、かつ、当該建築物からの出幅が1.5m以下であること。

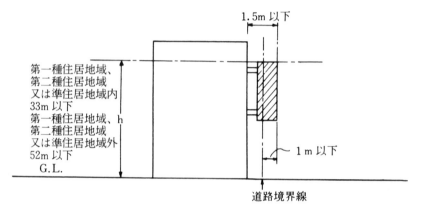

ハ　広告物の下端は、歩車道の区別のある歩道上にあっては地上3.5m以上（道路境界線からの出幅が0.5m以下の場合は2.5m以上）とし、歩車道の区別のない道路上にあっては4.5m以上であること。

ニ　広告物等の上端が当該広告物等を表示し、又は設置する壁面の上端を越えないこと。

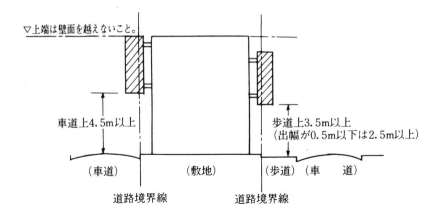

ホ　広告物等の構造体が鉄板等で被覆されることにより露出していないこと。

4）電柱又は街路灯柱を利用する広告物等

　イ　電柱（電話柱、東電柱を含む。）を利用するもの

　　㈠　案内誘導広告物等であること。

　　㈡　表示することができるものは巻付け広告及び添架広告であり、規格等は下記のとおりであること。

　　㈢　色彩が4色以内であり、かつ、地色が黒、赤又は黄でないこと。

　ロ　街路灯柱を利用するもの

　　㈠　商店会、自治会、町会等が表示する広告物等であること。

　　㈡　街路灯柱から突出して添架する広告物等については、道路面から当該広告物等の下端までの高さが、歩車道の区別のある道路の歩道上にあっては3.5m以上、歩車道の区別のない道路上にあっては4.5m以上であること。

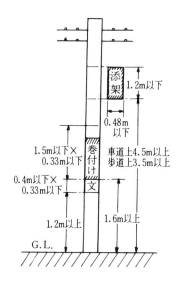

巻付けの公共用掲示（通学路、スクール
ゾーン標示、避難道路表示）がタテ40cm
以下、ヨコ33cm以下の大きさで認められ
れている。

5）道路に沿い、又は鉄道及び軌道の沿線に設置する広告物等

　イ　東京国際空港内の道路（建築基準法第42条第1項第五号の規定

　　により昭和36年東京都告示第560号で指定した道路に限る。）の路

　　線用地から展望できる広告塔等及びこれらに類するもの

　　　設置の場所等が次の表のとおりであること。

設　置　の　場　所	広告塔等の間隔	広告塔等の上端までの高さ
大田区羽田5丁目、羽田6丁目及び羽田旭町の各一部で、海老取川西側境界線から幅員50m以内の地域	2m以上	地上10m以下

（注）

　　広告塔等の間隔は、広告塔
等を道路の路面に垂直であ
り、かつ、車両の進行方向に
平行である面に投影した場合
における各広告塔等の間の距
離をいう。

　備　考

　　広告塔等の構造は、裏側の骨組みが見えない構造とし、長方形（四つの内

　角がすべて直角である4辺形）とする。また、1面1広告、地色は黒及び原

　色以外とする。

　　ロ　鉄道及び軌道の路線用地から展望できる野立広告物及びこれに

　　　類するもの

設置の場所等が次の表のとおりであること。

設置の場所	鉄道及び軌道の境界線からの距離	広告物等の間隔	広告物等の上端までの高さ	広告物等の表示面積
特別区及び市の存する区域（商業地域を除く。）内の鉄道及び軌道の沿線	30m以上	50m以上	5m以下	30㎡以下
特別区及び市の存する区域以外の区域内の鉄道及び軌道の沿線	50m以上	100m以上		40㎡以下

備　考

　広告物等の間隔は、広告物等を鉄道及び軌道の路面に垂直であり、かつ、車両の進行方向に平行である面に投影した場合における各広告物等間の距離をいう。

　その他、裏側の骨組みが見えない構造（すのこ張りを除く。）で、長方形（四つの内角がすべて直角である4辺形）とし、また1面1広告、地色は黒及び原色以外とする。

（注）　土地に直接設置する広告物等で、条例第13条に掲げるものは、この項の対象広告物とはならない。

　(イ)　他の法令の規定により表示する広告物等

　(ロ)　国又は公共団体が公共的目的をもって表示する広告物等

　(ハ)　自己の営業所、事業所の敷地内に建植する地上設置の自家用広告物

　(ニ)　自己の管理する土地に管理者が管理上必要な事項を表示する広告物等

6）電車又は自動車の外面を利用する広告物等

　　車体利用広告については、意匠等作成経過報告書（第3号様式）の提出が必要となる場合がある。

　イ　電車又は自動車の外面に表示し、又は設置してはならない広告物等

　　　次に掲げる広告物等を電車又は自動車の外面に表示し、又は設置しないこと。

　　(イ)　電光表示装置等により映像を写し出すものなど、運転者の注意力を著しく低下させるおそれのある広告物等

　　(ロ)　運転者を幻惑させるおそれのある、発光し、蛍光素材を用

い、又は反射効果を有する広告物等

(ハ) 車体の窓又はドア等のガラス部分に表示する広告物等

ロ　乗用車、貨物自動車又はバス（路線バスを除く。）の外面を利用する広告物等

次のいずれかの広告物等であること。

(イ) 規則第13条第二号イ又はロに定める基準により表示する広告物等

　(イ)　自動車の車体に、自動車の所有者又は管理者の氏名、名称、店名又は商標を表示するものであること。

　(ロ)　自動車の車体に、規則第18条第一号に掲げる事項を表示するものであること。

　　a　収益を目的としない宣伝、集会、行事及び催物等のために表示するもの

　　b　政党その他の政治団体、労働組合等の団体又は個人が政治活動又は労働運動として行う宣伝、集会、行事及び催物等のために表示するもの

(ロ) 乗用車、貨物自動車又はバスの所有者又は管理者が自己の事業又は営業の内容を車体に表示する広告物等

ハ　電車、ハイヤー及びタクシー又は路線バス等の車体の外面を利用する広告物等

(イ) 路面電車（注）又は路線バス等における一の車体当たりの表示面積の合計は、車体底部を除く全表面積の10分の3以下であること。

（注）　路面電車とは、路面の全部又は一部が道路と同一平面を構成するものであり、都電荒川線と東急世田谷線が該当している。

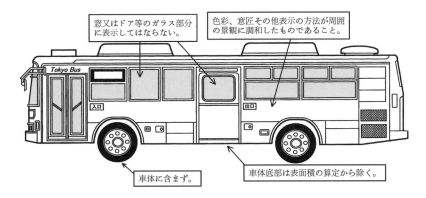

窓又はドア等のガラス部分
に表示してはならない。

色彩、意匠その他表示の方法が周囲
の景観に調和したものであること。

Tokyo Bus

入口

出口

車体に含まず。

車体底部は表面積の算定から除く。

(ロ)　電車（路面電車を除く。）における車体の一の外面に表示する各広告物等の面積の合計が当該外面面積の10分の１以下であること。ただし、次に掲げる広告物等のみを表示する場合においては、車体の一の外面における各広告物等の表示面積の合計は、当該外面面積の10分の３以下であること。

　　(イ)　規則第13条第二号イに定める基準により表示する広告物等

　　(ロ)　規則第18条第一号に掲げる事項を表示する広告物等

　　(ハ)　電車（路面電車を除く。）の所有者又は管理者が自己の事業又は営業の内容を表示する広告物等

　　(ニ)　電車（路面電車を除く。）を利用した催物、行事等を表示するための広告物等で表示期間が６か月以内のもの

　　(ホ)　国又は地方公共団体が地域の振興を目的として表示する広告物等

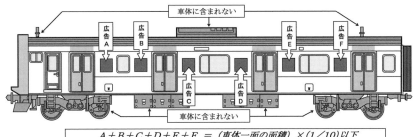

車体に含まれない

広告
A

広告
B

広告
E

広告
F

広告
C

広告
D

車体に含まれない

$A+B+C+D+E+F ＝ (車体一面の面積) \times (1／10)以下$

※表示面積の算定にあたっては、電車のボディー（台車、上部の換気口の突起、パンタグラフ等はボディーに含まれない。）を前・後・左・右・上・下に分け、丸みがかった部分は、どちらかと一体と考える。

⑾ ハイヤー及びタクシーの車体の外面を利用する広告物等の規格は次のとおりであること。

※ 規則第13条第二号イ又はロに定める基準により表示する広告物等（第2章3⑹②6）ロ㈗を参照）及び車両の所有者又は管理者が自己の事業又は営業の内容を車体に表示する広告物等については、次の規格にかかわらず、車体に表示することができる。

全体表示面積：1.4×2＋0.45×2＝3.7㎡（以下）

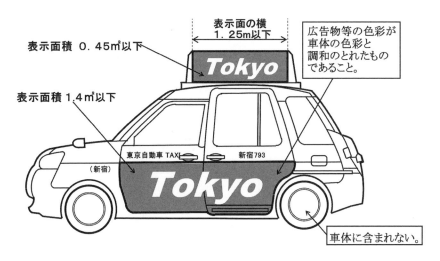

表示面の横
1.25m以下

表示面積 0.45㎡以下

広告物等の色彩が
車体の色彩と
調和のとれたもの
であること。

表示面積 1.4㎡以下

Tokyo

（新宿）　東京自動車 TAXI　　　新宿793

Tokyo

車体に含まれない。

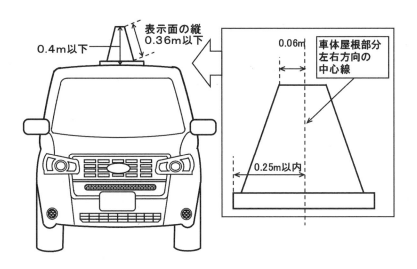

表示面の縦
0.36m以下

0.4m以下

0.06m

車体屋根部分
左右方向の
中心線

0.25m以内

㈡　路線バスの車体利用広告で長方形の枠を利用する方式による広告物等

㈡㈢㈣㈤㈥　色彩、意匠その他表示の方法が周囲の景観に調和したものであること。

㈥　車体各面に表示できる広告物は、第13条第二号イ又はロに定める基準により表示する広告物等及び車両の所有者又は管理者が自己の事業又は営業の内容を表示する広告物等を除き二広告物以下とすること。ただし、ハイヤー及びタクシーの外面を利用する広告物等にあっては一の車両に表示できる広告物は一広告物とすること。

※　この項（「ハ」欄）は、電車、ハイヤー及びタクシー、路線バス及び観光バスに限り、ラッピングフィルム等を利用した第三者の商業広告を認め、表示等の場所、位置、形状、規模等の規格を定めるものである。

※　窓の内側から外側に向けて第三者の商業広告を表示している車両は、「ハ」欄に定める車体利用広告（規則別表第3六㈢）を掲出できない。

ニ　宣伝車の車体の外面を利用する広告物等

　㈠　自動車登録規則（昭和45年運輸省令第7号）別表第二に規定する広告宣伝用自動車であること。

　㈡　消防自動車又は救急自動車と紛らわしい色を使用しないこと。

※　車体とは、ボディ本体を指し、車輪や車輪に附属する部分、電車のパンタグラフは車体に含まれない。

※　車両の管理者とは、所有者ではないが、運送会社など、例えば3か月位の長期にわたり専属貸借契約等を締結し、本契約期間中専ら自己の用途にのみ契約対象の車両を所有者と同様に支配できる地位にある者をいう。

7）標識を利用する広告物等

イ　バス停留所標識を利用するもの

　㈠　案内誘導広告物等であること。

　㈤　表示面積が表示板の表示面の面積の3分の1以下であること。

　㈥　車両の進行方向から展望できない面に表示するものであること。

　㈦　地色が白色であること。

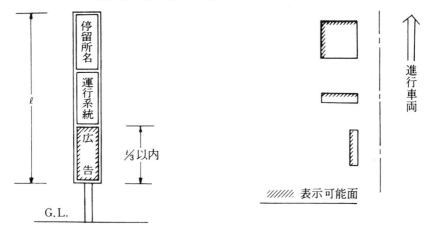

　ロ　消火栓標識を利用するもの

　㈠　案内誘導広告物等であること。

　㈤　表示面が、縦0.4m以下及び横0.8m以下であること。

　㈥　道路面から広告物等の下端までの高さが歩車道の区別のある
　　　道路の歩道上にあっては3.5m以上、歩車道の区別のない道路
　　　上にあっては4.5m以上であること。

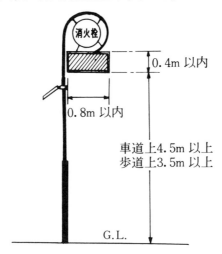

　ハ　避難標識又は案内図板等を利用するもの

　　㈠　標識又は案内図が表示された面の各面につき一広告物とし、表示面積が0.32㎡又は各面の標識若しくは案内図の表示面積の2分の1に当たる面積のいずれか小さい面積以下であること。

　　㈡　添架広告物については、道路面から当該添架広告物の下端までの高さが、歩車道の区別のある道路上にあっては歩道上3.5m以上、歩車道の区別のない道路上にあっては4.5m以上であること。

　　㈢　当該標識又は案内図が示す本来の表示目的を阻害しないものであること。

8）第一種住居地域又は第二種住居地域内における自家用広告物及び塀又は工事現場の板塀等に表示する広告物以外の規格

　　第一種住居地域又は第二種住居地域内に設置する自家用広告物及び条例第14条第四号に規定する塀又は工事現場の板塀等に表示する広告物以外の広告物の表示面積は、この項（第2章3⑹②屋外広告物の規格）の規定にかかわらず、各広告物当たり10㎡以下であること。

　　なお、住居地域から派生した準住居地域については、建築物の用途規制が近隣商業地域に近いので、本件広告物の規格対象地域から除かれているので注意を要する。

9）第一種低層住居専用地域又は第二種低層住居専用地域の境界線から50m以内に設置する広告物等（広告塔、広告板、建築物の壁面を利用する広告物等及び建築物から突出する形式の広告物等）の禁止事項

　　光源の点滅（ただし、自然の立地条件により、当該第一種低層住居専用地域又は第二種低層住居専用地域から展望できないものを除く。）

10）第一種文教地区及び風致地区で禁止区域から除外した区域内に設置する広告物等（広告塔、広告板、建築物の壁面を利用する広告物等及び建築物から突出する形式の広告物等）の禁止事項

　　イ　露出したネオン管の使用

　　ロ　赤色のネオン管の使用

　　ハ　光源の点滅

11)　水辺景観形成特別地区内で使用できない赤色及び黄色の光源

　　　赤色又は黄色の光源は、日本工業規格Ｚ9101に定める表2「一般材料、蛍光材料、再帰性反射体、複合材料の色度座標及び輝度率並びに内照式安全標識の色度座標」及び図22「赤、黄、緑、青の安全色、白及び黒の対比色、並びに白及び黄みの白のりん光材料の対比色の範囲」に示された安全標識に用いられる赤色又は黄色の光源とする。

12)　プロジェクションマッピング

　1　景観、周辺環境及び道路交通等の安全に配慮し、支障を及ぼさないものであること。

　2　道路を挟んで表示する場合等においては、信号機若しくは道路標識等の効用を阻害し、又は車両運転者を幻惑するおそれがないこと。

　3　土地に直接設置する広告塔等を利用するものについては、次のとおりであること。

　　イ　広告塔等に表示するプロジェクションマッピングの上端の高さが地上10メートル以下であること。ただし、商業地域内にある条例第13条第五号に掲げる広告物等であるプロジェクションマッピングについては、地上13メートル以下であること。

　　ロ　道路の上空に突出する広告塔等に表示するプロジェクションマッピングについては、道路境界線からの出幅が1メートル以下であり、かつ、道路面から当該突出部分の下端までの高さが歩車道の区別のある道路の歩道上にあつては3.5メートル以上（道路境界線からの出幅が0.5メートル以下のものにあつては、2.5メートル以上)、歩車道の区別のない道路上にあつては4.5メートル以上であること。

　4　建築物の屋上を利用する広告塔等を利用するものについては、次のとおりであること。

　　イ　木造の建築物の屋上に設置する広告塔等に表示するプロジェクションマッピングについては、地盤面から当該プロジェクシ

ョンマッピングの上端までの高さが10メートル以下であること。

ロ　鉄筋コンクリート造、鉄骨造等の耐火構造又は不燃構造の建築物の屋上に設置する広告塔等に表示するプロジェクションマッピングについては、当該プロジェクションマッピングの高さが地盤面から広告塔等を設置する箇所までの高さの３分の２以下で、かつ、当該地盤面から当該プロジェクションマッピングの上端までの高さが第一種住居地域、第二種住居地域、準住居地域又は指定区域内にあつては33メートル以下、第一種住居地域、第二種住居地域、準住居地域又は指定区域外にあつては52メートル以下であること。この場合において、屋上構造物の上に設置する広告塔等に表示するプロジェクションマッピングについては、次に掲げる場合のいずれかに該当する場合にあつては、屋上構造物の高さは、当該プロジェクションマッピングの高さに算入するものとする。

(1)　屋上構造物の水平投影面積の合計が当該建築物の建築面積の８分の１以下のとき。

(2)　屋上構造物の水平投影面積の合計が当該建築物の建築面積の８分の１を超える場合において、当該広告塔等が屋上構造物の壁面の直上垂直面から突出するとき。

ハ　条例第15条第一号に掲げる広告塔等で、屋上構造物の壁面に設置するものに表示するプロジェクションマッピングについては、ロに規定する地盤面からプロジェクションマッピングの上端までの高さの限度を超えて表示することができる。ただし、広告物のそれぞれの文字、数字、商標等の上端から下端までの長さは、地盤面から当該下端までの高さが100メートル以下の場合にあつては３メートル以下、100メートルを超える場合にあつては５メートル以下とする。

5　建築物の壁面を利用するものについては、高さ、表示面積等が二1、2、5及び6のとおりであること。

6　第12条第１項第六号の基準に適合し、かつ、表示期間が14日以内であるプロジェクションマッピング（条例第六条各号に掲げる

地域又は場所においては、公園等又は学校、官公署等、観光施設、歴史的文化的施設等の敷地その他知事の定める地域若しくは場所で表示するものであつて、周辺環境及び道路交通等の安全に支障を及ぼすおそれがないものに限る。）は、3から5までの規定にかかわらず、表示することができる。ただし、地盤面から当該プロジェクションマッピングの上端までの高さが第一種住居地域、第二種住居地域、準住居地域又は指定区域内にあつては33メートル、第一種住居地域、第二種住居地域、準住居地域又は指定区域外にあつては52メートル（以下「高さ制限」という。）を超えるものは、次に掲げる要件のいずれかに該当するものであること。

イ　表示期間が7日以内であること。

ロ　一日当たりの表示時間が3時間以内であること。

ハ　高さ制限を超えて表示する部分の表示面積の合計が、当該高さ制限を超える部分の壁面の面積の10分の3以下であること。

〈関連規則〉

別表第4（第19条関係）
一　建築物の屋上へ広告物等を表示し、又は設置しないこと。
二　光源が点滅しないこと。
三　光源には、日本工業規格Ｚ9101に定める表2及び図22に示された安全標識に用いられる赤色又は黄色を使用しないこと。
四　条例第13条第五号に掲げる広告物等で、地盤面から広告物等の上端までの高さが10m以上であるものについては、当該広告物等に使用する色彩のマンセル値が、次の表の左欄に掲げる色相の区分に応じて、同表の右欄に定める彩度を超えないこと。ただし、一広告物の表示面積の3分の1以下の面積については、同表の右欄に定める彩度を超えて使用することができる。

色相	彩度
0.1Rから10Rまで	5
0.1YRから5Yまで	6
5.1Yから10Gまで	4

0.1BG から10B まで	3
0.1PB から10RP まで	4

〔**参考**〕東京都景観計画（抜粋）

〈屋外広告物の表示等の制限※〉

　屋外広告物は、自然の風景や都市の景観に大きな影響を与える要素の一つである。東京の街を歩くとき、目に映るのは、建築物の壁面あるいは屋上に設置された、数多くの広告物である。無秩序に設置された屋外広告物が良好な景観形成の阻害要因として扱われる例も多い。

　一方、近年は、地域のまちづくりと連携し、建築物との調和や街並みとしての統一感を意図した、優れたデザインの屋外広告物も次第に増えつつある。こうした取組を広げて、良好な景観を形成していくため、屋外広告物の規制と建築物等についての景観誘導を一体的に行っていく。

※　景観法第8条第2項第四号イに規定する屋外広告物の表示及び屋外広告物を掲出する物件の設置に関する行為の制限に関する事項とする。

① 　景観計画区域内での屋外広告物の表示に関する共通事項

　1）屋外広告物は、屋外広告物条例に基づく許可が必要なものはもとより、自家用及び公共広告物などを含め、規模、位置、色彩等のデザインなどが、地域特性を踏まえた良好な景観の形成に寄与するような表示・掲出とする。

　2）景観基本軸や大規模な公園・緑地等の周辺では、緑や地形など地域の景観をつくる背景、建築物や並木など景観を構成する要素との調和に十分配慮し、屋外広告物を表示・掲出する。

　3）都選定歴史的建造物など、歴史的な景観資源の周辺では、歴史的・文化的な面影や雰囲気を残す街並みなどに配慮して、屋外広告物を表示・掲出する。

　4）大規模な建築物や高層の建築物における屋外広告物は、景観に対する影響が広範囲に及ぶ場合があることなどから、表示の位置や規模等について、十分配慮する。

　5）主要な幹線道路においては、道路修景や地域のまちづくりの機会などを捉えて、屋外広告物の表示に関する地域ルールを定めるなど、風格のある沿道の景観形成を進めていく。

　6）自然環境保全・活用ゾーンなど、豊かな自然が観光資源となっている地域では、街道沿いやレクリエーションエリア周辺に、景観を阻害する野立て看板等が点在することのないよう、案内広告の集約化を図るとともに、色彩等のデザインを自然環境と調和させる。

　7）地域の活性化は、大規模で過剰な広告物の掲出ではなく、美しく落ち着きのある景観の形成を始めとする地域の魅力向上が重要であるという視点に立って、地域振興やまちづくりを進めていく。

　8）地域特性を踏まえた、統一感のある広告は、街並みの個性や魅力を高め、観光振興にも効果があることから、広告物の地域ルールを活用した景観形成を

積極的に進めていく。

② 景観形成特別地区における基準

　景観形成特別地区における屋外広告物の表示については、東京都屋外広告物条例に定める一般的な基準に加えて、以下に定める基準による。

　1）文化財庭園等景観形成特別地区

　　文化財庭園など貴重な文化遺産を保存・継承するため、庭園などの周辺において良好な景観を形成し、庭園等の内部からの眺望を保全する。

　　景観形成特別地区に指定した文化財庭園等の周辺では、屋外広告物の表示・掲出に関する基準は、別表4①欄に示すとおりとする。

　2）水辺景観形成特別地区

　　観光振興の視点から水辺の魅力を向上していくため、スーパー堤防や護岸の整備、水域やテラスの活用とともに、夜景も視野に入れ、河川や運河に沿った街並みにおいて、良好な景観を形成していく。

　　景観形成特別地区に指定した水辺の周辺では、屋外広告物の表示・掲出に関する基準は、別表4②欄に示すとおりとする。

別表　屋外広告物の表示等の制限

① 文化財庭園等景観形成特別地区

　1）表示等を制限する範囲（規制範囲）

　　景観形成特別地区の区域内で、かつ、地盤面から20m以上の部分を規制範囲とする。

　2）規制範囲内で表示できる屋外広告物（別表2）

　　次の広告物に限り、表示できる。ただし、表示等に当たっては、下表に定める基準による。

　・自家用広告物（自社名、ビル名、店名、商標の表示など）

　・公共公益目的の広告物

　・非営利目的の広告物

区　　分	表示等の制限に関する事項
屋上設置の広告物	□　地盤面から20m以上の部分では、建物の屋上に広告物を表示し、又は設置しない。
建物壁面の広告物	□　地盤面から20m以上の部分では、広告物に光源を使用しない。
広告物の色彩	□　建物の壁面のうち、高さ20m以上の部分を利用する自家用広告物の色彩は、庭園景観と調和した低彩度を基本とし、一つの広告物の中で、その表示面積の1/3を超えて使用できる色彩の彩度は次のとおり定める。

	【色相】		【彩度】
	0.1R～10R	→	5以下
	0.1YR～5Y	→	6以下
	5.1Y～10G	→	4以下
	0.1BG～10B	→	3以下
	0.1PB～10RP	→	4以下
表示等の制限の例外	□　建物の背後にある広告物など、庭園内から見えない広告物は、本表に定める表示等の制限に関わらず、表示できる。		

②　水辺景観形成特別地区

1）表示等を制限する範囲（規制区域）

　　景観形成特別地区の区域内とする。

2）規制区域内で表示できる屋外広告物（別表4）

　　表示等に当たっては、下表に定める基準による。ただし、広告協定地区（臨海部）における広告物は、臨海副都心広告協定に定められたルールによる。

区　　　分	表示等の制限に関する事項
屋上設置の広告物	□　建物の屋上に、広告物を表示し、又は設置しない。
建物壁面の広告物	□　広告物の光源に、赤色又は黄色※を使用しない。 □　光源は点滅させない。
広告物の色彩	□　建物の壁面のうち、高さ10m以上の部分を利用する自家用広告物の色彩は、水辺景観と調和した低彩度を基本とし、一つの広告物の中で、その表示面積の1／3を超えて使用できる色彩の彩度は次のとおり定める。 【色相】　　　　　　　　　　　　　【彩度】 0.1R～10R　　　　→　　　5以下 0.1YR～5Y　　　　→　　　6以下 5.1Y～10G　　　　→　　　4以下 0.1BG～10B　　　　→　　　3以下 0.1PB～10RP　　　→　　　4以下
表示等の制限の例外	□　許可を受けずに表示できる広告物には、本表に定める表示等の制限は適用しない。 □　この基準に適合しない広告物であっても、特にデザインが優れ、水辺景観の形成に寄与するものについては、この基準によらないことができる。

※　赤色又は黄色とは、JIS（JISZ9101）に定める安全色（事故防止や緊急避難などを目的として安全標識に使用）の赤又は黄とする。

86

③　屋外広告物等の総表示面積の規制＝総量規制＝

（広告物等の総表示面積の規制）

第22条　都市計画法第8条第1項第一号の規定により定められた近隣商業地域及び商業地域内にある高さが10mを超える建築物に表示する各広告物等（広告物の表示期間が7日以内のもの又は第12条の2若しくは第13条第八号に規定するプロジェクションマッピングのうち規則で定めるものを除く。）の表示面積の合計は、一建築物の壁面面積に応じて規則で定める基準により算定した面積を超えてはならない。

〈関連規則〉

（総表示面積の基準等）

第20条　条例第22条の規則で定めるプロジェクションマッピングは、次に掲げるものとする。

一　条例第12の2第4項の規定により指定された活用地区に表示するプロジェクションマッピングで、同条第2項第4号に規定する建築物その他の工作物等に表示されるもの

二　第12条第1項第6号の基準に適合するプロジェクションマッピングで、表示期間が14日以内のもの

2　条例第22条の規則で定める基準は、一建築物の壁面面積（壁面のうち、地盤面（建築基準法施行令（昭和25年政令第338号）第2条第2項に規定する地盤面をいう。以下同じ。）から、第一種住居地域、第二種住居地域又は準住居地域（都市計画法第8条第1項第一号の規定により定められた第一種住居地域、第二種住居地域又は準住居地域をいう。以下同じ。）内にあつては33m、第一種住居地域、第二種住居地域又は準住居地域外にあつては52mまでの高さの部分の鉛直投影面積をいう。以下同じ。）に10分の6を乗じて得た面積とする。

　近隣商業地域及び商業地域内における高さ10mを超える建築物に表示される広告物は、第2章3(5)及び(6)の基準、規格に適合するとともに、総量規制に関する規定についても適合するものでなければならない。

1）対象広告物

近隣商業地域及び商業地域内の高さ10mを超える建築物に表示される広告物。

なお、適用除外の広告物についても総量規制の対象とする。ただし、広告物の表示期間が7日以内（1か月に1回）のものは除く。

2）総量規制面積

一建築物の総壁面面積（52mまでの高さの部分の鉛直投影面積）の60％を超えない面積とする。

88

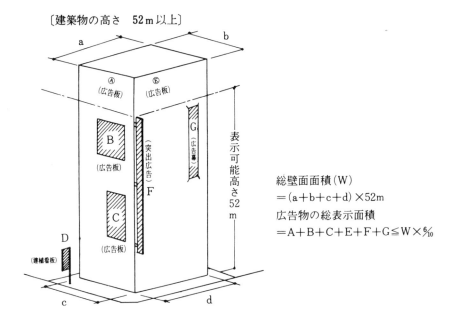

〔建築物の高さ　52m以上〕

総壁面面積（W）
＝（a＋b＋c＋d）×52m
広告物の総表示面積
＝A＋B＋C＋E＋F＋G≦W×6/10

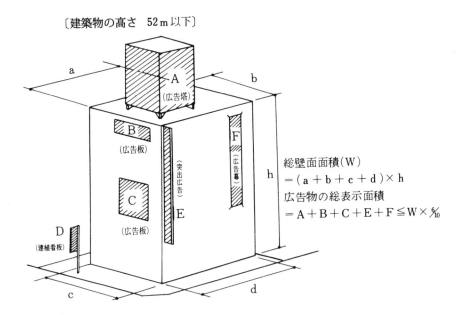

〔建築物の高さ　52m以下〕

総壁面面積（W）
＝（a＋b＋c＋d）×h
広告物の総表示面積
＝A＋B＋C＋E＋F≦W×6/10

4　広告物等の許可（第三章）

（許可の申請）

第23条　第8条、第15条又は第16条の規定による許可を受けようとする者は、規則で定める申請書（以下「許可申請書」という。）正副2通を知事に提出しなければならない。

（許可期間等の表示）

第26条　この条例の規定による許可を受けた者は、住所、氏名、許可期間等について、知事の定めるところに従い表示しておかなければならない。

（変更及び継続の許可）

第27条　この条例の規定による許可を受けた後、その広告物の表示の内容に変更を加え、又はその広告物等を改造し、若しくは移転しようとするときは、規則で定める場合を除き、更に知事の許可を受けなければならない。

2　許可期間満了後更に継続して広告物等を表示し、又は設置しようとするときは、当該許可期間満了の日までに、更に知事の許可を受けなければならない。この場合において、当該許可の申請は、当該許可期間満了の日の10日前までに行わなければならない。

3　第23条及び第24条の規定は、前2項の規定による許可について準用する。

〈関連規則〉

（許可の申請等）

第1条　東京都屋外広告物条例（昭和24年東京都条例第100号。以下「条例」という。）第8条、第15条、第16条、第27条第1項若しくは第2項又は第30条第1項の規定による許可を受けようとする者は、別記第1号様式による屋外広告物許可申請書を知事に提出しなければならない。

2　前項の申請書には、次に掲げる図書を添付しなければならない。ただし、条例第27条第2項の規定による場合は、第三号に掲げる図書を省略することができる。

一　屋外広告物（以下「広告物」という。）を表示し、又は広告物を掲出する物件（以下「掲出物件」という。）を設置する場所の状況を知り得る図面及び近隣の状況を知り得る図面又はカラー写真（申請前3月以内に撮影したものに限る。以下同じ。）

二　国、地方公共団体又は他人が管理し、又は所有する土地、建築物（建築

基準法（昭和25年法律第201号）第2条第一号に規定する建築物をいう。以下同じ。）、工作物等に広告物又は掲出物件（以下「広告物等」という。）を表示し、又は設置する場合においては、その表示又は設置についての許可又は承諾を証明する書面

　三　形状、寸法、材料、構造、意匠等に関する仕様書及び図面

3　前項に規定するもののほか、条例第22条に規定する広告物等に係る申請にあつては建築物の壁面の状況を知り得る図面（現に当該建築物の壁面又は屋上に表示され、又は設置されている広告物等（以下この項において「現表示広告物等」という。）がある場合においては、その位置、表示面積等を明示した図面）及び現表示広告物等のカラー写真を、条例第27条第1項又は第2項の規定による許可を受ける場合（現に許可を受けている広告物等が広告塔、広告板、アーチ及び装飾街路灯である場合に限る。）にあつては別記第2号様式による屋外広告物自己点検報告書を添付しなければならない。

4　条例第6条第四号又は第五号に掲げる地域に表示し、又は設置する条例第15条第一号に掲げる広告物等及び条例第8条第四号に掲げる地域に表示し、又は設置する条例第13条第五号に掲げる広告物等に係る申請について知事が必要と認める場合には、日本産業規格Z8721に定める色相、明度及び彩度の三属性の値（以下「マンセル値」という。）を表示した図面の提出を求めることができる。

5　条例第15条第四号から第六号までに掲げる広告物等（車体利用広告で長方形の枠を利用する方式によるもの及び電車又は自動車の所有者又は管理者が自己の事業又は営業の内容を表示するものを除く。）に係る申請について知事が必要と認める場合には、別記第3号様式による屋外広告物等に係る意匠等作成経過報告書の提出を求めることができる。

6　前項の規定に基づき屋外広告物等に係る意匠等作成経過報告書の提出を求める場合において、知事が、同項の申請に係る広告物等の意匠等について、知事が別に定める委員会等にあらかじめ意見を聴くことを求めることができる。

（屋外広告物管理者）

第2条　条例第25条の規則で定める屋外広告物管理者は、次の各号のいずれかに該当する者とする。

　一　建築士法（昭和25年法律第202号）第2条第1項に規定する建築士

　二　電気工事士法（昭和35年法律第139号）第2条第4項に規定する電気工事士又は同法第4条の2に規定するネオン工事に係る特種電気工事資格者認定証の交付を受けている者

　三　電気事業法（昭和39年法律第170号）第44条第1項に規定する第1種電気主任技術者免状、第2種電気主任技術者免状又は第3種電気主任技術者

免状の交付を受けている者

　四　屋外広告物法（昭和24年法律第189号。以下「法」という。）第10条第2項第三号イに規定する登録試験機関が広告物等の表示及び設置に関し必要な知識について実施する試験に合格した者

第3条　条例第25条の規則で定める広告物等は、次に掲げるものとする。

　一　広告塔（高さが4mを超えるもの又は表示面積が10㎡を超えるものに限る。）

　二　広告板（高さが4mを超えるもの又は表示面積が10㎡を超えるものに限る。）

　三　アーチ

　四　装飾街路灯

（許可書の交付）

第4条　知事は、広告物等の表示又は設置の許可（以下「広告物等の許可」という。）をしたときは、別記第4号様式による屋外広告物許可書を申請者に交付するものとする。

（屋外広告物管理者の設置等の届出）

第5条　広告物等の許可を受けた者は、次の各号に掲げる場合においては、直ちに、当該各号に定める届け書を知事に提出しなければならない。

　一　条例第25条の規定により屋外広告物管理者を設置した場合　別記第5号様式による屋外広告物管理者設置届。ただし、広告物等の許可を受けようとする者が別記第1号様式による屋外広告物許可申請書を提出する際に、当該申請書の屋外広告物管理者の欄に所定の事項を記載した場合にあつては、省略することができる。

　二　許可を受けた者の住所又は氏名（法人にあつては、名称及び代表者の氏名。次号において同じ。）を変更した場合　別記第6号様式による屋外広告物広告主等変更届

　三　屋外広告物管理者又はその住所、氏名若しくは電話番号を変更した場合　別記第7号様式による屋外広告物管理者変更届

　四　広告物等を許可期間内に除却した場合　別記第8号様式による屋外広告物除却届

2　屋外広告物管理者設置届（前項第1号ただし書に該当する場合は、屋外広告物許可申請書）及び屋外広告物管理者変更届（屋外広告物管理者の住所、氏名又は電話番号を変更した場合を除く。）には、第2条各号のいずれかに該当することを証する書面を添付しなければならない。

（取付け完了の届出）

第6条　広告塔、広告板、アーチ又は装飾街路灯について広告物等の許可を受

けた者は、その取付けを完了したときは、直ちに、別記第9号様式による屋
外広告物取付け完了届に当該広告物等のカラー写真を添えて、これを知事に
提出しなければならない。

（住所等の表示）

第7条　広告物等の許可を受けた者は、当該広告物等又は当該広告物等を表示
し、若しくは設置する土地、建築物、工作物等の見やすい箇所に、別記第9
号様式の2による標識票をはり付けなければならない。

（許可を要しない変更等）

第21条　条例第27条第1項の規則で定める場合は、広告物等の表示内容又は形
態に変更を来さない補強工作又は塗装換え等を行う場合とする。

① 屋外広告物の許可の申請

　　広告物等を表示し、又は広告物を掲出する物件を設置しようとする
者は知事の許可を受けなければならない。この許可申請に際して申請
者となり得るのは、①広告内容と一致する広告主を原則とするが、②
工作物としての広告物等の所有者も申請人となり得る。

② 許可申請

　1）許可申請

　　　広告主からの許可申請は、広告物等の所在する区・市役所・瑞穂
町役場又は多摩建築指導事務所（瑞穂町を除く西多摩郡の区域）及
び支庁の広告主管担当に提出される。

　　　なお、電車以外の車体利用広告については、自動車検査証に記載
されている「使用の本拠の位置」が所在する区に提出するものとす
る（多摩部は多摩建築指導事務所）。

　　　この場合において、次に掲げる場合を除き申請を受理し、当該申
請書に受付印及び手数料納入確認印を押印するとともに、所定の屋
外広告物申請台帳に必要な事項を記載する。

　　イ　申請書に必要な事項が記載されていない場合又は記載されてい
る事項が明らかに誤っていると認められる場合

　　ロ　申請書に必要な図書が添付されていない場合又は添付図面に記
載されている事項が明らかに誤っていると認められる場合

　ハ　所定の許可申請手数料の納入が確認できない場合

2）許可申請の受付時の指導と納入通知書の発行

　　広告主等から許可申請書の提出（受付と異なる。）があったとき
　には、特に次の事項に注意して指導する。

　イ　知事許可分か委任許可分かを確認する。1件の申請にて許可権
　　者の異なる広告物を申請することはできない。

　ロ　定期的に掲出される広告幕の受付は、3か月前分から行うこと
　　ができる。

　　　また、表示内容の添付書類は申請から1か月分は必要とする
　　が、それ以後については表示内容が確認できる範囲までとし、表
　　示内容が決まり次第報告を受けるものとする。

　ハ　申請書の記載事項を確認し、未記入又は明らかな記載誤りのあ
　　るときは記入又は訂正を指導する。この場合、特に次の事項に留
　　意する。

　　㈠　申請者担当部課名、電話は後日の連絡を容易にするために必
　　　ず記入させること。

　　㈡　「6　屋外広告物管理者」の欄について

　　　　屋外広告物の防災性の向上、適正な管理の観点から、規則第
　　　3条に規定する一定の屋外広告物（アーケードを利用した広告
　　　物を含む。）については、規則第2条に規定する一定の専門的
　　　知識を有する屋外広告物管理者を設置することが義務付けられ
　　　ている。

　　　・対象となる屋外広告物

　　　　イ）高さが4mを超える又は表示面積が10㎡を超える広告
　　　　　塔・広告板

　　　　ロ）アーチ（アーケードを利用した屋外広告物を含む。）

　　　　ハ）装飾街路灯

　　　・屋外広告物管理者の資格

　　　　イ）建築士法に規定する建築士

　　　　ロ）電気工事士法に規定するネオン工事に係る特種電気工事
　　　　　資格者認定証の交付を受けている者（通称　ネオン工事資

格者）又は電気工事士

ハ）電気事業法に規定する第1種電気主任技術者免状、第2
種電気主任技術者免状又は第3種電気主任技術者免状の交
付を受けている者

ニ）屋外広告物法第10条第2項第三号イに規定する登録試験
機関が実施する試験に合格した屋外広告士

上記の屋外広告物管理者を許可申請時に設置する場合、資格
を証する書面を添付する必要がある。上述の資格者のうち、電
気工事士法に規定する「ネオン工事に係る特種電気工事資格者
認定証の交付を受けている者」については、通称名の「ネオン
工事資格者」と記載してもよい。

対象となる屋外広告物に係る「新規」の許可申請時に、屋外
広告物管理者の記載がない場合であっても、受理拒絶、許可処
分拒絶はできないので注意する必要がある。

この場合、申請人には屋外広告物管理者を速やかに選任し、
選任後直ちに第5号様式「屋外広告物管理者設置届」を提出す
るよう指導すること。

なお、上記の「対象となる屋外広告物」以外は、「6　屋外
広告物管理者」の欄の記載は不要である。

また、資格を有する従業員が在籍する法人が広告主から「屋
外広告物管理者」としての業務の委託を受け、当該法人が屋外
広告物管理者の地位に就任する場合は、当該従業員だけの氏名
等を記載させると広告主に対する関係が法人なのか従業員個人
なのか不明確になりかねない。この場合は、「6　屋外広告物
管理者」の欄については、「㈱平成ネオン（資格者　鈴木一
郎）」という具合に記載し、法人の住所及び電話番号並びに当
該従業員の資格を記載し、資格を証する書面（認定証の写し
等）を添付することにより同様に扱うものとする。

以下、第2号様式「屋外広告物自己点検報告書」、第4号様
式「屋外広告物許可書」、第5号様式「屋外広告物管理者設置
届」、第7号様式「屋外広告物管理者変更届」及び第8号様式

「屋外広告物除却届」の屋外広告物管理者の欄についても、上記の考えに沿って記載すること。

(ハ)　屋外広告物の設置場所が同一敷地の同一建物であり、かつ同一申請人の場合は複数の広告物を1件の申請として受け付けることができる。

　　　　また、設置場所の異なる広告物にあっても、案内看板のような同一規模の広告板、小型広告板、装飾街路灯は設置場所を別紙等に表示して1件の申請として受け付けることができる。

(ニ)　広告物の規模は、個々の広告物を特定するとともに、添付図書によって確認する。

(ホ)　地域、規制は用途地域図によって該当事項を確認する。禁止区域内での設置申請等のために許可できないことが明らかなものはその旨、指摘して指導する。

(ヘ)　施工者の屋外広告業の登録番号を確認する（「屋外広告登録番号」の欄に記入）。屋外広告業が平成17年10月1日から届出制から登録制に変わり、登録の取消し又は営業の停止（条例第52条）、罰金（条例第68、69条）及び過料（第71条）が条例に規定されたことに伴い、施工者が建設業や電気工事業の資格を持っていたとしても、屋外広告業の登録を受けるよう指導を行う。

ニ　添付図書を確認し、不足図書の添付又は添付図書に記載されている事項が明らかに誤っているものは訂正させる。この場合、特に次の事項に留意する。

(イ)　新規の許可申請の添付図書

　　　④　着色したデザイン図、仕様書、設計図（建物配置図、立面図及び屋上平面図を含む。）案内図の添付を確認する。

　　　⑰　総量規制に係る申請については、他に建築物の全壁面を知り得る図面及び現に表示されている広告物等がある場合はその位置、面積等を明示した図面が添付してあることを確認する。

　　　(ハ)　承諾書、委任状及び誓約書の必要な場合にはその添付を確

認する。

（二） 文化財保護法により指定された建造物及びその周囲で知事
の定める範囲内にある地域、歴史的・都市美的建造物及びそ
の周囲並びに文化財庭園など歴史的価値の高い施設の周辺地
域で知事の定める地域並びに景観法第 8 条第 2 項第一号に規
定する景観計画の区域のうち、知事の指定する区域に係る申
請においては、日本産業規格 Z 8721 に定める色相、明度及び
彩度の三属性の値（以下「マンセル値」という。）を表示し
た図面を提出する。

（ホ） 車体利用広告（長方形の枠を利用する方式のもの及び電車
又は自動車の所有者又は管理者が自己の事業又は営業の内容
を表示するものを除く。）、知事の指定する専ら歩行者の一般
交通の用に供する道路の区域に表示する広告物等の申請につ
いては、屋外広告物等に係る意匠等作成経過報告書（第 3 号
様式）。

なお、本様式は当分の間、提出を義務付ける。

(ロ) 変更の許可申請の添付図書

（イ） 着色したデザイン図、仕様書、設計図（移設しなければ建
築物に関するものはなくてもよい。）、案内図の添付を確認す
る。

（ロ） 承諾書、委任状は新規申請の場合と同じ。

（ハ） 屋外広告物自己点検報告書（次の(ハ)の（イ）を参照）

(ハ) 継続の許可申請の添付図書

（イ） 屋外広告物自己点検報告書（第 2 号様式）の添付は、許可
期間が 2 年以内の広告物（広告塔、広告板、アーチ、装飾街
路灯）に限るものとする。

また、継続許可申請の対象となる広告物が、

・高さが 4 m を超える又は表示面積が10㎡を超える広告塔

・広告板

・アーチ（アーケードを利用した屋外広告物を含む。）

・装飾街路灯

である場合には、次のいずれかの資格を有する屋外広告物管理者による屋外広告物自己点検報告書（第2号様式）を添付しなければならない。

- ・建築士法に規定する建築士
- ・電気工事士法に規定するネオン工事に係る特種電気工事資格者認定証の交付を受けている者（通称　ネオン工事資格者）又は電気工事士
- ・電気事業法に規定する第1種電気主任技術者免状、第2種電気主任技術者免状又は第3種電気主任技術者免状の交付を受けている者
- ・屋外広告物法第10条第2項第三号イに規定する登録試験機関が実施する試験に合格した屋外広告士

なお、高さが4m以下又は表示面積が10㎡以下の広告塔又は広告板は、資格者を問わないが必要に応じて、自己点検報告書を添付することを指導する。

ロ　カラー写真（申請前3か月以内に撮影のもの）、案内図の添付を確認する。

ハ　承諾書、委任状は新規申請の場合と同じ。

※屋外広告物許可申請書の添付図書一覧表

〇印は必要なもの

申請の別／添付図書	新規（変更）	継続	備　　　　　考
デザイン図	〇		1　着色したもの 2　照明、ネオン等を使用した場合は夜景も必要
設置場所付近状況図（案内図）	〇	〇	1　主要道路、鉄道、学校、病院等の記入のあるもので、現地調査に便利なもの 2　用途地域の別、禁止区域内外等の書類審査に有効であること。 3　信号機の効用を妨げる位置でないこと。 4　野立広告物については、隣りの野立広告物の名称、相互間の距離、規制道路、鉄道からの距離を記入すること。

仕様書	○		できるだけ、詳細に作成すること。
設計図	○		1　広告物等と建築物等との関係の分かるもの 　　立面図（各必要図に広告物等の位置、面積等及び 　　壁面面積並びに各高さ等が分かるもの） 　　屋上平面図、断面図（広告物等の設置点との関係 　　の分かるもの）及び配置図 2　広告物等の取付け、施工、構造等に関する図面
屋外広告物自己点検報告書	表示位置変更の場合 ○	○	第2号様式により、申請前に点検したもの
カラー写真		○	サービス版程度で3か月以内に撮影したもの ただし、広告物と建築物全景との関係の分かるもの
承諾書	○	○	他人の場所等を借りて広告物を掲出するとき。
委任状	○	○	広告主が、申請手続を他人に委任する場合
マンセル値を表示した図面	○		景観形成特別地区における自家用広告物に係る申請においては、日本産業規格Z8721に定める色相、明度及び彩度の三属性の値（以下「マンセル値」という。）を表示した図面を確認する。
屋外広告物等に係る意匠等作成経過報告書	○		第3号様式により、ラッピングバス、電車等の車体利用広告、知事が指定する地下歩行者専用道等に表示又は設置する広告物等、及び避難標識・案内図板等の規則で定める公益施設・物件に表示する広告物等のデザインに関する作成経過を記述したもの

　ホ　他の行政庁の許可の必要性等についての指導

　　高さ4mを超える広告塔、広告板は建築基準法の工作物確認が必要である。屋外広告物の許可に当たってはこの確認済みの工作物であることを原則とするので確認手続を指導する。

　　また、道路上を使用する広告物の掲出には、道路使用、道路占用の許可を必要とするので、その旨指導する。

　ヘ　納入通知書の発行と納入確認

申請者から屋外広告物の許可申請の提出があり、許可できないことが明らかな申請を除いて、当該広告物に必要な許可申請手数料の納入通知書を発行する。許可申請の受理は手数料の納入が確認されてから行われるものであり、許可申請の受付時に領収書の提示又は写しを添付させる。

③　許可申請書の審査と許可

1）新規及び変更の許可申請

イ　申請書による書類審査を行い、規則に定める規格に違反しないかどうかを確認し、また不足書類等の提出を指示する。

ロ　10日以内に現場実査を行い掲出場所を確認する。この際、設置工事中であれば直ちに工事を停止させ、許可前の着工は絶対不可である旨、申請者、施工者に周知させる。設置済みの場合は、手続違反である旨、申請者、施工者に厳重注意し、工事前に許可を得ることを指導する。

ハ　許可が適当なもの……関係書類に支障がなければ速やかに許可をする。不足書類等があれば書類整備を急がせる。

ニ　許可が不適当なもの……申請者、施工者に違反事項を通告し、計画を変更させるか、中止させる。

※変更等の許可申請

許可を受けて表示している広告物の内容に変更を加え、又は広告物を掲出する物件を改造若しくは移転しようとするときは、更に許可を受けなければならない。

ただし、塗装換え等により、広告物の表示内容、形態等に変更を来さないもの、また、補強工作で、広告物の形態に変更を来さないものは許可を要しない。

また、トライビジョン、興行広告、電光ニュース板のように広告表示面は固定しているが、表示内容が変化するものは、広告主の変更がなければ表示内容の変更としない。

2）継続の許可申請

現場実査は原則として必要であるが、添付写真等で判定すること

により、景観、風致、危害防止上支障がないものは省略することもできる。

イ　表示内容同一の確認

ロ　屋外広告物自己点検報告書の添付は、許可期間が2年以内の広告物（広告塔、広告板、アーチ、装飾街路灯）に限るものとする。

　　なお、屋外広告物自己点検報告書において、異常が「有」の場合は広告主等に対して速やかに補強、補修等を行うよう指示し、かつ、報告を行うよう指導する。

ハ　受付後は簡潔、かつ、迅速に処理すること。

ニ　許可期限満了後に継続申請の手続をしたものは、次回から必ず期限満了10日前に提出するよう指導する。

3）許可書の郵送扱いについて

　　許可決定後、許可書を作成し、広告主（申請人）に対し交付するが、申請時に許可書の郵送交付の申出があった場合には、郵送料の添付があれば認めてもよい。

　　なお、この郵送交付においては書留郵便にて扱い、交付の記録を保存すること。

④　許可の期間及び条件

（許可の期間及び条件）

第24条　知事は、この条例の規定による許可をするに当たつては、許可の期間を定めるほか、良好な景観を形成し、若しくは風致を維持し、又は公衆に対する危害を予防するために必要な条件を付することができる。

2　前項の許可の期間（以下「許可期間」という。）は、2年を超えることができない。

（関連規則）

（許可の期間等）

第8条　知事は、広告物等の許可をする場合においては、別表第1の中欄に掲げる広告物の種類の区分に応じて同表の右欄に定める期間の範囲内で許可期

間を定めるとともに、次に掲げる条件を付するものとする。

一　広告物の裏面及び側面又は掲出物件は、ペイント塗装その他の方法により美観を保持すること。

二　蛍光塗料（蛍光フィルムを含む。）を使用しないこと。

三　破損、腐食等により公衆に対し危害を与えるおそれが生じたときは、直ちに補強すること。

四　汚染し、変色し、又ははく離したときは、直ちに補修し、常に美観を保持すること。

五　許可期間が満了したときは、直ちに除却すること。

六　許可を取り消されたときは、直ちに除却すること。

七　前各号に掲げるもののほか、特に知事が良好な景観の形成、危害の予防等について必要と認めた事項

別表第 1

	広　告　物　の　種　類	期　　間
一	広告塔、広告板、アーチ、装飾街路灯、プロジェクションマッピング	2 年以内
二	小型広告板、電柱又は街路灯柱の利用広告、標識利用広告、宣伝車、車体利用広告	1 年以内
三	はり紙、はり札等、広告旗、立看板等、アドバルーン、広告幕、店頭装飾	1 月以内

　屋外広告物の許可申請は、審査の結果、許可が適当なものについては、屋外広告物許可書が広告主（申請人）に交付される。

　この許可に当たっては、規則第 8 条に掲げる条件及び規則別表第 1 に定める許可期間が付されている。

〔許可の期間〕

　　イ　新規の許可申請について

　　　許可の期間の開始は、許可決定の日である。しかし、許可期限については、許可決定の日以前に表示又は掲出がされている場合には、表示又は掲出の日から規則別表第 1 の許可期間の応当日の前日が許可期限となる。

　　ロ　継続の許可申請について

　　　原則として、前回許可の期限満了日の翌日から 2 年間とする。

　　　ただし、前回許可の期限満了日から 2 年以上経過して申請があっ

たものについては、許可決定の日から2年間とする。

⑤ 許可決定後の取扱いについて

新規及び変更で許可した広告塔、広告板、アーチ、装飾街路灯については、屋外広告物取付完了届及びカラー写真を提出する。

（関連通達）

○屋外広告物の事務取扱いの改正について

屋外広告物の事務取扱いについては、「屋外広告物の手引（昭和50年2月）」により行つてきたところであるが、このたび下記についてその改正を行つたので通知する。

本改正については、昭和54年4月19日から実施することとしたので遺憾のないようされたい。

記

1. 許可期間の算定について

東京都屋外広告物条例（以下「条例」という。）第1条の2第2項（現行条例第24条）並びに東京都屋外広告物条例施行規則（以下「規則」いう。）第8条（現行も同じ）及び別表第1により、屋外広告物の許可にあたつては、その許可期間を付するものとしている。この許可期間の算定にあたつては、従来、表示又は掲出されていないことを確認したものについては広告物の許可期間の始期を申請受理の日としていたが、これを、許可決定の日に改める。

なお、表示（掲出）済のものについては従来どおりとする。

2. 適用除外の自家用広告物の表示面積について

適用除外の自家用広告物となる基準については、規則別表第2に定めている。この基準の適用にあたつては、従来、自家用広告物の対象を一展望に対し一広告に限ることとし、また、広告物が多面体であるときは、一方向から展望できる面積を表示面積として算定していたが、これを広告物の表示面積は事業所又は営業所に表示される自家用広告物の合計面積とし、また広告物が多面体であるときは、各表示面の面積の合計とすることに改める。

なお、今回の改正により適用除外の基準に該当しないこととなつた既存の自家用広告物については、許可区域にあつては新たに許可を受けさせることとし、また、禁止区域にあつてはその内容に変更を加え又はその広告物若しくはこれを掲出する物件を改造し若しくは移転しない限り存続を認める。

3. 道路に沿い又は鉄道、軌道の沿線に設置するものの規制について

道路に沿い又は鉄道、軌道の沿線に設置する広告物の規格は、規則別表第3の6（現行規則別表第3の5）に定められている。このうち(1)及び(3)（現行(2)のみ）

に定める道路又は鉄道、軌道の用地から展望する人を対象として設置する「野立広告物及びこれらに類するもの」は、従来、表示の内容等に関係なく、地上に設置するすべての広告物としていたが、これを地上に設置する広告物のうち、自らの事業所又は営業所の敷地内に設置する自家用広告物を除外することに改める。

なお、除外された自家用広告物については、規則別表第3の1の規格が適用されることになる。

4. 広告板の手数料に係る表示面積の算定について

屋外広告物の許可申請手数料については条例別表に定められている。広告板の手数料額の算定にあたつては、従来、一つの広告表示が複数の板によつて構成されている場合において、各々の板の間隔が各々の板の幅より小さいときは板の間隔を表示面積に含めていたが、これをすべて板の間隔は手数料算定の表示面積に含めないとし、各々の板の面積の合計をもつて表示面積とすることに改める。なお、当分の間、広告板の下地と建築物の壁面等が区分できない取付文字、書き文字等の場合は従来どおりとする。

（昭和54年4月9日付54都市建監第21号　都市計画局建築指導部長通知）

⑥　許可申請手数料

（許可申請手数料）

第29条　この条例の規定による許可を受けようとする者は、申請の際、別表に掲げる額の手数料を納付しなければならない。ただし、政治資金規正法（昭和23年法律第194号）第6条第1項の規定による届出を経た政治団体がはり紙、はり札等、広告旗、立看板等、広告幕及びアドバルーンを表示し、又は設置するための許可を受けようとするときは、この限りでない。

2　既納の手数料は、還付しない。ただし、知事が特別の事由があると認めるときは、この限りでない。

別表

広告物の種類	単　位	額	広告物の種類	単　位	額
広　告　塔	面積5㎡までごとにつき	3,220円	小型広告板	1枚につき	400円
広　告　板	同　　上	3,220円	はり紙はり札等	50枚までごとにつき	2,250円
			宣　伝　車	1台につき	4,950円
プロジェクションマッピング	同　　上	3,220円（ただし、面積1,000㎡を超えるものにあつては、644,000円）	バス又は電車の車体利用広告で長方形の枠を利用する方式によるもの	1枚につき	610円

前記以外の車体利用広告	1台につき	1,950円	標識利用広告	同　　上	210円
			アドバルーン	1個につき	2,850円
広　告　旗	1本につき	450円	広　告　幕	1張につき	990円
立　看　板　等	1枚につき	450円	ア　ー　チ	1基につき	10,630円
電柱又は街路灯柱の利用広告	同　　上	310円	装飾街路灯	同　　上	5,010円
			店　頭　装　飾	同　　上	19,800円

1）広告塔及び広告板

イ　広告塔・広告板の許可申請手数料の事務取扱い

㈠　2以上の広告物が同一申請書でなされる場合（同一申請者が、同一建築物又は敷地内に設置する場合で許可窓口が同一のもの）には、これらの手数料の金額は、それぞれの広告物について徴収すべき金額を算定し、これらを合算した金額とする。

㈡　広告塔、広告板の表示面積の算定に当たっては、申請書の規模欄に記入された寸法と、設計図等に明記された寸法とが同一でないときは、事実を確認し必要な訂正を行う。

㈢　広告塔、広告板について徴収すべき金額は、単価が5㎡当たり3,220円なので表示面積を5㎡で割って得た値（小数点以下は切り上げる。）に3,220円を掛けて得た額である。

㈣　手数料算出の際、5㎡に満たない端数は5㎡として計算する（切捨て又は四捨五入はしない。）。

　〔例〕　31.5㎡の場合

　　　31.5㎡÷5㎡＝6.3→7　（端数を切り上げる。）

　　　@3,220×7＝¥22,540　　手数料

㈤　2以上の広告物が同一申請書で申請されている場合、個々の広告物について表示面積を確認し、市の区域において市扱い分と事務所扱い分とが併せて申請されているときは、二者に分けて別々に申請を行う（特別区の区域においては、全部が区の所管となる。）。

　〔例〕　本例は、市の区域における例示である。

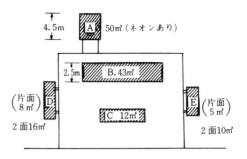

A、B、C、D、Eが同時申請された場合、取扱区分は131㎡で判断せず、

A（50㎡）事務所扱い
B（43㎡）事務所扱い　　個々について取扱いを区分する。
C（12㎡）市扱い　　　　（第3章　事務処理の特例及び事務の
D（16㎡）　〃　　　　　　　委任を参照）
E（10㎡）　〃

AとBとを事務所扱いとして一申請、CとDとEとを市扱いとして一申請に分離して申請する。

（事務所扱い分）

A　50㎡　50㎡÷5㎡=10　　@3,220×10=￥32,200

B　43㎡　43㎡÷5㎡=8.6→9　@3,220×9=￥28,980

￥32,200+￥28,980=￥61,180………手数料

（市扱い分）

C　12㎡　12㎡÷5㎡=2.4→3　@3,220×3=￥9,660

D　16㎡　16㎡÷5㎡=3.2→4　@3,220×4=￥12,880

E　10㎡　10㎡÷5㎡=2　　　@3,220×2=￥6,440

￥9,660+￥12,880+￥6,440=￥28,980………手数料

㈭ 許可申請書の手数料算定額の記入例（許可申請書下欄）

※ 受 付 欄	都・建築 指導事務所	受 付 機 関	納入確認	手　　数　　料		
		平成 年 月 日	納入確認 又は 領 収 印 担 （当 者） 印	種　　　別		Ⓐ広告塔
				数 量	広告塔又 は広告板	10 (5平方メート ルまでごと)
					その他の 広 告 物	基枚台個張
				単　　価		3,220円
				金　　額		32,200円

ロ　広告塔、広告板の手数料上の面積算定方法

　　広告塔、広告板の許可申請手数料は広告物の表示面積による
　が、この表示面積の算定の方法は次のとおりである。

　㈤　広告物が独立性を持った工作物であるものは、当該広告物の
　　表示部分となっている工作物の面積について算定する。

　㈥　面積はできるだけ正確に算定することを要するが、複雑な形
　　態の広告物の場合においては、全体を単純な幾何学形状（長方
　　形、三角形、円形等）としてその面積を算定する。

<参考>　算定例

「広告塔」

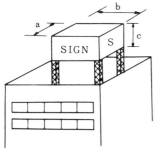

S＝2ac＋2bc（4面表示）

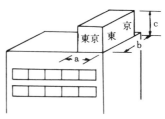

S＝ac＋bc（2面表示）

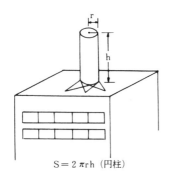

S＝2πrh（円柱）

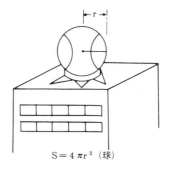

S＝4πr²（球）

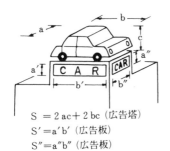

S ＝2ac＋2bc（広告塔）
S′＝a′b′（広告板）
S″＝a″b″（広告板）

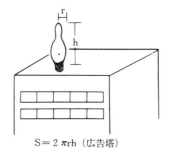

S＝2πrh（広告塔）

※　造形物等で幾何学形となっていないものは最大長を結び四角柱等とする。

108

「広告板」

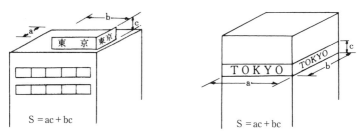

S = ac + bc

S = ac + bc

※　1つの広告板に2以上の表示内容があっても1つの広告板全体の表示
　　面積を算定する。

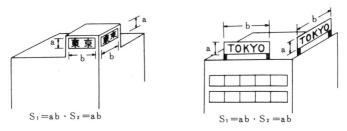

S₁=ab・S₂=ab

S₁=ab・S₂=ab

※　S = 2 ab としない。広告板は同一規模、同一表示内容のものであっ
　　ても表示面積を合算せずに独立したものとして取り扱う。

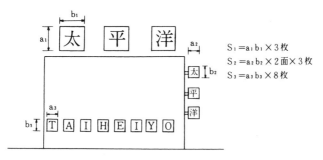

$S_1 = a_1b_1 \times 3$枚
$S_2 = a_2b_2 \times 2$面$\times 3$枚
$S_3 = a_3b_3 \times 8$枚

※　工作物として独立した広告板は表示面積のみを合算する。広告板の間隔は問わない。

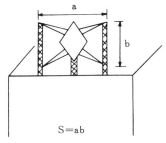

$$S=ab$$

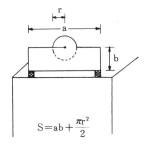

$$S=ab+\frac{\pi r^2}{2}$$

※　変形の広告表示面積の算定は最大長を結ぶ長方形又は他の簡単な
幾何学形状として算定する。

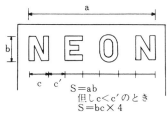

$$S=ab$$
但しc＜c′のとき
$$S=bc\times4$$

※　取付文字等で看板の地板の相当部
分と建築物等の塗装とを区分けでき
ないときは、原則として全体を表示
面積とする。ただし、取付文字等の
大きさ以上に文字間隔のある場合
は、個々の文字部分を長方形とす
る。

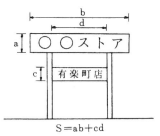

$$S=ab+cd$$

※　独立した工作物については、
その工作物の表示面の面積を合
算する。

2）小型広告板

　　申請（掲出）枚数に応じて許可手数料を算出する。同一申請人、
同一規格のものについては、所在地が異なっていても、同一区市内
のものは一括申請とすることができる。

3）はり紙、はり札等、広告旗及び立看板等

　　はり紙、はり札等、広告旗、立看板等の許可申請手数料は、1枚
（本）の表示面積の大きさにかかわりなく、申請（掲出）枚（本）
数による。この掲出物及び枚（本）数については受付窓口で確認
し、許可に当たっては、許可印等を表示する。

　　なお、必要に応じて、許可書交付時に適法な表示をする旨の誓約
書を添付させる。

4）アドバルーン、広告幕、アーチ及び装飾街路灯

申請書に明示された張（個、基）の数に応じて許可申請手数料を算定する。

5）電柱利用広告

巻付け広告の許可手数料は、電柱1本に表示内容が異なる表示をする場合又は1面の表示をする場合はそれぞれ1枚として算出する。ただし、電柱1本に2面の同一の表示内容の表示をする場合には2面を1枚として算出する。

⑦　許可の特例

（許可の特例）
第30条　知事は、第6条から第8条まで、第21条又は第22条の規定にかかわらず、景観又は風致の向上に資し、かつ、公衆に対する危害を及ぼすおそれのない広告物等で、特にやむを得ないと認めるものについては、当該広告物等の表示又は設置を許可することができる。この場合においては、あらかじめ第56条に規定する東京都広告物審議会の議を経るものとする。
2　第23条から前条までの規定は、前項の規定による許可について準用する。

表示しようとする広告物等が、規則で定める基準、規格に適合しない場合であっても、知事が景観、風致の向上に資し、かつ、公衆に対する危害を及ぼすおそれのない広告物等で、特にやむを得ないものであると認めるときは、広告物審議会の議を経た上で、許可をすることができるとするものであり、例外的な制度である。

※　許可の特例（条例第30条）の受理について

特例許可について相談があった場合には、この許可は、景観、風致の向上に資し、かつ、公衆に対する危害を及ぼすおそれのない広告物等で、特にやむを得ないと認めるときに許可をする、例外的な制度である旨を説明し、併せて東京都広告物審議会の議を経なければならないため許可、不許可の判断に時間がかかる旨の説明をする。

また、申請に当たっては、景観、風致の向上に資するかどうか等の判断ができる資料を添付して、申請書を都経由で広告物審議会に付議すること。

第3章　事務処理の特例及び事務の委任

○特別区における東京都の事務処理の特例に関する条例（抄）

第2条　次の表の左欄に掲げる事務は、それぞれ同表の右欄に掲げる特別区が処理することとする。

13　屋外広告物法（昭和24年法律第189号。以下この項において「法」という。）、東京都屋外広告物条例（昭和24年東京都条例第100号。以下この項において「条例」という。）及び条例の施行のための規則に基づく事務のうち、次に掲げるもの 　イ　法第7条第3項の規定による除却その他必要な措置及び費用の徴収 　ロ　法第7条第4項の規定によるはり紙、はり札等、広告旗又は立看板等の除却 　ハ　法第8条第6項の規定による除却、保管、売却、公示その他の措置に要した費用の請求 　ニ　条例第8条、第15条、第16条及び第30条の規定による広告物又はこれを掲出する物件（以下この項において「広告物等」という。）の表示又は設置に係る許可 　ホ　条例第12条第1項（同条第5項において準用する場合を含む。）の規定による知事に提出すべき広告協定地区（一の特別区の区域内におけるものに限る。）の指定等に係る申請書の受理 　ヘ　条例第24条第1項（条例第27条第3項において準用する場合を含む。）の規定による許可の期間の設定及び条件の付加 　ト　条例第27条第1項の規定による広告物の表示の内容の変更等の許可及び同条第2項の規定による広告物等の表示等の継続の許可 　チ　条例第31条の規定による許可の取消し及び広告物等の改修、移転、除却その他必要な措置の命令 　リ　条例第32条第1項の規定による違反広告物等に対する表示若しくは設置の停止、改修、移転、除却その他必要な措置の命令並びに同条第2項の規定による代執	各特別区

行及び公告

ヌ　条例第34条第1項の規定による広告物等の保管、同条第2項の規定による公告並びに同条第4項の規定による保管物件一覧表の備付け及び閲覧

ル　条例第35条第1項の規定による広告物等の売却及び売却代金の保管並びに同条第2項の規定による広告物等の廃棄

ヲ　条例第36条の規定による広告物等の価額の評価

ワ　条例第38条の規定による広告物等の返還

カ　条例第65条の規定による報告又は資料の徴取

ヨ　条例第66条第1項の規定による立入検査等

タ　条例第71条の規定による処分のうち同条第一号に係るもの

レ　イからタまでに掲げるもののほか、条例の施行に係る事務のうち規則に基づく事務であつて別に規則で定めるもの

○特別区における東京都の事務処理の特例に関する条例に基づき特別区が処理する事務の範囲等を定める規則（抄）

第2条　次の表の左欄に掲げる事務は、それぞれ同表の右欄に掲げるとおりとする。

| 3　特例条例第2条の表13の項レに規定する東京都屋外広告物条例（昭和24年東京都条例第100号）の施行に係る事務のうち規則に基づく事務であって別に規則で定めるもの | 東京都屋外広告物条例施行規則（昭和32年東京都規則第123号。以下この項において「規則」という。)に基づく事務のうち、次に掲げるもの
イ　規則第4条の規定による屋外広告物許可書の交付
ロ　規則第5条第1項の規定による同項各号に掲げる屋外広告物管理者設置届等の受理
ハ　規則第6条の規定による屋外広告物取付け完了届の受理
ニ　規則第8条の規定による許可期間の設定及び条件の付与
ホ　規則第12条第一号イ、第二号ロ及び第六号ニ並びに第13条第一号イ及び第三号イの規定による屋外広告物表示・設置届の受理 |

	ヘ　規則第22条第1項の規定による屋外広告物許可取消書、同条第2項の規定による措置命令書及び同条第3項の規定による屋外広告物除却命令書の交付

○市町村における東京都の事務処理の特例に関する条例（抄）

第2条　次の表の左欄に掲げる事務は、それぞれ同表の右欄に掲げる市町村が処理することとする。

| 9　屋外広告物法（昭和24年法律第189号。以下この項において「法」という。）、東京都屋外広告物条例（昭和24年東京都条例第100号。以下この項において「条例」という。）及び条例の施行のための規則に基づく事務のうち、次に掲げるもの
イ　法第7条第3項の規定による除却その他必要な措置及び費用の徴収
ロ　法第7条第4項の規定によるはり紙、はり札等、広告旗又は立看板等の除却
ハ　法第8条第6項の規定による除却、保管、売却、公示、その他の措置に要した費用の請求
ニ　屋外広告物又はこれを掲出する物件（以下この項において「広告物等」という。）のうち、はり紙、はり札等、広告旗、立看板等、広告幕及びアドバルーン（電飾を除く。）並びにその他の広告物等（建築物の壁面を利用する広告物等でその面積が20m²以下のもの、建築物から突出する形式の広告物等でその面積が10m²以下のもの及び高さが2m以下の広告塔に限り、条例第6条第一号ただし書若しくは同条第二号ただし書に規定する区域又は条例第8条第二号の規定により定められた範囲内にある地域若しくは同条第三号に規定する区域に表示し、又は設置するもの及び他の区市町村の区域にまたがるものを除く。）に係る条例に基づく事務のうち、次に掲げるもの
(1)　条例第8条、第15条、第16条及び第30条の規定による広告物等の表示又は設置に係る許可
(2)　条例第24条第1項（条例第27条第3項において準用する場合を含む。）の規定による許可の期間の設定及 | 各市（八王子市を除く。）
瑞穂町 |

　　　び条件の付加

　⑶　条例第27条第1項の規定による広告物の表示の内容
　　の変更等の許可及び同条第2項の規定による広告物等
　　の表示等の継続の許可

　⑷　条例第31条の規定による許可の取消し及び広告物等
　　の改修、移転、除却その他必要な措置の命令

　⑸　条例第32条第1項の規定による違反広告物等に対す
　　る表示若しくは設置の停止、改修、移転、除却その他
　　必要な措置の命令並びに同条第2項の規定による代執
　　行及び公告

　⑹　条例第34条第1項の規定による広告物等の保管、同
　　条第2項の規定による公告並びに同条第4項の規定に
　　よる保管物件一覧表の備付け及び閲覧

　⑺　条例第35条第1項の規定による広告物等の売却及び
　　売却代金の保管並びに同条第2項の規定による広告物
　　等の廃棄

　⑻　条例第36条の規定による広告物等の価額の評価

　⑼　条例第38条の規定による広告物等の返還

　⑽　条例第65条の規定による報告又は資料の徴取

　⑾　条例第66条第1項の規定による立入検査等

　⑿　条例第71条の規定による処分のうち同条第一号に係
　　るもの

　⒀　⑴から⑿までに掲げるもののほか、条例の施行に係
　　る事務のうち規則に基づく事務であつて別に規則で定
　　めるもの

ホ　ニに掲げるもののほか、条例に基づく事務のうち、次
　　に掲げるもの

　⑴　条例第29条の規定による手数料の徴収（他の区市町
　　村の区域にまたがる広告物等に係るものを除く。）

　⑵　条例第12条第1項（同条第5項において準用する場
　　合を含む。）の規定による知事に提出すべき広告協定
　　地区（一の市又は町の区域内におけるものに限る。）
　　の指定等に係る申請書の受理

　⑶　⑴及び⑵に掲げるもののほか、条例の施行に係る事
　　務のうち規則に基づく事務であつて別に規則で定める
　　もの

　　　○市町村における東京都の事務処理の特例に関する条例に基づき
　　　市町村が処理する事務の範囲等を定める規則（抄）
第2条　次の表の左欄に掲げる事務は、それぞれ同表の右欄に掲げるとおりと
　　する。

2　特例条例第2条の表9の項ニ(13)に規定する東京都屋外広告物条例（昭和24年東京都条例第100号）の施行に係る事務のうち規則に基づく事務であつて別に規則で定めるもの	東京都屋外広告物条例施行規則（昭和32年東京都規則第123号。以下この項において「規則」という。）に基づく事務のうち、次に掲げるもの イ　規則第4条の規定による屋外広告物許可書の交付 ロ　規則第5条第1項の規定による同項各号に掲げる屋外広告物管理者設置届等の受理 ハ　規則第6条の規定による屋外広告物取付け完了届の受理 ニ　規則第8条の規定による許可期間の設定及び条件の付与 ホ　規則第22条第1項の規定による屋外広告物許可取消書、同条第2項の規定による措置命令書及び同条第3項の規定による屋外広告物除却命令書の交付
3　特例条例第2条の表9の項ホ(3)に規定する東京都屋外広告物条例の施行に係る事務のうち規則に基づく事務であつて別に規則で定めるもの	東京都屋外広告物条例施行規則（以下この項において「規則」という。）に基づく事務のうち、次に掲げるもの イ　規則第1条第1項の規定による知事に提出すべき屋外広告物許可申請書の受理 ロ　規則第4条の規定による知事が発行した屋外広告物許可書の交付 ハ　規則第5条第1項の規定による知事に提出すべき屋外広告物管理者設置届の受理 ニ　規則第6条の規定による知事に提出すべき屋外広告物取付け完了届の受理

116

○東京都建築指導事務所長委任規則（抄）

八　屋外広告物又はこれを掲出する物件（以下この号及び第十号において「広告物等」という。）に係る東京都屋外広告物条例（昭和24年東京都条例第100号。以下この号において「条例」という。）第8条、第15条、第16条及び第30条第1項の規定による許可、条例第27条の規定による変更等の許可、条例第31条の規定による許可の取消し及び広告物等の改修、移転、除却その他必要な措置の命令、条例第32条の規定による広告物等に対する表示又は設置の停止、改修、移転、除却その他必要な措置の命令及び執行等、条例第34条第1項の規定による広告物等の保管、同条第2項の規定による公告、同条第4項の規定による保管物件一覧表の備付け及び閲覧、条例第35条第1項の規定による公告物等の売却及び売却代金の保管、同条第2項の規定による広告物等の廃棄、条例第36条の規定による広告物等の価額の評価、条例第38条の規定による広告物等の返還、条例第65条の規定による報告又は資料の徴取、条例第66条第1項の規定による立入検査等、条例第71条の規定による処分のうち同条第一号に係るもの並びに東京都屋外広告物条例施行規則（昭和32年東京都規則第123号）第12条及び第13条の規定による屋外広告物表示・設置届の受理に関すること。ただし、市町村における東京都の事務処理の特例に関する条例（平成11年東京都条例第107号）第2条の表9の項の規定により市又は瑞穂町が処理するとされた事務を除く。

九　前号の規定による事務に係る次に掲げる事務

　イ　屋外広告物法（昭和24年法律第189号。以下この号において「法」という。）第7条第3項の規定による除却その他必要な措置及び費用の徴収に関すること。

　ロ　法第7条第4項の規定によるはり紙、はり札等、広告旗又は立看板等の除却及び法第8条第6項の規定による除却、保管、売却、公示その他の措置に要した費用の請求に関すること。

　ハ　東京都屋外広告物条例第68条第一号から第五号まで、第69条第五号及び第六号並びに第70条に規定する違反行為をした者に係る告発に関すること。

九の二　東京都屋外広告物条例第12条第1項（同条第5項において準用する場合を含む。）の規定による申請の受理に関すること。ただし、市又は瑞穂町の区域を含むものを除く。

十　東京都屋外広告物条例第29条の規定による屋外広告物許可申請手数料の徴収に関すること。ただし、市又は瑞穂町の区域内の広告物等に係るものを除く。

　　　　　○東京都支庁長専決規程（抄）

八　屋外広告物法（昭和24年法律第189号。以下次号及び第八号の三において「法」という。）第7条第3項の規定による除却その他必要な措置及び費用の徴収に関すること。

八の二　法第7条第4項の規定によるはり紙、はり札等、広告旗又は立看板等の除却に関すること。

八の三　法第8条第6項の規定による除却、保管、売却、公示、その他の措置に要した費用の請求に関すること。

八の四　東京都屋外広告物条例（昭和24年東京都条例第100号。以下この号から第八号の十四まで及び第九号において「条例」という。）第8条、第15条、第16条及び第30条第1項の規定による許可並びに条例27条第1項の規定による変更等の許可並びに同条第2項の規定による継続の許可に関すること。

八の五　条例第12条第1項（同条第5項において準用する場合を含む。）の規定による申請の受理に関すること。

八の六　条例第31条の規定による許可の取消し及び屋外広告物又はこれを掲出する物件（以下次号から第八号の十一まで及び第八号の十五において「広告物等」という。）の改修、移転、除却その他必要な措置の命令に関すること。

八の七　条例第32条の規定による広告物等に対する表示又は設置の停止、改修、移転、除却その他必要な措置の命令及び執行等に関すること。

八の八　条例第34条第1項の規定による広告物等の保管並びに同条第2項の規定による公告並びに同条第4項の規定による保管物件一覧表の備付け及び閲覧に関すること。

八の九　条例第35条第1項の規定による広告物等の売却及び売却代金の保管並びに同条第2項の規定による広告物等の廃棄に関すること。

八の十　条例第36条の規定による広告物等の価額の評価に関すること。

八の十一　条例第38条の規定による広告物等の返還に関すること。

八の十二　条例第65条の規定による報告及び資料の徴取に関すること。

八の十三　条例第66条第1項の規定による立入検査等に関すること。

八の十四　条例第71条の規定による処分のうち同条第一号に関すること。

八の十五　東京都屋外広告物条例施行規則（昭和32年東京都規則第123号）第12条及び第13条の規定による広告物等の表示又は設置の届出の受理に関すること。

九　条例第29条の規定による屋外広告物許可申請手数料の徴収に関すること。

1　特別区の事務処理の特例

　特別区の存する区域に掲出される広告物等は、事務処理の特例により、全て特別区が処理する。

2　市（八王子市を除く。）又は瑞穂町の事務処理の特例及び多摩建築指導事務所長への委任

　市及び西多摩郡の区域に掲出される広告物等の一部は、事務処理の特例により、市又は瑞穂町が処理するとともに、建築指導事務所長にその許可等の事務を委任している。

　なお、八王子市は、中核市に移行（平成27年4月1日）したため、平成27年4月1日から事務処理特例条例の対象からは除かれている（以下4から7までにおいて、「市」とは、「八王子市を除いた市」、「市長」とは「八王子市長を除いた市長」を指す。）。

3　支庁長への委任

　島しょに掲出される広告物等は、全て支庁長にその許可等の事務を委任している。

屋外広告物許可区分（市の存する区域）　○専管事項△共管事項×該当なし

		市長（八王子市長を除く。）又は瑞穂町長	建築指導事務所長
広告板	屋上設置のもの	×	○
	壁面利用のもの	△ 表示面積が20㎡以下のもの （一個の広告物が20㎡以下）	△ 表示面積が20㎡を超えるもの
	地上設置のもの	×	○
建築物から突出する広告板		△ ①1面の表示面積が10㎡以下のもの ②3面以上の表示のあるものは総表示面積が20㎡以下のもの	△ ①1面の表示面積が10㎡を超えるもの ②3面以上の表示のあるものは総表示面積が20㎡を超えるもの

		1面で10㎡以下（3面以上の表示のあるものは、表示面積が20㎡以下のもの）	
広告塔	屋上設置のもの	△ 高さが2m以下のもの （屋上）	△ 高さが2mを超えるもの
	地上設置のもの	△ 屋上設置のものと同じ 	△ 屋上設置のものと同じ
小型広告板		×	○
はり紙・はり札等		○	×
広告旗		○	×
立看板等		○	×
アドバルーン		△ 電飾を除く	△ 電飾のみ
広告幕		○	×
アーチ		×	○
装飾街路灯		×	○
店頭装飾		×	○
電柱・街路灯柱利用、標識利用、車体利用		×	○
広告協定地区協定書の受理		○	△（町村分）
屋外広告物表示・設置届の受理		×	○

※　西多摩郡の区域（瑞穂町及び檜原村の一部を除く。）においては、前表の
　市長許可に該当する広告物の許可は、東京都多摩建築指導事務所長が行う。

規 程 編

○屋外広告物法

$$\begin{pmatrix}\text{昭和24年 6 月 3 日}\\\text{法 律 第 189 号}\end{pmatrix}$$

改正　昭和25年 5 月30日法律第214号　　　平成 6 年 6 月29日法律第 49号
　　　昭和27年 4 月 5 日法律第 71号　　　平成11年 7 月16日法律第 87号
　　　昭和29年 5 月29日法律第131号　　　平成16年 5 月28日法律第 61号
　　　昭和31年 6 月12日法律第148号　　　平成16年 6 月18日法律第111号
　　　昭和37年 9 月15日法律第161号　　　平成17年 7 月15日法律第 83号
　　　昭和38年 5 月24日法律第 92号　　　平成17年 7 月26日法律第 92号
　　　昭和39年 7 月11日法律第169号　　　平成20年 5 月23日法律第 40号
　　　昭和43年 6 月15日法律第101号　　　平成23年 6 月 3 日法律第 61号
　　　昭和45年 6 月 1 日法律第109号　　　平成29年 5 月12日法律第 26号
　　　昭和48年 9 月17日法律第 81号　　　平成30年 5 月30日法律第 33号
　　　昭和50年 7 月 1 日法律第 49号　　　令和 2 年 6 月10日法律第 43号
　　　平成 4 年 6 月26日法律第 82号

目次

第 1 章　総則

（目的）

第 1 条　この法律は、良好な景観を形成し、若しくは風致を維持し、又は公衆に対する危害を防止するために、屋外広告物の表示及び屋外広告物を掲出する物件の設置並びにこれらの維持並びに屋外広告業について、必要な規制の基準を定めることを目的とする。

　　　（平16法律111・一部改正）

（定義）

第 2 条　この法律において「屋外広告物」とは、常時又は一定の期間継続して屋外で公衆に表示されるものであつて、看板、立看板、はり紙及びはり札並びに広告塔、広告板、建物その他の工作物等に掲出され、又は表示されたもの並びにこれらに類するものをいう。

2　この法律において「屋外広告業」とは、屋外広告物（以下「広告物」という。）

122

の表示又は広告物を掲出する物件（以下「掲出物件」という。）の設置を行う営業をいう。

（昭48法律81・第2項追加、平16法律111・一部改正）

第2章　広告物等の制限

（広告物の表示等の禁止）

第3条　都道府県は、条例で定めるところにより、良好な景観又は風致を維持するために必要があると認めるときは、次に掲げる地域又は場所について、広告物の表示又は掲出物件の設置を禁止することができる。

一　都市計画法（昭和43年法律第100号）第2章の規定により定められた第一種低層住居専用地域、第二種低層住居専用地域、第一種中高層住居専用地域、第二種中高層住居専用地域、田園住居地域、景観地区、風致地区又は伝統的建造物群保存地区

二　文化財保護法（昭和25年法律第214号）第27条又は第78条第1項の規定により指定された建造物の周囲で、当該都道府県が定める範囲内にある地域、同法第109条第1項若しくは第2項又は第110条第1項の規定により指定され、又は仮指定された地域及び同法第143条第2項に規定する条例の規定により市町村が定める地域

三　森林法（昭和26年法律第249号）第25条第1項第十一号に掲げる目的を達成するため保安林として指定された森林のある地域

四　道路、鉄道、軌道、索道又はこれらに接続する地域で、良好な景観又は風致を維持するために必要があるものとして当該都道府県が指定するもの

五　公園、緑地、古墳又は墓地

六　前各号に掲げるもののほか、当該都道府県が特に指定する地域又は場所

2　都道府県は、条例で定めるところにより、良好な景観又は風致を維持するために必要があると認めるときは、次に掲げる物件に広告物を表示し、又は掲出物件を設置することを禁止することができる。

一　橋りよう

二　街路樹及び路傍樹

三　銅像及び記念碑

四　景観法（平成16年法律第110号）第19条第1項の規定により指定された景観重要建造物及び同法第28条第1項の規定により指定された景観重要樹木

五　前各号に掲げるもののほか、当該都道府県が特に指定する物件

3　都道府県は、条例で定めるところにより、公衆に対する危害を防止するために必要があると認めるときは、広告物の表示又は掲出物件の設置を禁止することができる。

（昭25法律214・昭27法律71・昭29法律131・昭38法律92・昭43法律101・昭45法律109・昭50法律49・

平4法律82・平11法律87・平16法律61・一部改正、平16法律111・第3項追加・旧第4条繰上・一部
改正、平29法律26・一部改正)

（広告物の表示等の制限）

第4条　都道府県は、条例で定めるところにより、良好な景観を形成し、若しくは
風致を維持し、又は公衆に対する危害を防止するために必要があると認めるとき
は、広告物の表示又は掲出物件の設置（前条の規定に基づく条例によりその表示
又は設置が禁止されているものを除く。）について、都道府県知事の許可を受け
なければならないとすることその他必要な制限をすることができる。

(平16法律111・追加)

（広告物の表示の方法等の基準）

第5条　前条に規定するもののほか、都道府県は、良好な景観を形成し、若しくは
風致を維持し、又は公衆に対する危害を防止するために必要があると認めるとき
は、条例で、広告物（第3条の規定に基づく条例によりその表示が禁止されてい
るものを除く。）の形状、面積、色彩、意匠その他表示の方法の基準若しくは掲
出物件（同条の規定に基づく条例によりその設置が禁止されているものを除く。）
の形状その他設置の方法の基準又はこれらの維持の方法の基準を定めることがで
きる。

(平16法律111・全部改正)

（景観計画との関係）

第6条　景観法第8条第1項の景観計画に広告物の表示及び掲出物件の設置に関す
る行為の制限に関する事項が定められた場合においては、当該景観計画を策定し
た景観行政団体（同法第7条第1項の景観行政団体をいう。以下同じ。）の前3
条の規定に基づく条例は、当該景観計画に即して定めるものとする。

(平16法律111・全部改正)

第3章　監督

（違反に対する措置）

第7条　都道府県知事は、条例で定めるところにより、第3条から第5条までの規
定に基づく条例に違反した広告物を表示し、若しくは当該条例に違反した掲出物
件を設置し、又はこれらを管理する者に対し、これらの表示若しくは設置の停止
を命じ、又は相当の期限を定め、これらの除却その他良好な景観を形成し、若し
くは風致を維持し、又は公衆に対する危害を防止するために必要な措置を命ずる
ことができる。

2　都道府県知事は、前項の規定による措置を命じようとする場合において、当該
広告物を表示し、若しくは当該掲出物件を設置し、又はこれらを管理する者を過
失がなくて確知することができないときは、これらの措置を自ら行い、又はその
命じた者若しくは委任した者に行わせることができる。ただし、掲出物件を除却

する場合においては、条例で定めるところにより、相当の期限を定め、これを除却すべき旨及びその期限までに除却しないときは、自ら又はその命じた者若しくは委任した者が除却する旨を公告しなければならない。

3　都道府県知事は、第1項の規定による措置を命じた場合において、その措置を命ぜられた者がその措置を履行しないとき、履行しても十分でないとき、又は履行しても同項の期限までに完了する見込みがないときは、行政代執行法（昭和23年法律第43号）第3条から第6条までに定めるところに従い、その措置を自ら行い、又はその命じた者若しくは委任した者に行わせ、その費用を義務者から徴収することができる。

4　都道府県知事は、第3条から第5条までの規定に基づく条例（以下この項において「条例」という。）に違反した広告物又は掲出物件が、はり紙、はり札等（容易に取り外すことができる状態で工作物等に取り付けられているはり札その他これに類する広告物をいう。以下この項において同じ。）、広告旗（容易に移動させることができる状態で立てられ、又は容易に取り外すことができる状態で工作物等に取り付けられている広告の用に供する旗（これを支える台を含む。）をいう。以下この項において同じ。）又は立看板等（容易に移動させることができる状態で立てられ、又は工作物等に立て掛けられている立看板その他これに類する広告物又は掲出物件（これらを支える台を含む。）をいう。以下この項において同じ。）であるときは、その違反に係るはり紙、はり札等、広告旗又は立看板等を自ら除却し、又はその命じた者若しくは委任した者に除却させることができる。ただし、はり紙にあつては第一号に、はり札等、広告旗又は立看板等にあつては次の各号のいずれにも該当する場合に限る。

一　条例で定める都道府県知事の許可を受けなければならない場合に明らかに該当すると認められるにもかかわらずその許可を受けないで表示され又は設置されているとき、条例に適用を除外する規定が定められている場合にあつては当該規定に明らかに該当しないと認められるにもかかわらず禁止された場所に表示され又は設置されているとき、その他条例に明らかに違反して表示され又は設置されていると認められるとき。

二　管理されずに放置されていることが明らかなとき。

（昭27法律71・第2項追加、昭38法律92・第3項追加、昭48法律81・第4項追加、平16法律111・一部改正）

（除却した広告物等の保管、売却又は廃棄）

第8条　都道府県知事は、前条第2項又は第4項の規定により広告物又は掲出物件を除却し、又は除却させたときは、当該広告物又は掲出物件を保管しなければならない。ただし、除却し、又は除却させた広告物がはり紙である場合は、この限りでない。

2　都道府県知事は、前項の規定により広告物又は掲出物件を保管したときは、当該広告物又は掲出物件の所有者、占有者その他当該広告物又は掲出物件について権原を有する者（以下この条において「所有者等」という。）に対し当該広告物又は掲出物件を返還するため、条例で定めるところにより、条例で定める事項を公示しなければならない。

3　都道府県知事は、第1項の規定により保管した広告物若しくは掲出物件が滅失し、若しくは破損するおそれがあるとき、又は前項の規定による公示の日から次の各号に掲げる広告物若しくは掲出物件の区分に従い当該各号に定める期間を経過してもなお当該広告物若しくは掲出物件を返還することができない場合において、条例で定めるところにより評価した当該広告物若しくは掲出物件の価額に比し、その保管に不相当な費用若しくは手数を要するときは、条例で定めるところにより、当該広告物又は掲出物件を売却し、その売却した代金を保管することができる。

一　前条第4項の規定により除却された広告物　2日以上で条例で定める期間

二　特に貴重な広告物又は掲出物件　3月以上で条例で定める期間

三　前二号に掲げる広告物又は掲出物件以外の広告物又は掲出物件　2週間以上で条例で定める期間

4　都道府県知事は、前項に規定する広告物又は掲出物件の価額が著しく低い場合において、同項の規定による広告物又は掲出物件の売却につき買受人がないとき、又は売却しても買受人がないことが明らかであるときは、当該広告物又は掲出物件を廃棄することができる。

5　第3項の規定により売却した代金は、売却に要した費用に充てることができる。

6　前条第2項及び第4項並びに第1項から第3項までに規定する広告物又は掲出物件の除却、保管、売却、公示その他の措置に要した費用は、当該広告物又は掲出物件の返還を受けるべき広告物又は掲出物件の所有者等（前条第2項に規定する措置を命ずべき者を含む。）に負担させることができる。

7　第2項の規定による公示の日から起算して6月を経過してもなお第1項の規定により保管した広告物又は掲出物件（第3項の規定により売却した代金を含む。以下この項において同じ。）を返還することができないときは、当該広告物又は掲出物件の所有権は、当該広告物又は掲出物件を保管する都道府県に帰属する。

　　　（平16法律111・追加）

第4章　屋外広告業

第1節　屋外広告業の登録等

（屋外広告業の登録）

第9条　都道府県は、条例で定めるところにより、その区域内において屋外広告業

を営もうとする者は都道府県知事の登録を受けなければならないものとすることができる。

（昭48法律81・追加、平16法律111・旧第8条繰下・一部改正）

第10条 都道府県は、前条の条例には、次に掲げる事項を定めるものとする。

一 登録の有効期間に関する事項

二 登録の要件に関する事項

三 業務主任者の選任に関する事項

四 登録の取消し又は営業の全部若しくは一部の停止に関する事項

五 その他登録制度に関し必要な事項

2 前条の条例は、前項第一号から第四号までに掲げる事項について、次に掲げる基準に従つて定めなければならない。

一 前項第一号に規定する登録の有効期間は、5年であること。

二 前項第二号に掲げる登録の要件に関する事項は、登録を受けようとする者が次のいずれかに該当するとき、又は申請書若しくはその添付書類のうちに重要な事項について虚偽の記載があり、若しくは重要な事実の記載が欠けているときは、その登録を拒否しなければならないものとすること。

　イ 当該条例の規定により登録を取り消され、その処分のあつた日から2年を経過しない者

　ロ 屋外広告業を営む法人が当該条例の規定により登録を取り消された場合において、その処分のあつた日前30日以内にその役員であつた者でその処分のあつた日から2年を経過しない者

　ハ 当該条例の規定により営業の停止を命ぜられ、その停止の期間が経過しない者

　ニ この法律に基づく条例又はこれに基づく処分に違反して罰金以上の刑に処せられ、その執行を終わり、又は執行を受けることがなくなつた日から2年を経過しない者

　ホ 屋外広告業に関し成年者と同一の能力を有しない未成年者でその法定代理人がイからニまで又はヘのいずれかに該当するもの

　ヘ 法人でその役員のうちにイからニまでのいずれかに該当する者があるもの

　ト 業務主任者を選任していない者

三 前項第三号に掲げる業務主任者の選任に関する事項は、登録を受けようとする者にあつては営業所ごとに次に掲げる者のうちから業務主任者となるべき者を選任するものとし、登録を受けた者にあつては当該業務主任者に広告物の表示及び掲出物件の設置に係る法令の規定の遵守その他当該営業所における業務の適正な実施を確保するため必要な業務を行わせるものとすること。

　イ 国土交通大臣の登録を受けた法人（以下「登録試験機関」という。）が広

告物の表示及び掲出物件の設置に関し必要な知識について行う試験に合格した者

　ロ　広告物の表示及び掲出物件の設置に関し必要な知識を修得させることを目的として都道府県の行う講習会の課程を修了した者

　ハ　イ又はロに掲げる者と同等以上の知識を有するものとして条例で定める者

四　前項第四号の登録の取消し又は営業の全部若しくは一部の停止に関する事項は、登録を受けた者が次のいずれかに該当するときは、その登録を取消し、又は6月以内の期間を定めてその営業の全部若しくは一部の停止を命ずることができるものとすること。

　イ　不正の手段により屋外広告業の登録を受けたとき。

　ロ　第二号ロ又はニからトまでのいずれかに該当することとなつたとき。

　ハ　この法律に基づく条例又はこれに基づく処分に違反したとき。

（平16法律111・追加、平23法律61・一部改正）

（屋外広告業を営む者に対する指導、助言及び勧告）

第11条　都道府県知事は、条例で定めるところにより、屋外広告業を営む者に対し、良好な景観を形成し、若しくは風致を維持し、又は公衆に対する危害を防止するために必要な指導、助言及び勧告を行うことができる。

（昭48法律81・追加、平16法律111・旧第10条繰下・一部改正）

第2節　登録試験機関

（登録）

第12条　第10条第2項第三号イの規定による登録は、同号イの試験の実施に関する事務（以下「試験事務」という。）を行おうとする者の申請により行う。

（平16法律111・追加）

（欠格条項）

第13条　次の各号のいずれかに該当する法人は、第10条第2項第三号イの規定による登録を受けることができない。

一　この法律の規定に違反して、刑に処せられ、その執行を終わり、又は執行を受けることがなくなつた日から起算して2年を経過しない者であること。

二　第25条第1項又は第2項の規定により登録を取り消され、その取消しの日から起算して2年を経過しない者であること。

三　その役員のうちに、第一号に該当する者があること。

（平16法律111・追加）

（登録の基準）

第14条　国土交通大臣は、第12条の規定により登録を申請した者が次に掲げる要件のすべてに適合しているときは、第10条第2項第三号イの規定による登録をしなければならない。この場合において、登録に関して必要な手続は、国土交通省令

で定める。

一　試験を別表の左欄に掲げる科目について行い、当該科目についてそれぞれ同表の右欄に掲げる試験委員が問題の作成及び採点を行うものであること。

二　試験の信頼性の確保のための次に掲げる措置がとられていること。

　　イ　試験事務について専任の管理者を置くこと。

　　ロ　試験事務の管理（試験に関する秘密の保持及び試験の合格の基準に関することを含む。）に関する文書が作成されていること。

　　ハ　ロの文書に記載されたところに従い試験事務の管理を行う専任の部門を置くこと。

三　債務超過の状態にないこと。

（平16法律111・追加）

（登録の公示等）

第15条　国土交通大臣は、第10条第2項第三号イの規定による登録をしたときは、当該登録を受けた者の名称及び主たる事務所の所在地並びに当該登録をした日を公示しなければならない。

2　登録試験機関は、その名称又は主たる事務所の所在地を変更しようとするときは、変更しようとする日の2週間前までに、その旨を国土交通大臣に届け出なければならない。

3　国土交通大臣は、前項の規定による届出があつたときは、その旨を公示しなければならない。

（平16法律111・追加）

（役員の選任及び解任）

第16条　登録試験機関は、役員を選任し、又は解任したときは、遅滞なく、その旨を国土交通大臣に届け出なければならない。

（平16法律111・追加）

（試験委員の選任及び解任）

第17条　登録試験機関は、第14条第一号の試験委員を選任し、又は解任したときは、遅滞なく、その旨を国土交通大臣に届け出なければならない。

（平16法律111・追加）

（秘密保持義務等）

第18条　登録試験機関の役員若しくは職員（前条の試験委員を含む。次項において同じ。）又はこれらの職にあつた者は、試験事務に関して知り得た秘密を漏らしてはならない。

2　試験事務に従事する登録試験機関の役員及び職員は、刑法（明治40年法律第45号）その他の罰則の適用については、法令により公務に従事する職員とみなす。

（平16法律111・追加）

（試験事務規程）

第19条　登録試験機関は、国土交通省令で定める試験事務の実施に関する事項について試験事務規程を定め、国土交通大臣の認可を受けなければならない。これを変更しようとするときも、同様とする。

2　国土交通大臣は、前項の規定により認可をした試験事務規程が試験事務の適正かつ確実な実施上不適当となつたと認めるときは、登録試験機関に対して、これを変更すべきことを命ずることができる。

　　　　（平16法律111・追加）

（財務諸表等の備付け及び閲覧等）

第20条　登録試験機関は、毎事業年度経過後3月以内に、その事業年度の財産目録、貸借対照表及び損益計算書又は収支計算書並びに事業報告書（その作成に代えて電磁的記録（電子的方式、磁気的方式その他の人の知覚によつては認識することができない方式で作られる記録であつて、電子計算機による情報処理の用に供されるものをいう。以下この条において同じ。）の作成がされている場合における当該電磁的記録を含む。次項及び第33条において「財務諸表等」という。）を作成し、5年間登録試験機関の事務所に備えて置かなければならない。

2　試験を受けようとする者その他の利害関係人は、登録試験機関の業務時間内は、いつでも、次に掲げる請求をすることができる。ただし、第二号又は第四号の請求をするには、登録試験機関の定めた費用を支払わなければならない。

　　一　財務諸表等が書面をもつて作成されているときは、当該書面の閲覧又は謄写の請求

　　二　前号の書面の謄本又は抄本の請求

　　三　財務諸表等が電磁的記録をもつて作成されているときは、当該電磁的記録に記録された事項を国土交通省令で定める方法により表示したものの閲覧又は謄写の請求

　　四　前号の電磁的記録に記録された事項を電磁的方法であつて国土交通省令で定めるものにより提供することの請求又は当該事項を記載した書面の交付の請求

　　　　（平16法律111・追加、平17法律87・一部改正）

（帳簿の備付け等）

第21条　登録試験機関は、国土交通省令で定めるところにより、試験事務に関する事項で国土交通省令で定めるものを記載した帳簿を備え、保存しなければならない。

　　　　（平16法律111・追加）

（適合命令）

第22条　国土交通大臣は、登録試験機関が第14条各号のいずれかに適合しなくなつたと認めるときは、その登録試験機関に対し、これらの規定に適合するため必要

な措置をとるべきことを命ずることができる。

（平16法律111・追加）

（報告及び検査）

第23条 国土交通大臣は、試験事務の適正な実施を確保するため必要があると認めるときは、登録試験機関に対して、試験事務の状況に関し必要な報告を求め、又はその職員に、登録試験機関の事務所に立ち入り、試験事務の状況若しくは設備、帳簿、書類その他の物件を検査させることができる。

2　前項の規定により立入検査をする職員は、その身分を示す証明書を携帯し、関係人の請求があつたときは、これを提示しなければならない。

3　第1項の規定による立入検査の権限は、犯罪捜査のために認められたものと解してはならない。

（平16法律111・追加）

（試験事務の休廃止）

第24条 登録試験機関は、国土交通大臣の許可を受けなければ、試験事務の全部又は一部を休止し、又は廃止してはならない。

2　国土交通大臣は、前項の規定による許可をしたときは、その旨を公示しなければならない。

（平16法律111・追加）

（登録の取消し等）

第25条 国土交通大臣は、登録試験機関が第13条第一号又は第三号に該当するに至つたときは、当該登録試験機関の登録を取り消さなければならない。

2　国土交通大臣は、登録試験機関が次の各号のいずれかに該当するときは、当該登録試験機関に対して、その登録を取り消し、又は期間を定めて試験事務の全部若しくは一部の停止を命ずることができる。

　一　第15条第2項、第16条、第17条、第20条第1項、第21条又は前条第1項の規定に違反したとき。

　二　正当な理由がないのに第20条第2項各号の規定による請求を拒んだとき。

　三　第19条第1項の規定による認可を受けた試験事務規程によらないで試験事務を行つたとき。

　四　第19条第2項又は第22条の規定による命令に違反したとき。

　五　不正な手段により第10条第2項第三号イの規定による登録を受けたとき。

3　国土交通大臣は、前2項の規定により登録を取り消し、又は前項の規定により試験事務の全部若しくは一部の停止を命じたときは、その旨を公示しなければならない。

（平16法律111・追加）

第5章　雑則

（特別区の特例）

第26条　この法律中都道府県知事の権限に属するものとされている事務で政令で定めるものは、特別区においては、政令で定めるところにより特別区の長が行なうものとする。この場合においては、この法律中都道府県知事に関する規定は、特別区の長に関する規定として特別区の長に適用があるものとする。

（昭39法律169・追加、昭48法律81・旧第7条の3繰下、平16法律111・旧第12条繰下）

（大都市等の特例）

第27条　この法律中都道府県が処理することとされている事務で政令で定めるものは、地方自治法（昭和22年法律第67号）第252条の19第1項の指定都市（以下「指定都市」という。）及び同法第252条の22第1項の中核市（以下「中核市」という。）においては、政令で定めるところにより、指定都市又は中核市（以下「指定都市等」という。）が処理するものとする。この場合においては、この法律中都道府県に関する規定は、指定都市等に関する規定として指定都市等に適用があるものとする。

（昭31法律148・追加、昭37法律161・旧第8条の2繰上、昭48法律81・旧第8条繰下・一部改正、平6法律49・平11法律87・一部改正、平16法律111・旧第13条繰下・一部改正）

（景観行政団体である市町村の特例等）

第28条　都道府県は、地方自治法第252条の17の2の規定によるもののほか、第3条から第5条まで、第7条又は第8条の規定に基づく条例の制定又は改廃に関する事務の全部又は一部を、条例で定めるところにより、景観行政団体である市町村、地域における歴史的風致の維持及び向上に関する法律（平成20年法律第40号）第7条第1項に規定する認定市町村である市町村又は都市再生特別措置法（平成14年法律第22号）第46条第1項に規定する都市再生整備計画に同条第2項第5号に掲げる事項を記載した市町村（いずれも指定都市及び中核市を除く。）が処理することとすることができる。この場合においては、都道府県知事は、あらかじめ、当該市町村の長に協議しなければならない。

（平16法律111・追加、平20法律40・一部改正、令2法律43・一部改正）

（適用上の注意）

第29条　この法律及びこの法律の規定に基づく条例の適用に当たつては、国民の政治活動の自由その他国民の基本的人権を不当に侵害しないように留意しなければならない。

（平16法律111・追加）

第6章　罰則

第30条　第18条第1項の規定に違反した者は、1年以下の懲役又は100万円以下の罰金に処する。

（平16法律111・追加）

第31条 第25条第2項の規定による試験事務の停止の命令に違反したときは、その違反行為をした登録試験機関の役員又は職員は、1年以下の懲役又は100万円以下の罰金に処する。

（平16法律111・追加）

第32条 次の各号のいずれかに該当するときは、その違反行為をした登録試験機関の役員又は職員は、30万円以下の罰金に処する。

一　第21条の規定に違反して帳簿を備えず、帳簿に記載せず、若しくは帳簿に虚偽の記載をし、又は帳簿を保存しなかつたとき。

二　第23条第1項の規定による報告を求められて、報告をせず、若しくは虚偽の報告をし、又は同項の規定による検査を拒み、妨げ、若しくは忌避したとき。

三　第24条第1項の規定による許可を受けないで、試験事務の全部を廃止したとき。

（平16法律111・追加）

第33条 第20条第1項の規定に違反して財務諸表等を備えて置かず、財務諸表等に記載すべき事項を記載せず、若しくは虚偽の記載をし、又は正当な理由がないのに同条第2項各号の規定による請求を拒んだ者は、20万円以下の過料に処する。

（平16法律111・追加）

第34条 第3条から第5条まで及び第7条第1項の規定に基づく条例には、罰金又は過料のみを科する規定を設けることができる。

（昭48法律81・旧第9条繰下・一部改正、平16法律111・旧第14条繰下・一部改正）

　　附　則

1　この法律は、公布の日から起算して90日を経過した日から施行する。

2　広告物取締法（明治44年法律第70号）は、廃止する。

3　この法律施行前にした広告物取締法に違反する行為に対する罰則の適用に関しては、なお、従前の例による。

　　附　則〔平成16年5月28日法律第61号抄〕

（施行期日）

第1条 この法律は、平成17年4月1日から施行する。

　　附　則〔平成16年6月18日法律第111号抄〕

（施行期日）

第1条 この法律は、景観法（平成16年法律第110号）の施行の日から施行する。ただし、第1条中都市計画法第8条、第9条、第12条の5及び第13条の改正規定、第3条、第5条、第7条から第10条まで、第12条、第16条中都市緑地法第35条の改正規定、第17条、次条並びに附則第4条、第5条及び第7条の規定は、景観法附則ただし書に規定する日から施行する。

（美観地区に関する経過措置）

第2条　この法律の施行の際現に第1条の規定による改正前の都市計画法（以下「旧都市計画法」という。）第8条第1項第六号の規定により定められた美観地区（第3条の規定による改正前の建築基準法第68条の規定により地方公共団体の条例で建築物の形態又は色彩その他の意匠の制限が定められているものに限る。）は、第1条の規定による改正後の都市計画法（以下「新都市計画法」という。）第8条第1項第六号の規定により定められた景観地区とみなす。この場合において、当該条例に定められた建築物の敷地、構造又は建築設備に関する制限のうち景観法第61条第2項各号に掲げる事項に相当する事項は、景観地区に関する都市計画において定められた同項各号に掲げる事項とみなす。

（屋外広告物法の一部改正に伴う経過措置）

第3条　この法律の施行前に第4条の規定による改正前の屋外広告物法（以下「旧屋外広告物法」という。）第7条第1項の規定により命ぜられた措置については、第4条の規定による改正後の屋外広告物法（以下「新屋外広告物法」という。）第7条第1項及び第3項の規定にかかわらず、なお従前の例による。

2　この法律の施行の際現に旧屋外広告物法第8条及び第9条の規定に基づく条例（以下この条において「旧条例」という。）を定めている都道府県（旧屋外広告物法第13条の規定によりその事務を処理する地方自治法（昭和22年法律第67号）第252条の19第1項の指定都市及び同法第252条の22第1項の中核市を含む。）が新屋外広告物法第9条の規定に基づく条例（以下この条において「新条例」という。）を定め、これを施行するまでの間は、旧屋外広告物法第8条、第9条及び第14条（第9条第2項に係る部分に限る。）の規定は、なおその効力を有する。

3　新条例には、新条例の施行の際現に屋外広告業を営んでいる者（新条例の施行の日の前日まで旧条例が適用される場合にあっては、新条例の施行の際現に旧条例の規定に基づき届出をして屋外広告業を営んでいる者）については、新条例の施行の日から6月以上で条例で定める期間（当該期間内に新条例の規定に基づく登録の拒否の処分があったときは、その日までの間）は、新条例の規定にかかわらず、登録を受けなくても、引き続き屋外広告業を営むことができる旨を定めなければならない。この場合においては、併せて、その者がその期間内に当該登録の申請をした場合において、その期間を経過したときは、その申請について登録又は登録の拒否の処分があるまでの間も同様とする旨を定めなければならない。

4　新条例には、新条例の施行の際現に旧屋外広告物法第9条第1項に規定する講習会修了者等である者について、新条例に規定する業務主任者となる資格を有する者とみなす旨を定めなければならない。

5　この法律の施行前に国土交通大臣が定める試験に合格した者は、新屋外広告物法第10条第2項第三号イの試験に合格した者とみなす。

第4条　この法律の施行の際現に旧都市計画法第8条第1項第六号の規定により定

められている美観地区（附則第２条第１項前段に規定する美観地区を除く。）に
ついての第５条の規定による改正後の屋外広告物法第３条第１項第一号の規定の
適用については、なお従前の例による。

（罰則に関する経過措置）

第５条 この法律の施行前にした行為に対する罰則の適用については、なお従前の
例による。

（政令への委任）

第６条 附則第２条から前条までに定めるもののほか、この法律の施行に関して必
要な経過措置は、政令で定める。

　　　　附　　則〔平成17年7月15日法律第83号抄〕

（施行期日）

第１条 この法律は、平成19年４月１日から施行する。〔ただし書略〕

（助教授の在職に関する経過措置）

第２条 この法律の規定による改正後の次に掲げる法律の規定の適用については、
この法律の施行前における助教授としての在職は、准教授としての在職とみな
す。

　　五　屋外広告物法（昭和24年法律第189号）別表

　　　　附　　則〔平成17年7月26日法律第87号抄〕

この法律は、会社法の施行の日〔平成18年５月１日〕から施行する。〔ただし書
略〕

　　　　附　　則〔平成20年5月23日法律第40号抄〕

（施行期日）

第１条 この法律は、公布の日から起算して６月を超えない範囲内において政令で
定める日〔平成20年５月23日〕から施行する。

　　　　附　　則〔平成23年6月3日法律第61号抄〕

（施行期日）

第１条 この法律は、公布の日から起算して１年を超えない範囲内において政令で
定める日〔平成24年４月１日〕（以下「施行日」という。）から施行する。〔ただ
し書略〕

　　　　附　　則〔平成29年5月12日法律第26号抄〕

（施行期日）

第１条 この法律は、公布の日から起算して２月を超えない範囲内において政令で
定める日から施行する。〔ただし書略〕

　　　　附　　則〔平成30年5月30日法律第33号抄〕

（施行期日）

第１条 この法律は、公布の日から起算して１年６月を超えない範囲内において政

令で定める日〔平成31年4月1日〕から施行する。〔ただし書省略〕

附　則〔令和2年6月10日法律第43号抄〕

（施行期日）

第1条　この法律は、公布の日から起算して3月を超えない範囲内において政令で定める日〔令和2年9月7日〕から施行する。

別表（第14条関係）

科　　　目	試　験　委　員
1　この法律、この法律に基づく条例その他関係法令に関する科目	1　学校教育法（昭和22年法律第26号）による大学（以下「大学」という。）において行政法学を担当する教授若しくは准教授の職にあり、又はこれらの職にあつた者 2　前号に掲げる者と同等以上の知識及び経験を有する者
2　広告物の形状、色彩及び意匠に関する科目	1　大学において美術若しくはデザインを担当する教授若しくは准教授の職にあり、又はこれらの職にあつた者 2　前号に掲げる者と同等以上の知識及び経験を有する者
3　広告物及び掲出物件の設計及び施工に関する科目	1　大学において建築学を担当する教授若しくは准教授の職にあり、又はこれらの職にあつた者 2　前号に掲げる者と同等以上の知識及び経験を有する者

（平16法律111、追加、平17法律83・一部改正）

◯東京都屋外広告物条例

| 昭和24年 8 月27日 |
| 条 例 第 100 号 |

改正　昭和28年 3 月31日条例第 65号　　　昭和57年 3 月30日条例第 19号
　　　昭和32年10月22日条例第 65号　　　昭和61年 3 月31日条例第 18号
　　　昭和33年 4 月 1 日条例第 19号　　　昭和61年10月 6 日条例第116号
　　　昭和34年 7 月14日条例第 46号　　　平成 4 年 3 月31日条例第 35号
　　　昭和35年10月 4 日条例第 73号　　　平成 8 年 3 月29日条例第 38号
　　　昭和37年 3 月31日条例第 30号　　　平成12年 3 月31日条例第108号
　　　昭和44年 6 月14日条例第 87号　　　平成15年 3 月14日条例第 34号
　　　昭和45年 6 月25日条例第 65号　　　平成15年 7 月16日条例第107号
　　　昭和45年10月 1 日条例第122号　　　平成17年 3 月31日条例第 41号
　　　昭和46年 3 月17日条例第 15号　　　平成18年10月12日条例第137号
　　　昭和46年10月30日条例第125号　　　平成21年 3 月31日条例第 29号
　　　昭和46年12月27日条例第149号　　　平成23年12月22日条例第 85号
　　　昭和47年 3 月31日条例第 22号　　　平成27年 3 月31日条例第 33号
　　　昭和51年 3 月31日条例第 25号　　　平成29年12月22日条例第 80号
　　　昭和51年 3 月31日条例第 40号　　　令和 2 年 3 月31日条例第 26号
　　　昭和53年12月25日条例第 98号

　東京都議会の議決を経て、〔屋外広告物条例〕を次のように定める。
　　東京都屋外広告物条例　　（昭46条例15・改称）

目次

第一章　総則

（目的等）

第 1 条　この条例は、屋外広告物及び屋外広告業について、屋外広告物法（昭和24年法律第189号。以下「法」という。）の規定に基づく規制、都民の創意による自主的な規制その他の必要な事項を定め、もつて良好な景観を形成し、若しくは風致を維持し、又は公衆に対する危害を防止することを目的とする。

2　この条例の適用に当たつては、国民の政治活動の自由その他国民の基本的人権を不当に侵害しないように留意しなければならない。

　　（昭51条例40・追加、昭61条例116・平17条例41・一部改正）

（定義）

第2条 この条例において、次の各号に掲げる用語の意義は、それぞれ当該各号に定めるところによる。

一 屋外広告物 法第2条第1項に規定する屋外広告物（以下「広告物」という。）をいう。

二 屋外広告業 法第2条第2項に規定する屋外広告業をいう。

三 広告主 広告物を表示し、又は広告物を掲出する物件（以下「掲出物件」という。）を設置することを決定し、自ら又は屋外広告業を営む者その他の事業者（以下「屋外広告業者等」という。）に委託する等により、当該広告物を表示し、又は当該掲出物件を設置する者をいう。

（平17条例41・追加）

（都の責務）

第3条 東京都（以下「都」という。）は、この条例の目的を達成するため、広告物に関する施策を策定し、及び実施する責務を有する。

2 都は、前項の施策の円滑な実施を図るため、広告主、屋外広告業者等、国並びに特別区及び市町村との適切な連携を図るものとする。

（平17条例41・追加）

（都民の責務）

第4条 都民は、都がこの条例に基づき実施する広告物に関する施策について理解を深めるとともに、これに協力するよう努めるものとする。

（平17条例41・追加）

（広告主及び屋外広告業者等の責務）

第5条 広告主は、この条例の規定及び自らの創意による自主的な規制を遵守するとともに、広告物の表示又は掲出物件の設置を委託した屋外広告業者等に、この条例の規定を遵守させるために必要な措置を講じる責務を有する。

2 広告主は、都がこの条例に基づき実施する広告物に関する施策に協力するよう努めるものとする。

3 屋外広告業者等は、広告主と連携し、この条例の規定及び自らの創意による自主的な規制を遵守する責務を有する。

4 屋外広告業者等は、都がこの条例に基づき実施する広告物に関する施策に協力するよう努めるものとする。

（平17条例41・追加）

第二章 広告物等の制限

（禁止区域）

第6条 次に掲げる地域又は場所に、広告物を表示し、又は掲出物件を設置してはならない。

一　都市計画法（昭和43年法律第100号）第8条第1項第一号の規定により定められた第一種低層住居専用地域、第二種低層住居専用地域、第一種中高層住居専用地域、第二種中高層住居専用地域及び田園住居地域並びに同項第十二号の規定により定められた都市緑地法（昭和48年法律第72号）第12条の規定による特別緑地保全地区。ただし、知事の指定する区域を除く。

二　都市計画法第8条第1項第六号の規定により定められた景観地区のうち知事の指定する区域、景観法（平成16年法律第110号）第74条第1項の規定により指定された準景観地区であつて同法第75条第1項に規定する条例により規制を受ける地域のうち知事の指定する区域、景観法の施行に伴う関係法律の整備等に関する法律（平成16年法律第111号）第1条の規定による改正前の都市計画法第8条第1項第六号の規定により定められた美観地区（以下「旧美観地区」という。）及び都市計画法第8条第1項第七号の規定により定められた風致地区。ただし、旧美観地区及び風致地区にあつては、知事の指定する区域を除く。

三　森林法（昭和26年法律第249号）第25条第1項第十一号の規定により保安林として指定された森林のある地域

四　文化財保護法（昭和25年法律第214号）第27条又は第78条第1項の規定により指定された建造物及びその周囲で知事の定める範囲内にある地域並びに同法第109条第1項若しくは第2項又は第110条第1項の規定により指定され、又は仮指定された地域並びに指定され、又は仮指定されたもの及びその周囲で知事の定める範囲内にある地域

五　歴史的又は都市美的価値を有する建造物及びその周囲並びに文化財庭園など歴史的価値の高い施設の周辺地域で知事の定める範囲内にある地域

六　古墳、墓地、火葬場及び葬儀場並びに社寺、仏堂及び教会の境域

七　国又は公共団体の管理する公園、緑地、運動場、動物園、植物園、河川、堤防敷地及び橋台敷地

八　自然公園法（昭和32年法律第161号）第20条第1項の規定により指定された国立公園及び国定公園の特別地域並びに同法第73条第1項の規定により指定された東京都立自然公園の特別地域

九　学校、病院、公会堂、図書館、博物館、美術館等の建造物の敷地及び官公署の敷地

十　道路、鉄道及び軌道の路線用地。ただし、第8条第二号に掲げる地域を除く。

十一　前号の路線用地に接続する地域で、知事の定める範囲内にあるもの。ただし、第8条第二号に掲げる地域を除く。

十二　前各号に掲げるもののほか、別に知事の定める地域

（昭32条例65・昭44条例87・昭46条例15・昭51条例25・一部改正、昭61条例116・第3項追加・

一部改正、平8条例38・平15条例34・一部改正、平17条例41・旧第2条繰下・一部改正、平18条

例137・平23条例85・平成29条例80・一部改正）

（禁止物件）

第7条　次に掲げる物件には、広告物を表示し、又は掲出物件を設置してはならない。

一　橋（橋台及び橋脚を含む。）、高架道路、高架鉄道及び軌道

二　道路標識、信号機及びガードレール

三　街路樹及び路傍樹

四　景観法第19条第1項の規定により指定された景観重要建造物及び同法第28条第1項の規定により指定された景観重要樹木

五　郵便差出箱、信書便差出箱、公衆電話ボックス、送電塔、テレビ塔、照明塔、ガスタンク、水道タンク、煙突及びこれらに類するもの

六　形像及び記念碑

七　石垣及びこれに類するもの

八　前各号に掲げるもののほか、特に良好な景観を形成し、又は風致を維持するために必要なものとして知事の指定する物件

2　次に掲げる物件には、はり紙（ポスターを含む。以下同じ。）、はり札等（法第7条第4項前段に規定するはり札等をいう。以下同じ。）、広告旗（同項前段に規定する広告旗をいう。以下同じ。）、又は立看板等（同項前段に規定する立看板等をいう。以下同じ。）を表示し、又は設置してはならない。

一　電柱、街路灯柱及び消火栓標識

二　アーチの支柱及びアーケードの支柱

（昭32条例65・昭44条例87・昭46条例15・昭51条例25・一部改正、昭61条例116・第3項追加・

一部改正、平8条例38・平15条例34・一部改正、平17条例41・旧第2条第2項及び第3項繰下・

一部改正・一部追加）

（許可区域）

第8条　次に掲げる地域又は場所（第6条各号に掲げる地域又は場所を除く。）に広告物を表示し、又は広告物を掲出する物件を設置しようとする者は、知事の許可を受けなければならない。

一　特別区、市及び町の区域

二　道路、鉄道及び軌道の路線用地並びにこれらに接続する地域で、知事の定める範囲内にある地域

三　自然公園法第5条第1項又は第2項の規定により指定された国立公園又は国定公園の区域及び同法第72条の規定により指定された東京都立自然公園の区域

四　景観法第8条第2項第一号に規定する景観計画の区域のうち、知事の指定す

140

る区域

（昭32条例65・昭33条例19・昭34条例46・昭44条例87・昭45条例65・昭45条例122・昭46条例15・昭46条例125・一部改正、昭51条例40・旧第１条繰下・一部改正、昭61条例116・旧第１条の２繰下・一部改正、平８条例38・平15条例34・一部改正、平17条例41・旧第２条の２繰下・一部改正、平18条例137・第４項追加、平23条例85・一部改正）

（地区計画等の区域における基準）

第9条　知事は、都市計画法第４条第９項に規定する地区計画等の区域（同法第12条の５第２項第一号に規定する地区整備計画、密集市街地における防災街区の整備の促進に関する法律（平成９年法律第49号）第32条第２項第一号に規定する特定建築物地区整備計画、同項第二号に規定する防災街区整備地区整備計画、地域における歴史的風致の維持及び向上に関する法律（平成20年法律第40号）第31条第２項第一号に規定する歴史的風致維持向上地区整備計画、幹線道路の沿道の整備に関する法律（昭和55年法律第34号）第９条第２項第一号に規定する沿道地区整備計画又は集落地域整備法（昭和62年法律第63号）第５条第３項に規定する集落地区整備計画（以下「地区整備計画等」という。）が定められている区域に限る。）において、当該地区整備計画等の内容として定められた広告物又は掲出物件（以下「広告物等」という。）に関する事項が、良好な景観を形成し、又は風致を維持し、かつ、公衆に対する危害を防止するものであると認める場合は、当該事項を、この条例の規定による当該区域に係る広告物等の基準として東京都規則（以下「規則」という。）で定めることができる。

（平15条例107・追加、平17条例41・旧第６条の３繰下・一部改正、平21条例29・一部追加、平23条例85・一部改正）

第10条　削除

（広告誘導地区等における基準）

第11条　知事は、良好な景観を形成し、又は風致を維持するために必要であると認める場合には、一定の区域を広告誘導地区として指定し、当該区域における広告物等の形状、面積、色彩、意匠その他表示の方法に関する事項を誘導方針として定めることができる。

2　前項に規定する広告誘導地区において、土地、建築基準法（昭和25年法律第201号）第２条第一号に規定する建築物（以下「建築物」という。）、工作物又は広告物等の所有者又はこれらを使用する権利を有する者は、前項に規定する誘導方針に則して、規則で定めるところにより、広告物等の形状、面積、色彩、意匠その他表示の方法に関する事項を合意書として定めることができる。

3　知事は、前項の規定により定められた合意書の内容又は東京のしゃれた街並みづくり推進条例（平成15年東京都条例第30号）第27条第２項の規定により承認さ

れた街並み景観ガイドラインの内容として定められた広告物等の事項が、良好な景観を形成し、又は風致を維持し、かつ、公衆に対する危害を防止するために特に必要であると認める場合には、当該事項を、この条例の規定による当該区域に係る広告物等の基準として規則で定めることができる。

　　　　（平17条例41・追加）

（広告協定地区）

第12条　一定の区域内の土地、建築物、工作物又は広告物等の所有者又はこれらを使用する権利を有する者は、良好な地域環境を形成するため、当該区域内の広告物等の形状、面積、色彩、意匠その他表示の方法の基準に関する協定（以下この条において「広告協定」という。）を締結したときは、広告協定書を作成し、その代表者によつて、知事に提出して、当該区域について広告協定地区として指定するよう求めることができる。

2　知事は、前項の規定による申請があつた場合において、当該広告協定が良好な地域環境の形成に寄与すると認めるときは、当該区域を広告協定地区として指定することができる。

3　知事は、前項の規定により広告協定地区を指定するときは、あらかじめ当該区域の存する特別区、市及び町の長の意見を聴かなければならない。

4　知事は、第2項の規定により広告協定地区を指定したときは、当該広告協定をした者に対し、良好な地域環境を形成するため必要な措置をとるべきことを指導し、又は助言することができる。

5　第1項及び第2項の規定は、広告協定地区の変更又は廃止について準用する。

　　　　（昭61条例116・追加、平8条例38・旧第13条の2繰下、平17条例41・旧第13条の3繰上・

　　　　第12条の2一部改正、令2条例26・一部改正）

（プロジェクションマッピング活用地区）

第12条の2　まちづくりの推進を図る活動等を行うことを目的とする一般社団法人又は一般財団法人、特定非営利活動促進法（平成10年法律第7号）第2条第2項の特定非営利活動法人その他規則で定める団体（以下「まちづくり団体等」という。）は、地域の特性に応じたプロジェクションマッピング（建築物その他の工作物等に光で投影する方法により表示される広告物をいう。以下同じ。）の活用を図るため、規則で定めるところにより、一定の区域をプロジェクションマッピング活用地区（以下「活用地区」という。）に指定するよう知事に申請することができる。

2　前項の規定による申請は、次に掲げる事項を定めたプロジェクションマッピング活用計画（以下「活用計画」という。）の案を添えて行わなければならない。

一　活用地区の名称、位置及び区域

二　プロジェクションマッピングの活用に係る方針

三　プロジェクションマッピングの表示の場所、位置、形状、規模、色彩その他表示の方法に関する基準（以下「表示基準」という。）

四　表示基準が適用される建築物その他の工作物等

五　その他規則で定める事項

3　まちづくり団体等は、活用計画の案を作成しようとするときは、説明会を開催する等活用地区の住民の意見を反映させるよう努めなければならない。

4　知事は、第1項の規定による申請があつた場合において、当該申請に係る活用計画の案の内容が知事が別に定める基準を満たすものと認めるときは、当該活用計画の案に掲げる区域を活用地区として指定することができる。

5　知事は、前項の規定により活用地区を指定するときは、あらかじめ当該活用地区に係る区域の存する特別区及び市町村の長の意見を聴かなければならない。

6　まちづくり団体等は、第4項の規定により指定された活用地区に係る活用計画の内容を変更（軽微な変更を除く。）しようとするときは、規則で定めるところにより、その旨を知事に申請しなければならない。

7　第3項から第5項までの規定は、前項の規定による申請について準用する。

8　まちづくり団体等は、第4項の規定により指定された活用地区を廃止しようとするときは、規則で定めるところにより、その旨を知事に届け出なければならない。

9　前各項に定めるもののほか、活用地区の指定に関し必要な事項は、知事が別に定める。

　　　　（令2条例26・追加）

（禁止区域若しくは禁止物件又は許可区域に許可を受けずに表示又は設置をすることができる広告物等）

第13条　次に掲げる広告物等は、第6条から第8条までの規定にかかわらず、表示し、又は設置することができる。ただし、第二号から第六号まで及び第八号に掲げる広告物等については、規則で定める基準に適合するものでなければならない。

一　他の法令の規定により表示する広告物等

二　国又は公共団体が公共的目的をもつて表示する広告物等

三　公益を目的とした集会、行事、催物等のために表示するはり紙、はり札等、広告旗、立看板等、広告幕（網製のものを含む。以下同じ。）及びアドバルーン

四　公益上必要な施設又は物件に寄贈者名を表示する広告物

五　自己の氏名、名称、店名若しくは商標又は自己の事業若しくは営業の内容を表示するため、自己の住所、事業所、営業所又は作業場に表示する広告物等（以下「自家用広告物」という。）

六　自己の管理する土地又は物件に、管理者が管理上必要な事項を表示する広告
　物等

七　冠婚葬祭、祭礼等のために表示する広告物等

八　公益を目的とした行事、催物等のために表示するプロジェクションマッピン
　グで、公益性を有するもの

　　　　（昭51条例40・一部改正、昭61条例116・一部追加・一部改正、平17条例41・旧第5条第1項

　　　　繰下・一部改正、令2条例26・一部改正）

（禁止区域又は許可区域に許可を受けずに表示又は設置をすることができる広告物
　等）

第14条　次に掲げる広告物等は、第6条及び第8条の規定にかかわらず、表示し、
　又は設置することができる。ただし、第一号、第二号及び第四号に掲げる広告物
　等については、規則で定める基準に適合するものでなければならない。

一　講演会、展覧会、音楽会等のために表示する広告物等

二　電車又は自動車の外面を利用する広告物等

三　人、動物、車両（電車及び自動車を除く。）、船舶等に表示する広告物

四　塀又は工事現場の板塀若しくはこれに類する仮囲いに表示する広告物

　　　　（昭61条例116・追加、平8条例38・一部追加・一部改正、平17条例41・旧第5条第2項繰下・

　　　　一部改正、平18条例137・一部改正）

（禁止区域に許可を受けて表示又は設置をすることができる広告物等）

第15条　次に掲げる広告物等は、第6条の規定にかかわらず、知事の許可を受けた
　ときは、規則で定める基準により、表示し、又は設置することができる。

一　自己の氏名、名称、店名又は商標を表示するため、自己の住所、事業所、営
　業所又は作業場に表示する広告物等

二　規則で定める道標、案内図板等の広告物等で、公共的目的をもつて表示する
　もの

三　電柱、街路灯柱等を利用して表示する広告物等で、公衆の利便に供すること
　を目的とするもの

四　電車又は自動車の外面を利用する広告物等

五　知事の指定する専ら歩行者の一般交通の用に供する道路の区域に表示又は設
　置をする広告物等

六　規則で定める公益上必要な施設又は物件に表示する広告物等

七　第6条第四号及び第五号（同条第一号から第三号まで及び第六号から第十一
　号までに掲げる地域又は場所を除く。）並びに同条第十二号に掲げる地域のう
　ち、知事が特に指定する地域に表示又は設置をする規則で定める非営利目的の
　ための広告板

　　　　（昭61条例116・追加、平15条例107・一部改正、平17条例41・旧第5条第3項繰下・一部改正、

144

平18条例137・一部改正・第 7 項追加）

（沿道、沿線等の禁止区域に許可を受けて表示又は設置をすることができる広告物
等）

第16条 次に掲げる広告物等（前 3 条及び次条に規定するものを除く。）は、第 6
条の規定にかかわらず、知事の許可を受けたときは、同条第十号及び第十一号に
掲げる地域（同条第一号から第九号まで及び第十二号に掲げる地域又は場所を除
く。）に表示し、又は設置することができる。ただし、第一号に掲げる広告物等
の許可の基準は、規則で定める。

一　第 6 条第十号に規定する道路の路線用地及び同条第十一号に規定する道路の
路線用地に接続する地域で、かつ、都市計画法第 7 条第一項の規定により定め
られた市街化調整区域に表示し、又は設置する広告物等

二　第 6 条第十一号に掲げる地域に表示し、又は設置する広告物等で、当該広告
物等を表示し、又は設置する当該地域の路線用地から展望できないもの（前号
に掲げるものを除く。）

（昭61条例116・追加、平17条例41・旧第 5 条の 4 繰下・一部改正）

（非営利広告物等の表示）

第17条 規則で定める非営利目的のためのはり紙、はり札等、広告旗、立看板等、
広告幕及びアドバルーン（次項において「非営利広告物等」という。）は、第 6
条の規定にかかわらず、同条第一号、第四号、第五号、第十号及び第十一号（同
条第二号、第三号及び第六号から第九号までに掲げる地域又は場所を除く。）並
びに同条第十二号に掲げる地域に表示し、又は設置することができる。

2　非営利広告物等は、第 8 条の規定にかかわらず、同条各号に掲げる地域又は場
所に表示し、又は設置することができる。

（昭61条例116・旧第 5 条第 2 項及び第 3 項繰下・一部改正、平17条例41・旧第 5 条の 5 繰下・

一部改正、平18条例137・一部改正）

（告示）

第18条 知事は、第 6 条第一号ただし書、第二号、第四号、第五号、第十一号若し
くは第十二号、第 7 条第 1 項第八号、第 8 条第二号若しくは第四号、第11条第 1
項、第12条第 2 項、第12条の 2 第 4 項又は第15条第五号若しくは第七号の規定に
より区域を指定し、地域を定め、若しくは物件を指定したとき、又はこれらを変
更し、若しくは廃止したときは、その旨を告示しなければならない。

（昭32条例65・昭51条例40・昭61条例116・一部改正、平15条例107・一部改正、平17条例41・

旧第14条繰下・一部改正、平18条例137・一部改正、令 2 条例26・一部改正）

（禁止広告物等）

第19条 何人も、形状、規模、色彩、意匠その他表示の方法が景観又は風致を害す
るおそれのある広告物等を表示し、又は設置してはならない。

2　何人も、次に掲げる広告物等を表示し、又は設置してはならない。

一　腐朽し、腐食し、又は破損しやすい材料を使用した危険な広告物等

二　構造又は設置の方法が危険な広告物等

三　風圧又は地震その他の震動若しくは衝撃により容易に破損し、落下し、倒壊する等のおそれのある広告物等

四　信号機又は道路標識等に類似し、又はこれらの効用を妨げるなど、道路交通の安全を阻害するおそれのある広告物等

（昭51条例40・全改、昭61条例116・平12条例108・一部改正、平17条例41・旧第3条及び旧第

4条繰下・一部改正）

（管理義務）

第20条　広告主、広告主から委託を受けて広告物等を表示し、若しくは設置する者若しくは広告物等の所有者、占有者その他当該広告物等について権原を有する者（第四章において「所有者等」という。）又は当該広告物等の管理者（以下「広告物の表示者等」という。）は、広告物等に関し、補修その他必要な管理を行い、良好な状態に保持しなければならない。

（昭51条例40・追加、昭61条例116・一部改正、平17条例41・旧第4条の2繰下・一部改正）

（規格の設定）

第21条　次に掲げる広告物等について、知事がその表示又は設置の場所、位置、形状、規模、色調等について、規則で定める規格を設けたときは、当該広告物等は、これらの規格によらなければならない。

一　広告塔

二　広告板

三　立看板等

四　はり紙

五　はり札等

六　広告旗

七　建築物の壁面を利用する広告物等

八　建築物から突出する形式の広告物等

九　電柱又は街路灯柱を利用する広告物等

十　道路に沿い、又は鉄道及び軌道の沿線に設置する広告物等

十一　電車又は自動車の外面を利用する広告物等

十二　プロジェクションマッピング

十三　前各号に掲げるもののほか、特に良好な景観形成又は風致の維持に必要なものとして規則で定める広告物等

2　都市計画法第8条第1項第一号の規定により定められた第一種住居地域又は第二種住居地域内に表示する広告物等（自家用広告物及び第14条第四号に規定する

広告物を除く。）の表示面積は、前項の規定にかかわらず、規則で定める基準に適合するものでなければならない。

3　第8条第四号の規定により指定された区域に表示する広告物等のうち、景観法第8条第1項の景観計画に同条第2項第四号イの規定により定めた事項については、前2項の規定にかかわらず、規則で定める基準に適合するものでなければならない。

4　第12条の2第4項の規定により指定された活用地区に表示するプロジェクションマッピング（同条第2項第四号に規定する建築物その他の工作物等に表示されるものに限る。）は、前3項の規定にかかわらず、当該活用地区の表示基準に適合するものでなければならない。

（昭32条例65・昭51条例40・一部改正、昭61条例116・第2項追加・一部改正、平8条例38・

一部改正、平17条例41・旧第6条繰下・一部改正、平18条例137・一部改正・第3項追加、平

23条例85・一部改正、令2条例26・一部改正）

（広告物等の総表示面積の規制）

第22条　都市計画法第8条第1項第一号の規定により定められた近隣商業地域及び商業地域内にある高さが10mを超える建築物に表示する各広告物等（広告物の表示期間が7日以内のもの又は第12条の2若しくは第13条第八号に規定するプロジェクションマッピングのうち規則で定めるものを除く。）の表示面積の合計は、一建築物の壁面面積に応じて規則で定める基準により算定した面積を超えてはならない。

（昭61条例116・追加、平17条例41・旧第6条の2繰下、令2条例26・一部改正）

第三章　広告物等の許可

（許可の申請）

第23条　第8条、第15条又は第16条の規定による許可を受けようとする者は、規則で定める申請書（以下「許可申請書」という。）正副2通を知事に提出しなければならない。

（昭51条例40・全改、昭61条例116・一部改正、平17条例41・旧第10条繰下・一部改正）

（許可の期間及び条件）

第24条　知事は、この条例の規定による許可をするに当たつては、許可の期間を定めるほか、良好な景観を形成し、若しくは風致を維持し、又は公衆に対する危害を予防するために必要な条件を付することができる。

2　前項の許可の期間（以下「許可期間」という。）は、2年を超えることができない。

（昭61条例116・追加、平17条例41・旧第10条の2繰下・一部改正）

（屋外広告物管理者の設置）

第25条　この条例の規定による許可に係る広告物等で規則で定めるものを表示し、

又は設置する者は、規則で定める屋外広告物管理者を置かなければならない。

（平 8 条例38・追加、平17条例41・旧第13条の 2 繰下）

（許可期間等の表示）

第26条　この条例の規定による許可を受けた者は、住所、氏名、許可期間等につい
て、知事の定めるところに従い表示しておかなければならない。

（昭32条例65・追加、昭51条例40・一部改正、平17条例41・旧第10条の 2 繰下）

（変更及び継続の許可）

第27条　この条例の規定による許可を受けた後、その広告物の表示の内容に変更を
加え、又はその広告物等を改造し、若しくは移転しようとするときは、規則で定
める場合を除き、更に知事の許可を受けなければならない。

2　許可期間満了後更に継続して広告物等を表示し、又は設置しようとするとき
は、当該許可期間満了の日までに、更に知事の許可を受けなければならない。こ
の場合において、当該許可の申請は、当該許可期間満了の日の10日前までに行わ
なければならない。

3　第23条及び第24条の規定は、前 2 項の規定による許可について準用する。

（昭51条例40・全改、昭61条例116・一部改正、平17条例41・旧第11条繰下・一部改正）

（除却の義務）

第28条　広告物の表示者等は、許可期間その他の適法な表示期間又は設置期間が満
了したときは、直ちに広告物等を除却しなければならない。

（昭51条例40・追加、昭61条例116・一部改正、平17条例41・旧第 4 条の 2 第 2 項繰下・一部改正）

（許可申請手数料）

第29条　この条例の規定による許可を受けようとする者は、申請の際、別表に掲げ
る額の手数料を納付しなければならない。ただし、政治資金規正法（昭和23年法
律第194号）第 6 条第 1 項の規定による届出を経た政治団体がはり紙、はり札等、
広告旗、立看板等、広告幕及びアドバルーンを表示し、又は設置するための許可
を受けようとするときは、この限りでない。

2　既納の手数料は、還付しない。ただし、知事が特別の事由があると認めるとき
は、この限りでない。

（昭32条例65・追加、昭51条例40・昭61条例116・一部改正、平17条例41・旧第11条の 3 繰下・
　一部改正）

（許可の特例）

第30条　知事は、第 6 条から第 8 条まで、第21条又は第22条の規定にかかわらず、
景観又は風致の向上に資し、かつ、公衆に対する危害を及ぼすおそれのない広告
物等で、特にやむを得ないと認めるものについては、当該広告物等の表示又は設
置を許可することができる。この場合においては、あらかじめ第56条に規定する
東京都広告物審議会の議を経るものとする。

2 第23条から前条までの規定は、前項の規定による許可について準用する。

（昭51条例40・一部改正、昭61条例116・全改、平15条例107・一部改正、平17条例41・旧第7
条繰下・一部改正・第2項追加）

第四章　監督

（許可の取消し及び行政措置命令）

第31条　この条例の規定による許可を受けた広告物等が、景観若しくは風致を著し
く害し、若しくは公衆に対して危害を及ぼすおそれがあると認められるに至つた
とき、又は許可申請書に虚偽の事項があつたときは、知事は、その許可を取り消
し、又は当該広告物の表示者等に対してこれらの改修、移転、除却その他必要な
措置を命ずることができる。

（昭51条例40・昭61条例116・一部改正、平17条例41・旧第12条繰下・一部改正）

第32条　この条例又はこの条例に基づく規則に違反した広告物等があるときは、知
事は、当該広告物の表示者等に対して当該広告物等の表示若しくは設置の停止を
命じ、又は5日以上の期限を定め、改修、移転、除却その他必要な措置を命ずる
ことができる。

2 知事は、前項の規定による措置を命じようとする場合において、当該広告物の
表示者等を過失がなくて確知することができないときは、これらの措置を自ら行
い、又はその命じた者若しくは委任した者に行わせることができる。ただし、掲
出物件を除却する場合においては、5日以上の期限を定め、その期限までにこれ
を除却すべき旨及びその期限までに除却しないときは、知事又はその命じた者若
しくは委任した者が除却する旨を公告しなければならない。

（昭51条例40・昭61条例116・一部改正、平17条例41・旧第13条繰下・一部改正）

（公表）

第33条　知事は、前条第1項の規定による命令を受けた広告物の表示者等が、正当
な理由なく当該命令に従わなかつたときは、その旨を公表することができる。

2 知事は、前項の規定による公表をしようとする場合は、当該命令を受けた者に
対し、意見を述べ、証拠を提示する機会を与えるものとする。

（平17条例41・追加）

（広告物等を保管した場合の公告）

第34条　知事は、第32条第2項又は法第7条第4項の規定により広告物等を除却
し、又は除却させたときは、当該広告物等を保管しなければならない。ただし、
除却し、又は除却させた広告物等がはり紙である場合は、この限りでない。

2 知事は、前項の規定により広告物等を保管したときは、当該広告物等の所有者
等に対し当該広告物等を返還するため、次に掲げるもののうち必要な事項を公告
しなければならない。

一　公告の日

　二　当該広告物等を除却した日時

　三　当該広告物等の放置されていた場所

　四　当該広告物等の名称又は種類及び数量

　五　当該広告物等の表示内容

　六　当該広告物等の保管開始日及び保管場所

　七　前各号に掲げるもののほか、保管した広告物等を返還するため必要と認められる事項

3　前項の規定による公告は、次に掲げる方法により行わなければならない。

　一　前項各号に掲げる事項を、公告の日から起算して14日間（法第7条第4項の規定により除却された広告物等にあつては、2日間）、規則で定める場所に掲示すること。

　二　法第8条第3項第二号に規定する特に貴重な広告物等については、前号に規定する期間が満了しても、なお当該広告物等の所有者等の氏名及び住所（法人にあつては、名称、代表者の氏名及び主たる事務所の所在地）等を確知することができないときは、その公告の要旨を東京都公報に登載すること。

4　知事は、前項に規定する方法による公告を行うとともに、規則で定める保管物件一覧表を規則で定める場所に備え付け、かつ、これを関係者に自由に閲覧させなければならない。

　　　　　（平17条例41・追加）

（保管した広告物等の売却又は廃棄）

第35条　知事は、前条第1項の規定により保管した広告物等が滅失し、若しくは破損するおそれがあるとき、又は同条第2項第一号の公告の日から次の各号に掲げる広告物等の区分に従い当該各号に定める期間を経過してもなお当該広告物等を返還することができない場合において、次条に定める評価の方法により評価した価額に比し、その保管に不相当な費用又は手数を要するときは、当該広告物等を売却し、その売却した代金を保管することができる。

　一　法第7条第4項の規定により除却された広告物等　　2日

　二　法第8条第3項第二号に規定する特に貴重な広告物等　　3月

　三　前二号に掲げる広告物等以外の広告物等　　14日

2　知事は、次条の規定により評価した広告物等の価額が著しく低い場合において、前項の規定による広告物等の売却につき買受人がないとき、又は売却しても買受人がないことが明らかであるときは、当該広告物等を廃棄することができる。

3　第1項の規定により売却した代金は、売却に要した費用に充てることができる。

4　前条第2項第一号の公告の日から起算して6月を経過してもなお同条第1項の

規定により保管した広告物等（第1項の規定により売却した代金を含む。以下この項及び第38条において同じ。）を返還することができないときは、当該広告物等の所有権は、当該広告物等を保管する都に帰属するものとする。

（平17条例41・追加）

（保管した広告物等の価額の評価）

第36条 第34条第1項の規定により保管した広告物等の価額の評価は、取引の実例価格、当該広告物等の使用期間、損耗の程度その他広告物等の価額の評価に関する事情を勘案して行うものとする。この場合において、知事は、必要があると認めるときは、広告物等の価額の評価に関し、専門的知識を有する者の意見を聴くことができる。

（平17条例41・追加）

（保管した広告物等を売却する場合の手続）

第37条 第35条第1項の規定による保管した広告物等の売却については、規則で定める方法によるものとする。

（平17条例41・追加）

（保管した広告物等を返還する場合の手続）

第38条 知事は、第34条第1項の規定により保管した広告物等を当該広告物等の所有者等に返還するときは、返還を受ける者にその氏名及び住所（法人にあつては、名称、代表者の氏名及び主たる事務所の所在地）を証するに足りる書類を提示させる等の方法によつてその者が当該広告物等の返還を受けるべき所有者等であることを証明させ、かつ、規則で定める受領書と引換えに返還するものとする。

（平17条例41・追加）

第五章　屋外広告業

（屋外広告業の登録）

第39条 東京都の区域内において屋外広告業を営もうとする者は、知事の登録を受けなければならない。

2　前項の登録の有効期間は、5年とする。

3　前項の有効期間の満了後引き続き屋外広告業を営もうとする者は、当該有効期間の満了の日までに、更新の登録を受けなければならない。この場合において、当該登録の申請は、当該有効期間の満了の日の30日前までにしなければならない。

4　前項の更新の登録の申請があつた場合において、第2項の有効期間の満了の日までにその申請に対する処分がなされないときは、従前の登録は、同項の有効期間の満了後もその処分がなされるまでの間は、なお効力を有する。

5　前項の場合において、更新の登録がなされたときは、当該登録の有効期間は、

従前の登録の有効期間の満了の日の翌日から起算するものとする。

（昭51条例40・追加、昭61条例18・平８条例38・一部改正、平17条例41・旧第14条の２繰下・全改）

（登録の申請）

第40条　前条第１項又は第３項の規定により登録を受けようとする者（以下「登録申請者」という。）は、規則で定めるところにより、次に掲げる事項を記載した登録申請書を知事に提出しなければならない。

一　商号、氏名及び住所（法人にあつては、名称、代表者の氏名及び主たる事務所の所在地）

二　東京都の区域内において営業を行う営業所の名称及び所在地

三　法人にあつては、その役員（業務を執行する社員、取締役、執行役又はこれらに準ずる者をいう。以下同じ。）の氏名

四　未成年者である場合にあつては、その法定代理人の氏名及び住所

五　第二号の営業所ごとに置かれる業務主任者（第48条に規定する業務主任者をいう。第42条において同じ。）の氏名及び所属する営業所の名称

2　前項の登録申請書には、登録申請者が第42条第１項各号のいずれにも該当しない者であることを誓約する書面その他規則で定める書類を添付しなければならない。

（平17条例41・追加）

（登録の実施）

第41条　知事は、前条の規定による書類の提出があつた場合は、次条第１項の規定により登録を拒否するときを除くほか、遅滞なく、規則で定めるところにより、次に掲げる事項を屋外広告業者登録簿に登録しなければならない。

一　前条第１項各号に掲げる事項

二　登録年月日及び登録番号

2　知事は、前項の規定による登録をしたときは、遅滞なく、その旨を登録申請者に通知しなければならない。

（平17条例41・追加）

（登録の拒否）

第42条　知事は、登録申請者が次の各号のいずれかに該当するとき、又は第40条第１項の登録申請書若しくはその添付書類のうちに重要な事項について虚偽の記載があり、若しくは重要な事実の記載が欠けているときは、その登録を拒否しなければならない。

一　第52条第１項の規定により登録を取り消され、その処分のあつた日から２年を経過しない者

二　屋外広告業者（第39条第１項又は第３項の登録を受けて屋外広告業を営む者をいう。以下同じ。）で法人であるものが第52条第１項の規定により登録を取

り消された場合において、その処分のあつた日前30日以内にその屋外広告業者の役員であつた者でその処分のあつた日から2年を経過しないもの

三　第52条第1項の規定により営業の停止を命ぜられ、その停止の期間が経過しない者

四　この条例又はこの条例に基づく処分に違反して罰金の刑に処せられ、その執行を終わり、又は執行を受けることがなくなつた日から2年を経過しない者

五　屋外広告業に関し成年者と同一の行為能力を有しない未成年者でその法定代理人が前各号又は次号のいずれかに該当するもの

六　法人でその役員のうちに第一号から第四号までのいずれかに該当する者があるもの

七　第40条第1項第二号の営業所ごとに業務主任者を置いていない者

2　知事は、前項の規定により登録を拒否したときは、遅滞なく、その理由を示して、その旨を申請者に通知しなければならない。

（平17条例41・追加、平23条例85・一部改正）

（登録事項の変更の届出）

第43条　屋外広告業者は、第40条第1項各号に掲げる事項に変更があつたときは、規則で定めるところにより、その日から30日以内に、その旨を知事に届け出なければならない。

2　知事は、前項の規定による届出を受理した場合は、当該届出に係る事項が前条第1項第五号から第七号までのいずれかに該当するときを除き、届出があつた事項を屋外広告業者登録簿に登録しなければならない。

3　第40条第2項の規定は、第1項の規定による届出について準用する。

（昭51条例40・追加、昭61条例18・平8条例38・一部改正、平17条例41・旧第14条の2第2項繰下・全改）

（屋外広告業者登録簿の閲覧）

第44条　知事は、屋外広告業者登録簿を一般の閲覧に供しなければならない。

（平17条例41・追加）

（廃業等の届出）

第45条　屋外広告業者が次の各号のいずれかに該当することとなつた場合においては、当該各号に定める者は、その日（第一号の場合にあつては、その事実を知つた日）から30日以内に、その旨を知事に届け出なければならない。

一　死亡した場合　その相続人

二　法人が合併により消滅した場合　その法人を代表する役員であつた者

三　法人が破産手続開始の決定により解散した場合　その破産管財人

四　法人が合併及び破産手続開始の決定以外の理由により解散した場合　その清算人

　五　東京都の区域内において屋外広告業を廃止した場合　屋外広告業者であつた
　　個人又は屋外広告業者であつた法人を代表する役員
2　屋外広告業者が前項各号のいずれかに該当するに至つたときは、当該屋外広告
　業者の登録は、その効力を失う。

　　　　（平17条例41・追加）

（登録の抹消）

第46条　知事は、屋外広告業者の登録がその効力を失つたとき、又は第52条第1項
　の規定により屋外広告業者の登録を取り消したときは、屋外広告業者登録簿から
　当該屋外広告業者の登録を抹消しなければならない。

　　　　（平17条例41・追加）

（講習会）

第47条　知事は、規則で定めるところにより、広告物等の表示及び設置に関し必要
　な知識を修得させることを目的とする講習会（以下「講習会」という。）を開催
　しなければならない。

2　知事は、規則で定めるところにより、講習会の運営に関する事務を他の者に委
　託することができる。

3　講習会を受けようとする者は、4,900円の講習手数料を納付しなければならな
　い。

4　前3項に定めるほか、講習会に関し必要な事項は、規則で定める。

　　　　（昭51条例40・追加、昭53条例98・昭57条例19・平4条例35・一部改正、平17条例41・旧第14
　　　　条の3繰下・一部改正）

（業務主任者の設置）

第48条　屋外広告業者は、第40条第1項第二号の営業所ごとに、次に掲げる者のう
　ちから業務主任者を置き、次項に定める業務を行わせなければならない。

　一　法第10条第2項第三号イに規定する登録試験機関が広告物等の表示及び設置
　　に関し必要な知識について実施する試験に合格した者

　二　前条第1項の講習会の課程を修了した者

　三　他の道府県又は地方自治法（昭和22年法律第67号）第252条の19第1項の指
　　定都市若しくは同法第252条の22第1項の中核市の行う講習会の課程を修了し
　　た者

　四　職業能力開発促進法（昭和44年法律第64号）に基づく職業訓練指導員免許所
　　持者、技能検定合格者又は職業訓練修了者であつて広告美術仕上げの職種に係
　　るもの

　五　知事が、規則で定めるところにより、前各号に掲げる者と同等以上の知識を
　　有するものと認定した者

2　業務主任者は、次に掲げる業務を総括するものとする。

一　この条例その他広告物等の表示及び設置に関する法令の規定の遵守に関すること。

二　広告物等の表示又は設置に関する工事の適正な施工その他広告物等の表示又は設置に係る安全の確保に関すること。

三　第50条の帳簿に記載する事項のうち、規則で定めるものの記載に関すること。

四　前3号に掲げるもののほか、業務の適正な実施の確保に関すること。

（昭51条例40・追加、平17条例41・旧第14条の4繰下・全改）

（標識の掲示）

第49条　屋外広告業者は、規則で定めるところにより、第40条第1項第二号の営業所ごとに、公衆の見やすい場所に、商号、氏名又は名称、登録番号その他規則で定める事項を記載した標識を掲げなければならない。

（平17条例41・追加）

（帳簿の備付け等）

第50条　屋外広告業者は、規則で定めるところにより、第40条第1項第二号の営業所ごとに帳簿を備え、その営業に関する事項で規則で定めるものを記載し、これを保存しなければならない。

（平17条例41・追加）

（屋外広告業を営む者に対する指導、助言及び勧告）

第51条　知事は、東京都の区域内で屋外広告業を営む者に対し、良好な景観を形成し、若しくは風致を維持し、又は公衆に対する危害を防止するために必要な指導、助言及び勧告を行うことができる。

（昭51条例40・追加、平17条例41・旧第14条の5繰下・一部改正）

（登録の取消し又は営業の停止）

第52条　知事は、屋外広告業者が次の各号のいずれかに該当するときは、その登録を取り消し、又は6月以内の期間を定めてその営業の全部若しくは一部の停止を命ずることができる。

一　不正の手段により屋外広告業の登録を受けたとき。

二　第42条第1項第二号又は第四号から第七号までのいずれかに該当することとなつたとき。

三　第43条第1項の規定による届出をせず、又は虚偽の届出をしたとき。

四　この条例又はこの条例に基づく処分に違反したとき。

2　第42条第2項の規定は、前項の規定による処分をした場合に準用する。

（平17条例41・追加）

（監督処分簿の備付け等）

第53条　知事は、規則で定める屋外広告業者監督処分簿を備え、これを規則で定め

る閲覧所において一般の閲覧に供しなければならない。

2　知事は、前条第1項の規定による処分をしたときは、前項の屋外広告業者監督処分簿に、当該処分の年月日、内容その他規則で定める事項を登載しなければならない。

　　　（平17条例41・追加）

（報告及び検査）

第54条　知事は、東京都の区域内で屋外広告業を営む者に対して、良好な景観を形成し、若しくは風致を維持し、又は公衆に対する危害を防止するために必要があると認めるときは、その営業につき、必要な報告をさせ、又はその職員をして営業所その他営業に関係のある場所に立ち入り、帳簿、書類その他の物件を検査し、若しくは関係者に質問させることができる。

2　前項の規定により立入検査をする職員は、その身分を示す証明書を携帯し、関係者の請求があつたときは、これを提示しなければならない。

3　第1項の規定による立入検査又は質問の権限は、犯罪捜査のために認められたものと解釈してはならない。

　　　（平17条例41・追加）

（登録申請手数料）

第55条　第39条第1項の規定により登録を受けようとする者は申請の際10,000円の登録手数料を、同条第3項の規定により更新の登録を受けようとする者は申請の際5,000円の更新の登録手数料を、それぞれ納付しなければならない。

2　既納の手数料は、還付しない。ただし、知事が特別の事由があると認めるときは、この限りでない。

　　　（平17条例41・追加）

　　　第六章　東京都広告物審議会

（審議会の設置）

第56条　広告物の規制の適正を図るため、知事の附属機関として東京都広告物審議会（以下「審議会」という。）を置く。

　　　（昭61条例116・一部改正、平17条例41・旧第8条繰下・一部改正）

（所掌事務）

第57条　審議会は、この条例によりその権限に属させられた事項を調査審議するとともに、知事の諮問に応じ、広告物に関する重要な事項を調査審議して答申する。

2　知事は、次に掲げる場合には、審議会の意見を聴かなければならない。

　一　第6条第一号ただし書、第二号、第四号、第五号、第十一号若しくは第十二号、第7条第1項第八号、第8条第二号若しくは第四号、第11条第1項、第12条第2項又は第12条の2第4項の規定により区域を指定し、地域を定め、又は

　　物件を指定しようとするとき。

　二　第９条、第11条第３項、第21条又は第22条の規定により規格を設け、又は基
　　準を定めようとするとき。

（昭32条例65・昭51条例40・昭61条例116・平12条例108・一部改正、平15条例107・一部改正、

平17条例41・旧第９条繰下・一部改正、平18条例137・一部改正、令２条例26・一部改正）

（組織）

第58条　審議会は、次に掲げる者につき知事が任命し、又は委嘱する委員23人以内
をもつて組織する。

　一　学識経験を有する者　　　11人以内
　二　広告主の代表　　　　　　２人以内
　三　広告業者の代表　　　　　３人以内
　四　関係行政機関の職員　　　３人以内
　五　東京都職員　　　　　　　４人以内

（昭51条例40・昭61条例116・一部改正、平17条例41・旧第９条の２繰下・一部改正）

（委員の任期）

第59条　前条第一号から第三号までの委員の任期は、２年とし、補欠委員の任期
は、前任者の残任期間とする。ただし、再任を妨げない。

（昭61条例116・一部改正、平17条例41・旧第９条の３繰下）

（会長の選任及び権限）

第60条　審議会に会長を置き、第58条第一号の委員のうちから、委員の選挙によつ
てこれを定める。

２　会長は、審議会を代表し、会務を総理する。

３　会長に事故があるときは、あらかじめ会長の指名する委員がその職務を代理す
る。

（昭35条例73・昭51条例40・一部改正、平17条例41・旧第９条の４繰下・一部改正）

（招集）

第61条　審議会は、知事が招集する。

（平17条例41・追加）

（専門委員）

第62条　専門の事項を調査するため必要があるときは、審議会に専門委員を置くこ
とができる。

２　専門委員は、学識経験を有する者のうちから、知事が委嘱する。

（平17条例41・追加）

（定足数及び表決数）

第63条　審議会は、委員の半数以上の出席がなければ会議を開くことができない。

２　審議会の議事は、出席委員の過半数で決し、可否同数のときは、会長の決する

ところによる。

3　審議会の運営その他必要な事項は、規則で定める。

（昭61条例116・第3項追加・一部改正、平17条例41・旧第9条の7繰下・一部改正）

（小委員会）

第64条　第12条の2第4項の規定による活用地区の指定に関する事項又は第30条第
　1項の規定による広告物等の許可に関する事項を調査審議するため必要があると
　きは、審議会に小委員会を置くことができる。

2　小委員会は、第58条第一号の委員のうちから会長が指名する委員5人をもつて
　組織する。

3　審議会は、小委員会の議決をもつて審議会の議決とすることができる。

（昭61条例116・追加、平17条例41・旧第9条の8繰下・一部改正、令2条例26・一部改正）

第七章　雑則

（報告等の徴取）

第65条　知事は、この条例の施行に必要な限度において、広告物の表示者等から報
　告又は資料の提出を求めることができる。

（昭61条例116・追加、平17条例41・旧第14条の6繰下）

（立入検査等）

第66条　知事は、この条例の施行に必要な限度において、その職員に、広告物等の
　存する土地又は建築物に立ち入り、広告物等を検査し、又は広告物の表示者等に
　対する質問を行わせることができる。

2　前項の規定による立入検査又は質問をする職員は、その身分を示す証明書を携
　帯し、関係人に提示しなければならない。

3　第1項の規定による立入検査又は質問の権限は、犯罪捜査のために認められた
　ものと解釈してはならない。

（昭61条例116・追加、平17条例41・旧第14条の7繰下）

（適用除外）

第66条の2　この条例の規定は、八王子市の区域における屋外広告物及び屋外広告
　業については、適用しない。

（平27条例33・追加）

（委任）

第67条　この条例に規定するもののほか、この条例の施行について必要な事項は、
　規則で定める。

（昭61条例116・一部改正、平17条例41・旧第17条繰下）

第八章　罰則

（罰金）

第68条　次の各号の一に該当する者は、300,000円以下の罰金に処する。

158

一　第6条又は第7条第1項の規定に違反した者（第6条各号に掲げる地域若しくは場所又は第7条第1項各号に掲げる物件にはり紙、はり札等、広告旗又は立看板等を表示し、又は設置した者を除く。）

二　第8条の許可を受けないで、広告物等を表示し、又は設置した者

三　第19条第2項の規定に違反した者

四　第27条第1項の許可を受けないで、表示の内容に変更を加え、又は広告物等を改造し、若しくは移転した者

五　第31条又は第32条第1項の規定による命令に違反した者

六　第39条第1項又は第3項の登録を受けないで屋外広告業を営んだ者

七　不正の手段により第39条第1項又は第3項の登録を受けた者

八　第52条第1項の規定による営業の停止の命令に違反した者

（昭51条例40・昭61条例116・平4条例35・一部改正、平17条例41・旧第15条繰下・第7項及び第8項追加・一部改正）

第69条　次の各号の一に該当する者は、200,000円以下の罰金に処する。

一　第43条第1項の規定による届出をしなかつた者

二　第43条第1項の規定による届出について虚偽の届出をした者

三　第48条第1項の規定に違反した者

四　第54条第1項の規定による報告をせず、若しくは虚偽の報告をし、又は同項の規定による検査を拒み、妨げ、若しくは忌避し、若しくは質問に対して答弁をせず、若しくは虚偽の答弁をした者

五　第65条の規定による報告又は資料の提出を求められて、報告若しくは資料の提出をせず、又は虚偽の報告若しくは資料の提出をした者

六　第66条第1項の規定による検査を拒み、妨げ、若しくは忌避し、又は質問に対して答弁をせず、若しくは虚偽の答弁をした者

（昭51条例40・追加、昭61条例116・一部追加、平4条例35・一部改正、平17条例41・旧第15条の2繰下・一部追加・一部改正）

（両罰規定）

第70条　法人の代表者又は法人若しくは人の代理人、使用人その他の従業者が、その法人又は人の業務に関して前2条の違反行為をしたときは、行為者を罰するほか、その法人又は人に対しても各本条の刑を科する。

（昭51条例40・一部改正、平17条例41・旧第16条繰下・一部改正）

（過料）

第71条　次の各号の一に該当する者は、50,000円以下の過料に処する。

一　第6条第十号に掲げる地域及び当該地域に設置された物件にはり紙、はり札等、広告旗又は立看板等を表示し、又は設置した広告物の表示者等

二　第45条第1項の規定による届出を怠つた者

三　第49条の標識を掲げない者

四　第50条の規定に違反して、帳簿を備えず、帳簿に記載せず、若しくは虚偽の記載をし、又は帳簿を保存しなかつた者

（平17条例41・追加）

　　附　則

1　この条例は、屋外広告物法施行の日から施行する。

2　この条例施行の際、従前の規則によつて許可を受けてあるものについては、その許可期間を限り、この条例の規定により許可を受けたものとみなす。

3　この条例施行の際、従前の規則により許可を受け現に存する広告物又はこれを掲出する物件で、この条例により新にその表示又は掲出を禁止されるものについては、この条例施行の日から一カ年以内を限り、存続することができる。

4　この条例施行前にした広告物取締規則に違反する行為に対する罰則の適用に関しては、なお従前の例による。

　　附　則〔昭和28年3月31日条例第65号〕

1　この条例は、公布の日から施行する。ただし、第1条第1項第一号の改正規定は、昭和28年4月1日から適用する。

2　この条例施行の際広告物審議会規程（昭和24年11月東京都告示第1087号）により、審議会の委員である者は引続き、この条例の規定により委員の職にあるものとし、その任期は、任命又は委嘱の日から起算する。

　　附　則〔昭和32年10月22日条例第65号〕

1　この条例は、公布の日から施行する。

2　この条例施行の際、改正前の条例の規定による許可は、この条例の規定に基き許可されたものとみなす。

3　この条例施行の際、この条例の規定により新たに許可を必要とする区域として規定された区域内に、現に表示され又は存置されている広告物については、この条例施行の日から60日間に限り、表示しまたは存置しておくことができる。

4　この条例施行の際、この条例の規定により新たに禁止された地域内または物件に、現に表示され又は存置されている広告物については、この条例施行の日から60日間に限り、表示しまたは存置しておくことができる。ただし、従前の条例の規定により許可を受けた広告物を除く。

5　この条例施行の際、改正前の条例第6条の規定により表示され又は存置されている広告物については、この条例施行の日から60日間に限り、表示しまたは存置しておくことができる。ただし、従前の条例の規定により許可を受けた広告物を除く。

　　附　則〔昭和33年4月1日条例第19号〕

この条例は、公布の日から施行し、昭和33年2月1日から適用する。

　　　附　則〔昭和34年7月14日条例第46号〕

　この条例は、公布の日から施行し、昭和34年4月1日から適用する。

　　　附　則〔昭和35年10月4日条例第73号〕

　この条例は、公布の日から施行し、昭和35年7月2日から適用する。

　　　附　則〔昭和37年3月31日条例第30号〕

1　この条例は、昭和37年4月1日から施行する。

2　この条例施行の際、現に屋外広告物許可申請書を受理しているものに係る屋外
　広告物の表示及び掲出の許可手数料については、なお従前の例による。

　　　附　則〔昭和44年6月14日条例第87号〕

1　この条例は、公布の日から施行する。

2　この条例による改正後の屋外広告物条例第2条第1項の規定は、都市計画法の
　施行の日から適用する。

　　　附　則〔昭和45年6月25日条例第65号〕

　この条例は、昭和45年7月1日から施行する。

　　　附　則〔昭和45年10月1日条例第122号〕

　この条例は、昭和45年11月3日から施行する。

　　　附　則〔昭和46年3月17日条例第15号〕

（施行期日）

1　この条例は、公布の日から施行する。

（経過措置）

2　この条例の施行の際、現に建築基準法の一部を改正する法律（昭和45年法律第
　109号。以下「改正法」という。）附則第13項の規定による改正前の都市計画法
　（昭和43年法律第100号）第2章の規定による都市計画において定められている
　住居専用地区に関しては、この条例による改正前の屋外広告物条例の規定は、改
　正法附則第17項に規定する日までの間は、なおその効力を有する。

3　この条例の施行の際、この条例による改正後の東京都屋外広告物条例（以下
　「改正後の条例」という。）第1条第1項第一号の規定により新たに許可を必要
　とする区域として規定された区域（改正後の条例第1条第1項第三号に規定する
　区域を除く。）内に、現に表示し、又は設置されている広告物又はこれを掲出す
　る物件については、この条例の施行の日から起算して60日以内に、改正後の条例
　第1条第1項の規定による許可を受けなければならない。この場合において、当
　該許可の申請は、この条例の施行の日から起算して50日以内にしなければならな
　い。

　　　附　則〔昭和46年10月30日条例第125号〕

　この条例は、昭和46年11月1日から施行する。

　　　附　則〔昭和46年12月27日条例第149号〕

この条例は、公布の日から施行し、昭和46年12月１日から適用する。

　　附　則〔昭和47年３月31日条例第22号〕

この条例は、昭和47年４月１日から施行する。

　　附　則〔昭和51年３月31日条例第25号抄〕

（施行期日）

1　この条例は、昭和51年７月１日から施行する。

　　附　則〔昭和51年３月31日条例第40号〕

（施行期日）

1　この条例は、昭和51年４月１日から施行する。ただし、第４条の次に１条を加える改正規定、第14条の次に４条を加える改正規定中第14条の２に係る部分、第15条に三号を加える改正規定及び第15条の次に１条を加える改正規定は昭和51年７月１日から、第14条の次に４条を加える改正規定中第14条の４に係る部分及び第15条第二号の改正規定は昭和53年４月１日から施行する。

（経過措置）

2　第14条の次に４条を加える改正規定中第14条の２に係る部分の施行の際、現に屋外広告業を営んでいる者については、昭和51年７月31日までの間は、この条例による改正後の東京都屋外広告物条例（以下「改正後の条例」という。）第14条の２第１項の届出をしないで引き続き屋外広告業を営むことができる。

3　この条例の施行の際、現にこの条例による改正前の東京都屋外広告物条例第９条の４第１項の規定に基づき会長の職にある者は、改正後の条例第９条の４第１項の規定に基づき会長が選任されるまでの間、なおその職務を行うものとする。

　　附　則〔昭和53年12月25日条例第98号〕

この条例は、昭和54年２月１日から施行する。

　　附　則〔昭和57年３月30日条例第19号〕

この条例は、昭和57年４月１日から施行する。

　　附　則〔昭和61年３月31日条例第18号〕

この条例は、昭和61年４月１日から施行する。ただし、第14条の２第１項の改正規定は、公布の日から施行する。

　　附　則〔昭和61年10月６日条例第116号〕

1　この条例は、昭和62年４月１日から施行する。

2　この条例の施行の日（以下「施行日」という。）前に、この条例による改正前の東京都屋外広告物条例（以下「改正前の条例」という。）の規定によりなされた許可は、その許可期間に限り、この条例による改正後の東京都屋外広告物条例（以下「改正後の条例」という。）の相当規定によりなされた許可とみなす。

3　この条例の施行の際、改正後の条例の規定により新たに広告物又はこれを掲出する物件（以下「広告物等」という。）を表示し、又は設置することが禁止され

162

た区域又は物件に、改正前の条例の規定により許可を受けて現に表示し、又は設置されている広告物等で、その許可期間の経過後も継続して表示し、又は設置しようとするものについては、施行日から起算して3年間は、なお従前の例による。

4　この条例の施行の際、改正後の条例の規定により新たに許可を受けなければ広告物等を表示し、又は設置することができない区域として定められた区域内に、現に表示し、又は設置されている広告物等で、改正後の条例の規定により許可を受けなければならないものについては、施行日から起算して60日以内に改正後の条例の規定による許可を受けなければならない。この場合において、当該許可の申請は、施行日から起算して50日以内にしなければならない。

5　この条例の施行の際、現に改正前の条例の規定により許可を受けて表示し、又は設置されている広告物等で、その規格が改正後の条例第6条又は第6条の2の規定に適合しないものについて、その許可期間の経過後も継続して表示し、又は設置しようとするときは、当該広告物等の規格については、なお従前の例による。

　　　附　則〔平成4年3月31日条例第35号〕

1　この条例は、平成4年4月1日から施行する。ただし、第15条及び第15条の2の改正規定並びに次項の規定は、同年5月1日から施行する。

2　この条例の施行前にした行為に対する罰則の適用については、なお従前の例による。

　　　附　則〔平成8年3月29日条例第38号〕

1　この条例は、公布の日から施行する。ただし、第13条の2を第13条の3とし、第13条の次に1条を加える改正規定は、平成8年8月1日から施行する。

2　この条例による改正後の東京都屋外広告物条例第2条第1項第一号及び第6条第2項の規定は、平成5年6月25日から起算して3年を経過する日（その日前に都市計画法及び建築基準法の一部を改正する法律（平成4年法律第82号。以下「改正法」という。）第1条の規定による改正後の都市計画法（昭和43年法律第100号）第2章の規定により、改正法第1条の規定による改正前の都市計画法第2章の規定により定められている都市計画区域について用途地域に関する都市計画が決定されたときは、当該都市計画の決定に係る都市計画法第20条第1項の規定による告示があった日）までの間は、適用せず、この条例による改正前の東京都屋外広告物条例（以下「改正前の条例」という。）第2条第1項第一号及び第6条第2項の規定は、なおその効力を有する。この場合において、改正前の条例第6条第2項の規定の適用については、同項中「自家用広告物を除く」とあるのは、「自家用広告物及び塀又は工事現場の板塀若しくはこれに類する仮囲いに表示する広告物を除く」と読み替えるものとする。

　　　附　則〔平成12年3月31日条例第108号〕

この条例は、平成12年4月1日から施行する。ただし、第4条の改正規定は、同

年5月1日から施行する。

　　附　則〔平成15年3月14日条例第34号〕

　この条例は、平成15年4月1日から施行する。ただし、第2条第1項第八号及び第2条の2第三号の改正規定は、自然公園法の一部を改正する法律（平成14年法律第29号）の施行の日から施行する。

　　附　則〔平成15年7月16日条例第107号〕

　この条例は、平成15年10月1日から施行する。

　　附　則〔平成17年3月31日条例第41号〕

1　この条例は、平成17年10月1日から施行する。ただし、第2条第1項第一号の改正規定は公布の日から、同項第四号の改正規定は同年4月1日から施行する。

2　この条例の施行の際、現にこの条例による改正前の東京都屋外広告物条例（以下「改正前の条例」という。）第14条の2の規定による届出をして屋外広告業を営んでいる者については、この条例の施行の日から1年間（当該期間内にこの条例による改正後の東京都屋外広告物条例（以下「改正後の条例」という。）第42条第1項の規定による登録の拒否の処分があったときは、当該処分があった日までの間）は、改正後の条例第39条第1項の規定による登録を受けずに、引き続き屋外広告業を営むことができる。その者が当該期間内に改正後の条例第40条第1項の規定による登録の申請をした場合において、当該期間を経過したときは、その申請について登録又は登録の拒否の処分があるまでの間も同様とする。

3　この条例の施行の際、現に改正前の条例第14条の4第1項に規定する講習会修了者等である者については、改正後の条例第48条第1項第二号に規定する者とみなす。

4　前2項に規定するもののほか、この条例の施行前になされた改正前の条例の規定に基づく申請、届出、許可その他の行為は、改正後の条例の各相当規定によりなされたものとみなす。

5　この条例の施行前にした行為に対する罰則の適用については、なお従前の例による。

　　附　則〔平成18年10月12日条例第137号〕

　この条例は、平成19年4月1日から施行する。

　　附　則〔平成21年3月31日条例第29号〕

　この条例は、公布の日から施行する。

　　附　則〔平成23年12月22日条例第85号〕

　この条例は、公布の日から施行する。ただし、第42条の改正規定は、民法等の一部を改正する法律（平成23年法律第61号）の施行の日〔平成24年4月1日〕から施行する。

　　附　則〔平成27年3月31日条例第33号〕

1　この条例は、平成27年4月1日から施行する。

2　この条例の施行前にした行為に対する罰則の適用については、なお従前の例による。

　　　附　則〔平成29年12月22日条例第80号〕

この条例は、平成30年4月1日から施行する。

　　　附　則〔令和2年3月31日条例第26号〕

1　この条例は、令和2年7月1日から施行する。

2　この条例の施行の際、現にこの条例による改正前の東京都屋外広告物条例（以下、「改正前の条例」という。）の規定により許可を受けて表示されている広告物で、その規格がこの条例による改正後の東京都屋外広告物条例21条の規定に適合しないものの規格については、その許可期間に限り、なお従前の例による。

3　この条例の施行の際、現に改正前の条例の規定によりなされている広告物の許可の申請に係る手数料については、なお従前の例による。

別表（第29条関係）（昭37条例30・全改、昭47条例22・昭51条例40・昭53条例98・昭57条例19・昭61条
　　例18・昭61条例116・平 4 条例35・平12条例108・平15条例34・平17条例41・一部改正、令 2 条例26・
　　一部改正）

広　告　物　の　種　類	単　　　位	額
広　　　告　　　塔	面積 5 ㎡までごとにつき	3,220円
広　　　告　　　板	同　上	3,220円
プロジェクションマッピング	同　上	3,220円（ただし、面積 1,000㎡を超えるものにあつては、644,000円）
小　型　広　告　板	一枚につき	400円
は り 紙 ・ は り 札 等	50枚までごとにつき	2,250円
広　　　告　　　旗	一本につき	450円
立　看　板　等	一枚につき	450円
電柱又は街路灯柱の利用広告	同　上	310円
標　識　利　用　広　告	同　上	210円
宣　　　伝　　　車	一台につき	4,950円
バス又は電車の車体利用広告で長方形の枠を利用する方式によるもの	一枚につき	610円
前記以外の車体利用広告	一台につき	1,950円
ア　ド　バ　ル　ー　ン	一個につき	2,850円
広　　　告　　　幕	一張につき	990円
ア　ー　チ	一基につき	10,630円
装　飾　街　路　灯	同　上	5,010円
店　頭　装　飾	同　上	19,800円

○東京都屋外広告物条例施行規則

$$\begin{pmatrix} 昭和32年10月22日 \\ 規 則 第 123 号 \end{pmatrix}$$

改正　昭和35年 7 月12日規則第 95号　　平成12年 3 月31日規則第107号
　　　昭和38年 4 月13日規則第 59号　　平成13年 8 月10日規則第225号
　　　昭和39年10月31日規則第275号　　平成13年10月18日規則第249号
　　　昭和40年 3 月26日規則第 34号　　平成14年 3 月29日規則第 43号
　　　昭和41年 6 月14日規則第117号　　平成15年 3 月25日規則第 79号
　　　昭和42年 6 月 6 日規則第 96号　　平成15年 9 月24日規則第220号
　　　昭和44年 6 月14日規則第109号　　平成17年 7 月28日規則第153号
　　　昭和45年 4 月 1 日規則第 64号　　平成19年 3 月29日規則第 44号
　　　昭和46年 3 月26日規則第 51号　　平成20年 3 月31日規則第 69号
　　　昭和46年12月 1 日規則第257号　　平成20年12月19日規則第267号
　　　昭和47年 4 月 1 日規則第103号　　平成21年 3 月27日規則第 16号
　　　昭和47年 5 月19日規則第136号　　平成22年 3 月29日規則第 31号
　　　昭和47年 9 月21日規則第233号　　平成23年 3 月31日規則第 72号
　　　昭和48年 8 月 6 日規則第151号　　平成23年12月22日規則第130号
　　　昭和48年11月20日規則第204号　　平成24年 3 月30日規則第 67号
　　　昭和51年 3 月31日規則第 60号　　平成25年 5 月31日規則第104号
　　　昭和52年 3 月23日規則第 17号　　平成27年 3 月31日規則第 54号
　　　昭和55年 5 月30日規則第 87号　　平成28年 2 月10日規則第 13号
　　　昭和57年 3 月31日規則第 60号　　平成29年12月22日規則第122号
　　　昭和61年 3 月31日規則第 25号　　令和元年 6 月28日規則第 27号
　　　昭和62年 2 月13日規則第 9号　　令和 2 年 3 月31日規則第 44号
　　　平成 7 年 3 月17日規則第 66号　　令和 3 年 3 月26日規則第 50号
　　　平成 8 年 3 月29日規則第128号　　令和 5 年 2 月10日規則第 5号

〔屋外広告物条例施行規則〕を公布する。

　　東京都屋外広告物条例施行規則　　（昭46規則51・改称）

　屋外広告物条例施行規則（昭和24年 9 月東京都規則第174号）の全部を改正する。

（許可の申請等）

第 1 条　東京都屋外広告物条例（昭和24年東京都条例第100号。以下「条例」とい
う。）第 8 条、第15条、第16条、第27条第 1 項若しくは第 2 項又は第30条第 1 項
の規定による許可を受けようとする者は、別記第 1 号様式による屋外広告物許可
申請書を知事に提出しなければならない。

2　前項の申請書には、次に掲げる図書を添付しなければならない。ただし、条例
第27条第 2 項の規定による場合は、第三号に掲げる図書を省略することができ
る。

　一　屋外広告物（以下「広告物」という。）を表示し、又は広告物を掲出する物
件（以下「掲出物件」という。）を設置する場所の状況を知り得る図面及び近
隣の状況を知り得る図面又はカラー写真（申請前 3 月以内に撮影したものに限
る。以下同じ。）

　二　国、地方公共団体又は他人が管理し、又は所有する土地、建築物（建築基準
法（昭和25年法律第201号）第 2 条第一号に規定する建築物をいう。以下同

じ。）、工作物等に広告物又は掲出物件（以下「広告物等」という。）を表示し、又は設置する場合においては、その表示又は設置についての許可又は承諾を証明する書面

三　形状、寸法、材料、構造、意匠等に関する仕様書及び図面

3　前項に規定するもののほか、条例第22条に規定する広告物等に係る申請にあつては建築物の壁面の状況を知り得る図面（現に当該建築物の壁面又は屋上に表示され、又は設置されている広告物等（以下この項において「現表示広告物等」という。）がある場合においては、その位置、表示面積等を明示した図面）及び現表示広告物等のカラー写真を、条例第27条第1項又は第2項の規定による許可を受ける場合（現に許可を受けている広告物等が広告塔、広告板、アーチ及び装飾街路灯である場合に限る。）にあつては別記第2号様式による屋外広告物自己点検報告書を添付しなければならない。

4　条例第6条第四号又は第五号に掲げる地域に表示し、又は設置する条例第15条第一号に掲げる広告物等及び条例第8条第四号に掲げる地域に表示し、又は設置する条例第13条第五号に掲げる広告物等に係る申請について知事が必要と認める場合には、日本産業規格Z8721に定める色相、明度及び彩度の3属性の値（以下「マンセル値」という。）を表示した図面の提出を求めることができる。

5　条例第15条第四号から第六号までに掲げる広告物等（車体利用広告で長方形の枠を利用する方式によるもの及び電車又は自動車の所有者又は管理者が自己の事業又は営業の内容を表示するものを除く。）に係る申請について知事が必要と認める場合には、別記第3号様式による屋外広告物等に係る意匠等作成経過報告書の提出を求めることができる。

6　前項の規定に基づき屋外広告物等に係る意匠等作成経過報告書の提出を求める場合において、知事が、同項の申請に係る広告物等の意匠等について、知事が別に定める委員会等にあらかじめ意見を聴くことを求めることができる。

（昭46規則51・昭51規則60・一部改正、昭62規則9・旧第11条繰上・第4項・一部追加・一部改正、平8規則128・平12規則107・平13規則249・平14規則43・平15規則220・平17規則153・一部改正、平19規則44・第4項追加・旧第4項繰下、平23規則72・第6項追加・一部改正、令元規則27・一部改正）

（屋外広告物管理者）

第2条　条例第25条の規則で定める屋外広告物管理者は、次の各号のいずれかに該当する者とする。

一　建築士法（昭和25年法律第202号）第2条第1項に規定する建築士

二　電気工事士法（昭和35年法律第139号）第2条第4項に規定する電気工事士又は同法第4条の2に規定するネオン工事に係る特種電気工事資格者認定証の交付を受けている者

三　電気事業法（昭和39年法律第170号）第44条第1項に規定する第1種電気主任技術者免状、第2種電気主任技術者免状又は第3種電気主任技術者免状の交付を受けている者

四　屋外広告物法（昭和24年法律第189号。以下「法」という。）第10条第2項第三号イに規定する登録試験機関が広告物等の表示及び設置に関し必要な知識について実施する試験に合格した者

（平8規則128・全改、平13規則225・平17規則153・一部改正）

第3条　条例第25条の規則で定める広告物等は、次に掲げるものとする。

一　広告塔（高さが4mを超えるもの又は表示面積が10㎡を超えるものに限る。）

二　広告板（高さが4mを超えるもの又は表示面積が10㎡を超えるものに限る。）

三　アーチ

四　装飾街路灯

（平8規則128・追加、平17規則153・旧第2条の2繰下・一部改正）

（許可書の交付）

第4条　知事は、広告物等の表示又は設置の許可（以下「広告物等の許可」という。）をしたときは、別記第4号様式による屋外広告物許可書を申請者に交付するものとする。

（昭51規則60・昭62規則9・一部改正、平17規則153・旧第3条繰下・一部改正）

（屋外広告物管理者の設置等の届出）

第5条　広告物等の許可を受けた者は、次の各号に掲げる場合においては、直ちに、当該各号に定める届け書を知事に提出しなければならない。

一　条例第25条の規定により屋外広告物管理者を設置した場合　別記第5号様式による屋外広告物管理者設置届。ただし、広告物等の許可を受けようとする者が別記第1号様式による屋外広告物許可申請書を提出する際に、当該申請書の屋外広告物管理者の欄に所定の事項を記載した場合にあつては、省略することができる。

二　許可を受けた者の住所又は氏名（法人にあつては、名称及び代表者の氏名。次号において同じ。）を変更した場合　別記第6号様式による屋外広告物広告主等変更届

三　屋外広告物管理者又はその住所、氏名若しくは電話番号を変更した場合　別記第7号様式による屋外広告物管理者変更届

四　広告物等を許可期間内に除却した場合　別記第8号様式による屋外広告物除却届

2　屋外広告物管理者設置届（前項第一号ただし書に該当する場合は、屋外広告物許可申請書）及び屋外広告物管理者変更届（屋外広告物管理者の住所、氏名又は電話番号を変更した場合を除く。）には、第2条各号のいずれかに該当すること

を証する書面を添付しなければならない。

（昭51規則60・一部改正、昭62規則9・一部追加・一部改正、平8規則128・第2項追加・一部

改正、平17規則153・旧第4条繰下・一部改正、平20規則267・一部改正）

（取付け完了の届出）

第6条　広告塔、広告板、アーチ又は装飾街路灯について広告物等の許可を受けた
　者は、その取付けを完了したときは、直ちに、別記第9号様式による屋外広告物
　取付け完了届に当該広告物等のカラー写真を添えて、これを知事に提出しなけれ
　ばならない。

（昭46規則51・全改、昭51規則60・昭62規則9・一部改正、平17規則153・旧第5条繰下・一

部改正）

（住所等の表示）

第7条　広告物等の許可を受けた者は、当該広告物等又は当該広告物等を表示し、
　若しくは設置する土地、建築物、工作物等の見やすい箇所に、別記第9号様式の
　2による標識票をはり付けなければならない。

（昭51規則60・昭62規則9・一部改正、平17規則153・旧第6条繰下・一部改正、平20規則267・

一部改正）

（許可の期間等）

第8条　知事は、広告物等の許可をする場合においては、別表第1の上欄に掲げる
　広告物の種類の区分に応じて同表の下欄に定める期間の範囲内で許可期間を定め
　るとともに、次に掲げる条件を付するものとする。

　一　広告物の裏面及び側面又は掲出物件は、ペイント塗装その他の方法により美
　　観を保持すること。

　二　蛍光塗料（蛍光フイルムを含む。）を使用しないこと。

　三　破損、腐食等により公衆に対し危害を与えるおそれが生じたときは、直ちに
　　補強すること。

　四　汚染し、変色し、又ははく離したときは、直ちに補修し、常に美観を保持す
　　ること。

　五　許可期間が満了したときは、直ちに除却すること。

　六　許可を取り消されたときは、直ちに除却すること。

　七　前各号に掲げるもののほか、特に知事が良好な景観の形成、危害の予防等に
　　ついて必要と認めた事項

（昭46規則51・昭47規則103・昭51規則60・昭62規則9・一部改正、平17規則153・旧第7条繰

下・一部改正）

（新たに定められた地域地区に関する特例）

第9条　都市計画法（昭和43年法律第100号。）第15条第1項の規定により、同法第
　8条第1項に規定する地域地区が定められた際（同法第21条第1項の規定により

地域地区が変更された場合を含む。）、当該地域地区内に現に適法に表示され、又は設置されている広告物等については、なお、従前の例による。

（昭48規則204・追加、昭62規則9・一部改正、平17規則153・旧第7条の2繰下・一部改正）

（新たに指定された禁止区域等に関する特例）

第10条　新たに条例第6条第二号本文、第四号、第五号、第十一号若しくは第十二号又は第7条第1項第八号の規定による知事の指定があつた際、当該指定のあつた地域又は物件に現に適法に表示され、又は設置されている広告物等については、当該指定の日から起算して3年間は、なお従前の例による。

2　新たに条例第6条第四号又は第五号の規定による知事の指定があつた際、当該指定のあつた地域に現に許可を受けて表示され、又は設置されている広告塔及び広告板については、前項の規定にかかわらず、当該指定の日以降最初に許可期間が満了する日の翌日から起算して2年を経過する日又は当該指定の日から起算して3年を経過する日のいずれか遅い日までの間は、なお従前の例による。

（昭62規則9・全改、平17規則153・旧第7条の3繰下・一部改正、平19規則44・一部改正）

（新たに指定された許可区域に関する特例）

第10条の2　新たに条例第8条第四号の規定による指定があつた際、当該指定のあつた区域に現に適法に表示され、又は設置されている広告物等については、当該指定の日から当該区域ごとに知事が別に定める日までの間は、表示し、又は設置しておくことができる。

（平21規則16・追加）

（地区計画等の区域における広告物等の基準）

第10条の3　条例第9条の規則で定める基準は、別表第1の2のとおりとする。

（平20規則69・追加、平21規則16・旧第10条の2繰下、平24規則67・一部追加、平25規則104・
　　一部追加）

（広告誘導地区における合意書）

第11条　条例第11条第2項の合意書（以下「合意書」という。）は、次に掲げる要件を満たすものとする。

一　合意書における広告物等の形状、面積、色彩、意匠その他表示の方法に関する事項が、条例第11条第1項の誘導方針に則したものであること。

二　条例第11条第1項の広告誘導地区（以下「広告誘導地区」という。）における土地、建築物、工作物又は広告物等の所有者及びこれらを使用する権利を有する者の3分の2以上の合意によるものであること。

2　広告誘導地区における土地、建築物、工作物又は広告物等の所有者又はこれらを使用する権利を有する者は、合意書を作成したときは、当該合意書を知事に届け出るものとする。

3　前2項の規定は、合意書の変更及び廃止について準用する。

（平17規則153・追加）

（まちづくり団体等）

第11条の2　条例第12条の2第1項の規則で定める団体は、次に掲げるものとする。

一　地方自治法（昭和22年法律第67号）第260条の2第7項の認可地縁団体

二　商店街振興組合法（昭和37年法律第141号）第2条の商店街振興組合及び商店街振興組合連合会

三　会社法（平成17年法律第86号）第2条第1号の株式会社、合名会社、合資会社及び合同会社

四　法人でない団体であつて、事務所の所在地、構成員の資格、代表者の選任方法、総会の運営、会計に関する事項その他当該団体の組織及び運営に関する事項を内容とする規約その他これに準ずるものを有しているもの

（令2規則44・追加）

（活用地区の指定の申請）

第11条の3　条例第12条の2第1項の規定による申請は、別記第9号様式の3による活用地区指定申請書により行うものとする。

2　条例第12条の2第2項の活用計画の案には、次に掲げる図書を添付しなければならない。

一　条例第12条の2第2項第四号に規定する建築物その他の工作物等であつて、国、地方公共団体又は他人が管理し、又は所有するものにプロジェクションマッピングを表示する場合においては、当該建築物その他の工作物等の所有者等の承諾を証明する書面

二　その他知事が必要と認める書類

（令2規則44・追加）

（プロジェクションマッピング活用計画に定める事項）

第11条の4　条例第12条の2第2項第五号の規則で定める事項は、次に掲げる事項とする。

一　プロジェクションマッピングの活用に係る運営体制

二　その他知事が必要と認める事項

（令2規則44・追加）

（活用計画の変更等）

第11条の5　条例第12条の2第6項の規定による変更の申請は、別記第9号様式の4の活用地区指定変更申請書に、当該変更に係る活用計画の案を添えて行わなければならない。

2　条例第12条の2第8項の規定による廃止の届出は、別記第9号様式の5の活用地区廃止届により行わなければならない。

172

（令2規則44・追加）

（適用除外の基準）

第12条 条例第13条ただし書の規則で定める基準は、次の各号に掲げる広告物等について、当該各号に定めるとおりとする。

一 条例第13条第二号に掲げる広告物等

　イ 条例第6条又は第7条に規定する禁止区域又は禁止物件に表示し、又は設置する広告物等で、表示面積が10㎡を超えるものについては、別記第10号様式による屋外広告物表示・設置届を知事に提出したものであること。

　ロ 別表第2の七の項上欄に掲げる地域地区等に表示し、又は設置する場合にあつては、同項の中欄に定める禁止事項一及び二に抵触しないこと。

二 条例第13条第三号に掲げる広告物等

　イ 公共の安全、福祉の増進、環境の保全、教育の向上その他社会一般の利益のために行う集会、行事、催物等のために表示するものであること。

　ロ 別記第10号様式による屋外広告物表示・設置届を知事に提出したものであること。

　ハ 表示期間が30日以内であること。

三 条例第13条第四号に掲げる広告物

　　表示面積の合計が、0.5㎡以下で、かつ、当該広告物を表示する施設又は物件のその面の外郭線内を一平面とみなした場合の当該平面の面積の20分の1以下であること。

四 条例第13条第五号に掲げる広告物等

　　別表第2の上欄に掲げる地域地区等の区分に応じて同表の中欄に定める禁止事項に抵触せず、かつ、当該区分に応じて同表の下欄に定める広告物等の表示面積の範囲内であること。

五 条例第13条第六号に掲げる広告物等

　　表示面積の合計が、自己の管理する土地又は自己の管理する物件の存する土地の面積について1,000㎡までを5㎡とし、5㎡に1,000㎡を増すまでごとに5㎡を加えて得た面積以下であること。

六 条例第13条第八号に掲げるプロジェクションマッピング

　イ 表示期間が3月以内であること。

　ロ 企業広告等（営利を目的として表示されるものをいう。以下同じ。）の占める割合（企業広告等の表示に係る投影時間と当該表示に係る投影面積の積を総投影時間と総投影面積の積で除して得た数値をいう。）がおおむね3分の1以下であること。

　ハ 企業広告等による収益の用途が公益に関する目的を有すること。

　ニ 別記第10号様式による屋外広告物表示・設置届を知事に提出したものであ

ること。

2　前項第一号ロの基準は、次のいずれかに該当するもの（以下「文化財等から展望できない広告物等」という。）については適用しない。

　一　条例第6条第四号（同条第一号から第三号まで及び第五号から第十二号までに掲げる地域又は場所を除く。）に掲げる地域に表示し、又は設置する広告物等で、文化財保護法（昭和25年法律第214号）第27条又は第78条第1項の規定により指定された建造物及び同法第109条第1項若しくは第2項又は第110条第1項の規定により指定され、又は仮指定されたものから展望できないもの（建築物、工作物等により遮られ展望できないものを含む。）

　二　条例第6条第五号（同条第一号から第四号まで及び第六号から第十二号までに掲げる地域又は場所を除く。）に掲げる地域に表示し、又は設置する広告物等で、歴史的又は都市美的価値を有する建造物及び文化財庭園など歴史的価値の高い施設から展望できないもの（建築物、工作物等により遮られ展望できないものを含む。）

3　第1項第四号に規定する禁止事項のうち、別表第2の七の項中欄に定めるもの（四を除く。）は、文化財等から展望できない広告物等については適用しない。

（昭51規則60・昭62規則9・全改、平17規則153・旧第8条繰下・一部改正、平19規則44・一部改正・第2・3項追加、平21規則16・一部改正、令2規則44・一部追加）

第13条　条例第14条ただし書の規則で定める基準は、次の各号に掲げる広告物等について、当該各号に定めるとおりとする。

　一　条例第14条第一号に掲げる広告物等

　　イ　別記第10号様式による屋外広告物表示・設置届を知事に提出したものであること。

　　ロ　会場の敷地（会場が公園、緑地、運動場等の敷地内である場合は、これらの敷地を含む。）内に表示し、又は設置するものであること。

　　ハ　催物の名称、開催期日、開催内容、主催者名等当該催物の案内に必要な事項（商品名を除く。）を表示するものであること。

　　ニ　各広告物等の表示面積が10㎡以下であり、かつ、その間隔が30m以上であること。

　　ホ　広告物等の上端までの高さが地上5m以下であること。

　　ヘ　色彩が4色以内であること。

　　ト　表示期間が当該催物が開催される日の前日から終了する日までであること。

　二　条例第14条第二号に掲げる広告物等

　　イ　電車又は自動車の車体（車輪及び車輪に附属する部分は車体に含まれない。以下同じ。）に、電車又は自動車の所有者又は管理者の氏名、名称、店

名又は商標を表示するものであること。

ロ　自動車の車体に、第18条第一号に掲げる事項を表示するものであること。

ハ　道路運送車両法（昭和26年法律第185号）に基づく登録を受けた自動車で、当該登録に係る使用の本拠の位置が他の道府県の区域（指定都市（地方自治法第252条の19第１項の指定都市をいう。以下同じ。）、中核市（同法第252条の22第１項の中核市をいう。以下同じ。）及び法第28条の条例で定めるところにより同条に規定する事務を処理することとされた市町村の区域を除く。）、指定都市の区域、中核市の区域又は法第28条の条例で定めるところにより同条に規定する事務を処理することとされた市町村の区域に存するものに、当該道府県、指定都市、中核市又は市町村の広告物等に関する条例の規定に従つて表示するものであること。

三　条例第14条第四号に掲げる広告物

イ　別記第10号様式による屋外広告物表示・設置届を知事に提出したものであること。

ロ　宣伝の用に供されていない絵画、イラスト等であること。

（昭62規則９・追加、平８規則128・平12規則107・平15規則79・一部改正、平17規則153・旧第８条の２繰下・一部改正、平19規則44・一部改正、平27規則54・一部改正、令２規則44・一部改正）

第14条　条例第15条の規則で定める基準は、次の各号に掲げる広告物等について、当該各号に定めるとおりとする。

一　条例第15条第一号に掲げる広告物等

別表第２の上欄に掲げる地域地区等の区分に応じて同表の中欄に定める禁止事項に抵触せず、かつ、表示面積（第12条第四号に掲げる広告物等の表示面積を含む。）の合計が20㎡（学校及び病院に係る広告物等については、50㎡）以下であること。

二　条例第15条第二号に掲げる広告物等

イ　表示面積が３㎡以下であること。

ロ　広告物等の上端までの高さが地上５ｍ以下であること。

ハ　寄贈者名、表示者名等を表示する部分の面積が当該広告物等の表示面積の８分の１以下であること。

三　条例第15条第三号に掲げる広告物等

近隣の店舗、事務所、工場等の案内誘導を目的とするもの（以下「案内誘導広告物等」という。）であること。

四　条例第15条第四号に掲げる広告物等

第19条第１項に掲げる規格に適合すること。

五　条例第15条第五号に掲げる広告物等

　　　イ　柱又は壁面に表示し、又は設置するものであること。

　　　ロ　表示面積が、知事の指定する専ら歩行者の一般交通の用に供する道路（以
　　　　下「歩行者道」という。）の区域内の柱及び壁面の総面積の10分の6以下で
　　　　あること。

　　　ハ　各広告物等の色彩及び意匠が、歩行者道の色彩及び意匠に全体として調和
　　　　したものであること。

　　　ニ　近隣の道路又は建物、交通機関等への案内誘導を目的とする標識の識別が
　　　　困難とならないものであること。

　　六　条例第15条第六号に掲げる広告物等
　　　　第19条第1項に規定する規格に適合すること。

　　七　条例第15条第七号に掲げる非営利目的のための広告板

　　　イ　第18条第一号に掲げる事項を表示するためのものであること。

　　　ロ　別表第2の七の項上欄に掲げる地域地区等に表示し、又は設置する場合に
　　　　あつては、同項の中欄に定める禁止事項一及び二に抵触しないこと。

2　前項の基準は、条例第15条に掲げる広告物等のうち、条例第6条第十号及び第
　十一号に掲げる地域（同条第一号から第九号まで及び第十二号に掲げる地域又は
　場所を除く。）に表示し、又は設置する広告物等で、当該広告物等を表示し、又
　は設置する当該地域の路線用地から展望できないもの（第17条第2項において
　「路線用地から展望できない広告物等」という。）については適用しない。

3　第1項第一号に規定する禁止事項のうち別表第2の七の項中欄に定めるもの
　（四を除く。）は、文化財等から展望できない広告物等については適用しない。

4　第1項第七号ロの基準は、文化財等から展望できない広告物等については適用
　しない。

　　　（昭62規則9・追加、平15規則220・一部改正、平17規則153・旧第8条の3繰下・一部改正、

　　　平19規則44・第1項七号・第3・4項追加）

第15条　条例第15条第二号の規則で定める道標、案内図板等の広告物等で公共的目
　的をもつて表示するものは、駐車場案内標識など、近隣の道路、建物、公共施設
　又は交通機関等への案内誘導等を目的とするものをいう。

　　　（平17規則153・追加）

第16条　条例第15条第六号の規則で定める公益上必要な施設又は物件は、避難標識
　又は案内図板等とする。

　　　（平15規則220・追加、平17規則153・旧第8条の4繰下・一部改正）

第17条　条例第16条ただし書の規定による許可の基準は、次に定めるとおりとす
　る。

　一　案内誘導広告物等であること。

　二　表示面積が6㎡以下であること。

　　三　広告物等の上端までの高さが地上 8 m以下であること。

　　四　光源が点滅しないこと。

２　前項の基準は、条例第16条第一号に掲げる広告物等のうち、路線用地から展望できない広告物等については適用しない。

　　　　　（昭62規則 9・追加、平15規則220・旧第 8 条の 4 繰下、平17規則153・旧第 8 条の 5 繰下・一

　　　　　部改正）

（非営利広告物等）

第18条　条例第17条の非営利広告物等は、次の要件に該当する広告物等とする。

　　一　次に掲げるいずれかの事項を表示するためのものであること。

　　　　イ　収益を目的としない宣伝、集会、行事及び催物等

　　　　ロ　政党その他の政治団体、労働組合等の団体又は個人が政治活動又は労働運動として行う宣伝、集会、行事及び催物等

　　二　表示期間が30日以内であること。

　　三　表示面積がはり紙（ポスターを含む。以下同じ。）及びはり札等（条例第 7 条第 2 項に規定するはり札等をいう。以下同じ。）にあつては 1 ㎡以下、立看板等（同項に規定する立看板等をいう。以下同じ。）にあつては 3 ㎡以下であること。

　　四　広告面又は見やすい箇所に表示者名又は連絡先を明記してあること。

　　　　　（昭62規則 9・旧第 8 条第 2 項繰下・一部改正、平17規則153・旧第 9 条繰下、平20規則267・

　　　　　一部改正）

（規格）

第19条　条例第21条第 1 項の規定による規格は、別表第 3 のとおりとする。

２　条例第21条第 2 項の規則で定める基準は、表示面積が10㎡（電車並びに路線バス及び観光バス（以下「路線バス等」という。）の車体に表示する場合にあつては、別表第 3 　六の部㈢の項に掲げる表示面積）以下とする。

３　条例第21条第 3 項の規則で定める基準は、別表第 4 のとおりとする。

　　　　　（昭46規則51・昭47規則103・昭51規則60・一部改正、昭62規則 9・第 9 条繰下・第 2 項追加・

　　　　　一部改正、平12規則107・平13規則249・一部改正、平17規則153・旧第10条繰下・一部改正、平

　　　　　19規則44・第 3 項追加、平23規則72・一部改正、平25規則104・一部改正）

（総表示面積の基準等）

第20条　条例第22条の規則で定めるプロジェクションマッピングは、次に掲げるものとする。

　　一　条例第12条の 2 第 4 項の規定により指定された活用地区に表示するプロジェクションマッピングで、同条第 2 項第四号に規定する建築物その他の工作物等に表示されるもの

　　二　第12条第 1 項第六号の基準に適合するプロジェクションマッピングで、表示

　期間が14日以内のもの

2　条例第22条の規則で定める基準は、一建築物の壁面面積（壁面のうち、地盤面
（建築基準法施行令（昭和25年政令第338号）第2条第2項に規定する地盤面を
いう。以下同じ。）から、第一種住居地域、第二種住居地域又は準住居地域（都
市計画法第8条第1項第一号の規定により定められた第一種住居地域、第二種住
居地域又は準住居地域をいう。以下同じ。）内にあつては33m、第一種住居地
域、第二種住居地域又は準住居地域外にあつては52mまでの高さの部分の鉛直投
影面積をいう。以下同じ。）に10分の6を乗じて得た面積とする。

　　　（昭51規則60・全改、昭57規則60・一部改正、昭62規則9・旧第10条繰下・全改、平8規則128・

　　　一部改正、平17規則153・旧第11条繰下・一部改正、令2規則44・一部追加）

（許可を要しない変更等）

第21条　条例第27条第1項の規則で定める場合は、広告物等の表示内容又は形態に
変更を来さない補強工作又は塗装換え等を行う場合とする。

　　　（昭51規則60・全改、昭62規則9・一部改正、平17規則153・旧第12条繰下・一部改正）

（許可の取消し及び行政措置命令）

第22条　知事は、条例第31条の規定により許可を取り消す場合は、別記第11号様式
による屋外広告物許可取消書を交付するものとする。

2　知事は、条例第31条又は条例第32条第1項の規定により必要な措置（条例第31
条又は条例第32条第1項の規定による広告物等の除却を除く。）を命ずる場合は、
別記第12号様式又は第13号様式による措置命令書を交付するものとする。

3　知事は、条例第31条又は条例第32条第1項の規定により広告物等の除却を命ず
る場合は、別記第14号様式又は第15号様式による屋外広告物除却命令書を交付す
るものとする。

　　　（平17規則153・追加）

（意見陳述の機会の付与）

第23条　条例第33条第2項の意見を述べ、証拠を提示する機会（以下「意見陳述の
機会」という。）におけるその方法は、知事が口頭ですることを認めた場合を除
き、別記第16号様式による意見等表明書（以下「意見書」という。）を提出して
行うものとする。

2　知事は、措置命令を受けた広告物の表示者等（条例第20条に規定する広告物の
表示者等をいう。以下同じ。）に対し意見陳述の機会を与えるときは、意見書の
提出期限（口頭による意見陳述の機会の付与を行う場合には、その日時）までに
相当な期間をおいて、次に掲げる事項を書面により通知するものとする。

　一　公表しようとする内容

　二　公表の根拠となる条例等の条項

　三　公表の原因となる事実

　四　意見書の提出先及び提出期限（口頭による意見陳述の機会の付与を行う場合
　　には、その旨並びに出頭すべき日時及び場所）

3　前項の規定による通知を受けた広告物の表示者等又はその代理人は、やむを得
　ない事情のある場合には、知事に対し、意見書の提出期限の延長又は出頭すべき
　日時若しくは場所の変更を申し出ることができる。

4　知事は、前項の規定による申出又は職権により、意見書の提出期限を延長し、
　又は出頭すべき日時若しくは場所を変更することができる。

5　代理人は、その代理権を証する書面を、意見書の提出期限又は出頭すべき日時
　までに知事に提出しなければならない。

6　知事は、広告物の表示者等又はその代理人が正当な理由なく意見書の提出期限
　内に意見書を提出せず、又は口頭による意見陳述をしなかつたときは、条例第33
　条第1項の規定による公表をすることができる。

　　　　（平17規則153・追加）

（除却等に要した費用の徴収）

第24条　知事は、条例第34条第1項及び第2項に規定する広告物等の除却、保管及
　び公告に要した費用を所有者等（法第8条第6項に規定する所有者等をいう。）
　から徴収することができる。

2　前項の規定により徴収する費用のうち、法第7条第4項の規定により知事が自
　ら除却し、又は命じた者に除却させた広告物等に係る除却等に要した費用につい
　ては、次の各号に掲げる広告物等の種類に応じ、当該各号に定める額を徴収する
　ものとする。

　一　はり紙　　1枚につき600円

　二　はり札等又は立看板等　　1枚につき1,800円

　三　広告旗（条例第7条第2項に規定する広告旗をいう。以下同じ。）　　1本に
　　つき1,800円

　　　　（平17規則153・追加、平20規則267・一部改正）

（除却した広告物等の公告場所）

第25条　条例第34条第3項第一号の規則で定める場所は、事務所、出張所又はこれ
　らに類する場所の掲示板とする。

2　条例第34条第4項の保管物件一覧表は、別記第17号様式によるものとし、同項
　の規則で定める場所は、前項の事務所、出張所又はこれらに類する場所とする。

　　　　（平17規則153・追加）

（保管した広告物等を売却する場合の手続）

第26条　条例第37条に規定する保管した広告物等の売却の手続は、不用の決定がさ
　れた物品の売払いの例による。

　　　　（平17規則153・追加）

（広告物等の返還に係る受領書）

第27条　条例第38条の規則で定める受領書は、別記第18号様式によるものとする。

(平17規則153・追加)

（屋外広告業登録の申請）

第28条　条例第40条第1項の登録申請書（以下「登録申請書」という。）は、別記第19号様式によるものとする。

2　条例第40条第2項の規則で定める書類は、次に掲げるものとする。

一　条例第40条第1項の登録申請者（以下「登録申請者」という。）が法人である場合にあつてはその役員（業務を執行する社員、取締役、執行役又はこれらに準ずる者をいう。以下同じ。）、営業に関し成年者と同一の能力を有しない未成年者である場合にあつてはその法定代理人（当該法定代理人が法人である場合にあつてはその役員を含む。以下同じ。）が、条例第42条第1項各号のいずれにも該当しない者であることを誓約する書面

二　登録申請者が置いた条例第48条第1項に規定する業務主任者（以下「業務主任者」という。）が同項各号のいずれかに該当する者であることを証する書面

三　登録申請者（登録申請者が法人である場合にあつてはその役員、営業に関し成年者と同一の能力を有しない未成年者である場合にあつては当該登録申請者及びその法定代理人）の略歴を記載した書面

四　登録申請者が法人である場合にあつては、登記事項証明書

五　登録申請者が個人である場合にあつては、登録申請者（当該登録申請者が営業に関して成年者と同一の能力を有しない未成年者である場合にあつては当該登録申請者及びその法定代理人）の住民票の写し又はこれに代わる書面

3　知事は、前項に定めるもののほか、登録申請者に対し、次に掲げる者に係る住民票の写し又はこれに代わる書面の提出を求めることができる。

一　登録申請者が法人である場合にあつては、その役員（当該役員が営業に関し成年者と同一の能力を有しない未成年者である場合にあつては、当該役員及びその法定代理人）

二　登録申請者が選任した業務主任者

4　条例第40条第2項及び第2項第一号の誓約する書面は、別記第20号様式による誓約書によるものとする。

5　第2項第三号の書面は、別記第21号様式による登録申請者の略歴書によるものとする。

(昭51規則60・追加、昭62規則9・一部改正、平8規則128・一部追加、平17規則153・旧第13条繰下・全改、平23規則130・一部改正)

（変更又は廃業等の届出）

第29条　条例第43条第1項の規定により変更の届出をする場合において、当該変更

が次に掲げるものであるときは、当該各号に掲げる書面を別記第22号様式による屋外広告業登録事項変更届出書に添付しなければならない。

一　条例第40条第1項第一号に掲げる事項の変更　屋外広告業者が法人である場合にあつては登記事項証明書、個人である場合にあつては住民票の写し又はこれに代わる書面

二　条例第40条第1項第二号に掲げる事項の変更（商業登記の変更を必要とする場合に限る。）　登記事項証明書

三　条例第40条第1項第三号に掲げる事項の変更　登記事項証明書並びに前条第2項第一号及び第三号の書面

四　条例第40条第1項第四号に掲げる事項の変更　前条第2項第一号、第三号及び第五号の書面

五　条例第40条第1項第五号に掲げる事項のうち、業務主任者の氏名の変更　前条第2項第二号の書面

2　前条第3項の規定は、前項の変更の届出について準用する。

3　条例第45条第1項の規定による廃業等の届出は、別記第23号様式による屋外広告業廃業等届出書により行うものとする。

（平17規則153・追加）

（屋外広告業者登録簿）

第30条　条例第41条第1項に規定する登録は、別記第24号様式により行うものとする。

2　条例第44条に規定する屋外広告業者登録簿の閲覧は、条例第40条第1項の規定による屋外広告業の登録申請を受け付ける場所で行うものとする。

（平17規則153・追加）

（登録通知書の交付）

第31条　条例第41条第2項の規定による通知は、別記第25号様式による屋外広告業登録通知書により行うものとする。

2　前項の規定は、条例第43条第2項の規定による登録をした旨の通知について準用する。

（平17規則153・追加）

（登録の拒否の通知）

第32条　条例第42条第2項の規定による登録の拒否の通知は、別記第26号様式による屋外広告業登録拒否通知書により行うものとする。

（平17規則153・追加）

（講習会の開催等）

第33条　条例第47条第1項の規定による講習会（以下「講習会」という。）は、次に掲げる講習科目により行う。

　一　広告物法規

　二　広告物の表示の方法

　三　広告物の施工

2　講習会を開催する期日、場所その他講習会の開催について必要な事項は、知事
　があらかじめ東京都公報で公告する。

3　講習会を受けようとする者は、別記第27号様式による屋外広告物講習会受講申
　込書を知事に提出しなければならない。

4　知事は、講習会を修了した者に対し、別記第28号様式による屋外広告物講習会
　修了証を交付する。

　　　　　（昭51規則60・追加、昭62規則9・一部改正、平17規則153・旧第14条繰下・一部改正）

（受講の免除）

第34条　講習会を受けようとする者で次の各号のいずれかに該当するものについて
　は、その申請により、前条第1項第三号に掲げる講習科目の受講を免除する。

　一　第2条第一号に該当する者

　二　第2条第二号に該当する者

　三　第2条第三号に該当する者

　四　職業能力開発促進法（昭和44年法律第64号）に基づく準則訓練（帆布製品製
　　造科の準則訓練に限る。）を修了した者、職業訓練指導員免許（帆布製品科の
　　免許に限る。）を受けた者又は技能検定（帆布製品製造の技能検定に限る。）に
　　合格した者

2　前項に規定する申請は、前条第3項に規定する屋外広告物講習会受講申込書
　に、前項各号の一に該当することを証する書面を添付して行わなければならな
　い。

　　　　　（昭51規則60・追加、昭61規則25・昭62規則9・平8規則128・一部改正、平17規則153・旧第

　　　15条繰下）

（業務主任者の資格等）

第35条　条例第48条第1項第五号の規定による同項第一号から第四号までに掲げる
　者と同等以上の知識を有するものの認定は、次の各号のいずれかに該当する者に
　ついて行う。

　一　営業所における広告物等の表示又は設置の責任者として5年以上の経験を有
　　し、かつ、過去5年間にわたり広告物に関する法令に違反したことがない者

　二　前号に掲げる者のほか、知事が特に認める者

2　前項の規定による認定を受けようとする者は、別記第29号様式による業務主任
　者資格認定申請書に同項各号のいずれかに該当することを証する書面を添付して
　知事に提出しなければならない。

3　知事は、第1項の認定をしたときは、申請者に別記第30号様式による認定証を

交付するものとする。

4　条例第48条第2項第三号に規定する規則で定める事項は、第37条第1項各号に
　掲げる事項とする。

（昭51規則60・追加、昭62規則9・一部改正、平17規則153・旧第16条繰下・第4項追加・一
部改正）

（標識の掲示）

第36条　条例第49条の規則で定める事項は、次に掲げる事項とする。

一　法人である場合にあつては、その代表者の氏名

二　登録年月日

三　営業所の名称

四　業務主任者の氏名

2　条例第49条に規定する標識の掲示は、別記第31号様式による屋外広告業者登録
　票により行うものとする。

（平17規則153・追加）

（帳簿の記載事項等）

第37条　条例第50条の規定により屋外広告業者が備える帳簿の記載事項は、次に掲
　げる事項とする。

一　注文者（屋外広告業者に広告物等の表示又は設置を委託する者をいう。）の
　氏名又は名称及び住所

二　広告物等の表示又は設置の場所

三　表示又は設置した広告物等の名称又は種類及び数量

四　表示又は設置の年月日

五　請負金額

2　条例第50条の規定による帳簿の備付け等は、別記第32号様式により行うものと
　する。

3　第1項各号に掲げる事項が電子計算機に備えられたファイル又は磁気ディス
　ク、シー・ディー・ロムその他これらに類するもの（以下「磁気ディスク等」と
　いう。）に記録され、必要に応じ屋外広告業者の営業所において電子計算機その
　他の機器を用いて明確に紙面に表示されるときは、当該記録をもつて前項の帳簿
　の備付け等に代えることができる。

4　第2項の帳簿（前項の規定により記録が行われた同項のファイル又は磁気ディ
　スク等を含む。次項において同じ。）は、広告物等の表示又は設置の契約ごとに
　作成しなければならない。

5　屋外広告業者は、第2項の帳簿を各事業年度の末日をもつて閉鎖するものとし
　し、閉鎖後5年間営業所ごとに当該帳簿を保存しなければならない。

（平17規則153・追加）

（登録の取消し又は営業の停止）

第38条　知事は、条例第52条第１項の規定により屋外広告業の登録を取り消したときは、別記第33号様式による屋外広告業登録抹消通知書を交付するものとする。

2　知事は、条例第52条第１項の規定により営業の全部又は一部の停止を命ずる場合は、別記第34号様式による営業停止命令書を交付するものとする。

（平17規則153・追加）

（監督処分簿）

第39条　条例第53条第１項の屋外広告業者監督処分簿は、別記第35号様式によるものとする。

2　条例第53条第１項の規則で定める閲覧所は、条例第40条の規定により屋外広告業の登録申請を受け付ける場所とする。

3　条例第53条第２項の規則で定める事項は、次に掲げる事項とする。

一　処分の原因となつた屋外広告業者の行為等

二　罰則等の適用状況

三　その他必要な事項

（平17規則153・追加）

（立入検査証）

第40条　条例第54条第２項の規定による証明書は、別記第35号様式の２によるものとする。

2　条例第66条第２項の規定による証明書は、別記第36号様式によるものとする。

（昭62規則９・追加、平17規則153・旧第17条繰下・一部改正、平19規則44・第１項追加・
旧第１項繰下）

（過料に処す場合の手続）

第41条　知事は、条例第71条に規定する過料に処す場合には、事前にその旨を別記第37号様式による告知書兼弁明書により告知し、弁明の機会を付与するものとする。

2　過料の徴収は、別記第38号様式による過料処分通知書を発行することにより行う。

3　知事は、過料処分について、別記第39号様式による過料処分整理簿を備え付けなければならない。

（平17規則153・追加）

　　附　則

この規則は、公布の日から施行する。

　　附　則〔昭和35年７月12日規則第95号〕

1　この規則は、公布の日から施行する。

2　この規則施行の際、現にこの規則による改正前の屋外広告物条例施行規則によ

184

り、許可を受けて表示されまたは存置されている広告物については、その許可期間に限り、表示しまたは存置しておくことができる。

　　　附　則〔昭和38年4月13日規則第59号〕

1　この規則は、公布の日から施行する。

2　この規則施行の際、現にこの規則による改正前の屋外広告物条例施行規則により、許可を受けて表示されまたは存置されている広告物については、その許可期間に限り、表示しまたは存置しておくことができる。

　　　附　則〔昭和39年10月31日規則第275号〕

1　この規則は、公布の日から施行する。

2　この規則施行の際、現に改正前の屋外広告物条例施行規則別表1に規定するところにより、許可を受けて表示され、若しくは設置されている広告物またはこれを掲出する物件については、改正後の屋外広告物条例施行規則別表1の規定にかかわらず、その許可期間に限り、これを表示し、または設置しておくことができる。

　　　附　則〔昭和40年3月26日規則第34号〕

1　この規則は、公布の日から施行する。

2　この規則施行の際、現に改正前の屋外広告物条例施行規則第8条第2項第一号イ、ロ、ハ、ニ、ホ及びトに規定するところにより、表示され、または設置されている広告物については、改正後の屋外広告物条例施行規則第8条第2項第一号チの規定にかかわらず、3年間は、これを表示し、または設置しておくことができる。

　　　附　則〔昭和41年6月14日規則第117号〕

1　この規則は、公布の日から施行する。

2　この規則施行の際、現に改正前の屋外広告物条例施行規則第8条第2項第一号ヘ及びトに規定するところにより、表示され、または設置されている広告物については、改正後の屋外広告物条例施行規則第8条第2項第一号ヘ及びトの規定にかかわらず、3年間は、これを表示し、または設置しておくことができる。

3　この規則施行の際、現に改正前の屋外広告物条例施行規則別表1に規定するところにより、許可を受けて表示され、若しくは設置されている広告物またはこれを掲出する物件については、改正後の屋外広告物条例施行規則別表1の規定にかかわらず、その許可期間に限り、なお、これを表示し、または設置しておくことができる。

　　　附　則〔昭和42年6月6日規則第96号〕

この規則は、公布の日から施行する。

　　　附　則〔昭和44年6月14日規則第109号〕

この規則は、都市計画法施行の日から施行する。

附　則〔昭和45年4月1日規則第64号〕

1　この規則は、公布の日から施行する。

2　この規則施行の際、現に改正前の屋外広告物条例施行規則別表1に規定するところにより、許可を受けて表示され、若しくは設置されている広告物又はこれを掲出する物件については、改正後の屋外広告物条例施行規則別表1の規定にかかわらず、その許可期間に限り、これを表示し、又は設置しておくことができる。

附　則〔昭和46年3月26日規則第51号〕

（施行期日）

1　この規則は、昭和46年4月1日から施行する。

（経過措置）

2　この規則の施行の際、現に建築基準法の一部を改正する法律（昭和45年法律第109号。以下「改正法」という。）附則第13項の規定による改正前の都市計画法（昭和43年法律第100号）第2章の規定による都市計画において定められている住居専用地区に関しては、改正法附則第17項に規定する日までの間は、この規則による改正後の東京都屋外広告物条例施行規則別表第1中「第一種住居専用地域及び第二種住居専用地域」とあるのは「住居専用地区」と読み替えて適用する。

附　則〔昭和46年12月1日規則第257号〕

この規則は、公布の日から施行する。

附　則〔昭和47年4月1日規則第103号〕

1　この規則は、公布の日から施行する。

2　この規則の施行の際、現に屋外広告物許可申請書を受理しているものに係る許可期間については、なお従前の例による。

附　則〔昭和47年5月19日規則第136号〕

1　この規則は、公布の日から施行する。

2　この規則施行の際、現に許可を受けて表示され、又は設置されている広告物で、その規格がこの規則による改正後の東京都屋外広告物条例施行規則別表第3に定める規格に適合しないものについては、その許可期間に限り、同表の規定にかかわらず、これを表示し、又は設置しておくことができる。

附　則〔昭和47年9月21日規則第233号〕

1　この規則は、公布の日から施行する。

2　この規則施行の際、現に許可を受けて表示され、又は設置されている広告物で、その規格が、この規則による改正後の東京都屋外広告物条例施行規則別表第3に定める規格に適合しないものについては、その許可期限に限り、同表の規定にかかわらず、これを表示し、又は設置しておくことができる。

附　則〔昭和48年8月6日規則第151号〕

（施行期日）

1　この規則は、公布の日から施行する。

（経過措置）

2　この規則施行の際、この規則による改正前の東京都屋外広告物条例施行規則
　（以下「改正前の規則」という。）により、許可を受けて表示され、又は設置さ
　れている広告物で、この規則による改正後の東京都屋外広告物条例施行規則（以
　下「改正後の規則」という。）別表第3規格1第1項又は第3項に定める規格に
　適合しないものについては、改正後の規則により許可を受けたものとみなし、当
　該許可期間後その広告物を更に継続して表示し、又は設置しようとするときは、
　なお従前の例による。

3　この規則施行の際、改正前の規則により、許可を受けて表示され、又は設置さ
　れている広告物で、改正後の規則別表第3規格6(1)に定める規格に適合しないも
　のについては、改正後の規則により許可を受けたものとみなし、当該許可期間に
　限りその広告物を表示し、又は設置しておくことができる。

　　　　附　　則　〔昭和48年11月20日規則第204号〕

この規則は、公布の日から施行する。

　　　　附　　則　〔昭和51年3月31日規則第60号〕

この規則は、昭和51年4月1日から施行する。ただし、第2条の改正規定、第4
条の改正規定、第7条第五号及び第六号の改正規定、本則に4条を加える改正規定
中第13条及び第16条に係る部分、別記第2号様式の改正規定並びに別記第6号様式
の次に7様式を加える改正規定中別記第7号様式から別記第9号様式まで、別記第
12号様式及び別記第13号様式に係る部分は、昭和51年7月1日から施行する。

　　　　附　　則　〔昭和52年3月23日規則第17号〕

この規則は、昭和52年4月1日から施行する。

　　　　附　　則　〔昭和55年5月30日規則第87号〕

この規則は、昭和55年6月1日から施行する。

　　　　附　　則　〔昭和57年3月31日規則第60号〕

この規則は、昭和57年4月1日から施行する。

　　　　附　　則　〔昭和61年3月31日規則第25号〕

この規則は、公布の日から施行する。

　　　　附　　則　〔昭和62年2月13日規則第9号〕

この規則は、昭和62年4月1日から施行する。

　　　　附　　則　〔平成7年3月17日規則第66号〕

1　この規則は、平成7年4月1日から施行する。

2　この規則の施行の際、この規則による改正前の東京都屋外広告物条例施行規則
　別記第1号様式から第5号様式まで及び別記第7号様式から別記第13号様式まで
　による用紙で、現に残存するものは、所要の修正を加え、なお使用することがで

きる。

　　附　則〔平成8年3月29日規則第128号〕

1　この規則は、公布の日から施行する。ただし、第1条第2項及び第3項の改正
　規定、第2条の改正規定、第2条の次に1条を加える改正規定、第4条の改正規
　定、別記第1号様式の改正規定（別紙に係る改正規定を除く。）、別記第2号様式
　から別記第3号様式の4までの改正規定並びに別記第3号様式の4の次に1様式
　を加える改正規定は、平成8年8月1日から施行する。

2　この規則による改正後の東京都屋外広告物条例施行規則第11条、別表第2　一
　の項及び九の項、別表第3　一の部㈠の款4の項、同部㈡の款2の項、同款6の
　項、同表二の部1の項、同部8の項、同表三の部1の項及び同部7の項並びに別
　記第1号様式の規定（別紙に係る部分に限る。）は、平成5年6月25日から起算し
　て3年を経過する日（その日前に都市計画法及び建築基準法の一部を改正する法
　律（平成4年法律第82号。以下「改正法」という。）第1条の規定による改正後の
　都市計画法（昭和43年法律第100号）第2章の規定により、改正法第1条の規定
　による改正前の都市計画法第2章の規定により定められている都市計画区域につ
　いて用途地域に関する都市計画が決定されたときは、当該都市計画の決定に係る
　都市計画法第20条第1項の規定による告示があつた日）までの間は、適用せず、
　この規則による改正前の東京都屋外広告物条例施行規則第11条、別表第2　一の
　項及び九の項、別表第3　一の部㈠の款4の項、同部㈡の款2の項、同款6の
　項、同表二の部1の項、同部8の項、同表三の部1の項及び同部7の項並びに別
　記第1号様式の規定（別紙に係る部分に限る。）は、なおその効力を有する。

3　この規則の施行の際、この規則による改正前の東京都屋外広告物条例施行規則
　別記第4号様式、第5号様式、第7号様式、第8号様式及び第10号様式による用
　紙で、現に残存するものは、所要の修正を加え、なお使用することができる。

　　附　則〔平成12年3月31日規則第107号〕

この規則は、平成12年4月1日から施行する。

　　附　則〔平成13年8月10日規則第225号〕

1　この規則は、公布の日から施行する。

2　この規則による改正前の東京都屋外広告物条例施行規則第2条第四号に規定す
　る屋外広告士は、この規則による改正後の東京都屋外広告物条例施行規則第2条
　第四号に規定する屋外広告士とみなす。

　　附　則〔平成13年10月18日規則第249号〕

1　この規則は、公布の日から施行する。ただし、第1条第3項の次に一項を加え
　る改正規定は、平成13年11月15日から施行する。

2　路線バス（高速道路を走行しないものを除く。）の外面を利用する広告物等に
　ついては、この規則による改正後の東京都屋外広告物条例施行規則別表第3　六

の部㈡の項の規定にかかわらず、平成13年11月14日までの間は、なお従前の例による。

　　附　則〔平成14年3月29日規則第43号〕

　この規則は、平成14年4月1日から施行する。

　　附　則〔平成15年3月25日規則第79号〕

　この規則は、公布の日から施行する。ただし、別表第2の改正規定は、平成15年4月1日から施行する。

　　附　則〔平成15年9月24日規則第220号〕

　この規則は、平成15年10月1日から施行する。

　　附　則〔平成17年7月28日規則第153号〕

（施行期日）

1　この規則は、平成17年10月1日から施行する。

（経過措置）

2　この規則の施行の際、この規則による改正前の東京都屋外広告物条例施行規則（以下「改正前の規則」という。）第2条第四号に規定する屋外広告士は、この規則による改正後の東京都屋外広告物条例施行規則（以下「改正後の規則」という。）第2条第四号に規定する同号の登録試験機関が広告物等の表示及び設置に関し必要な知識について実施する試験に合格した者とみなす。

3　この規則の施行の際、現に改正前の規則の様式により提出されている申請書その他の書類は、改正後の規則の様式により提出されたものとみなす。

4　この規則の施行の際、改正前の規則別記第3号様式による屋外広告物許可書で、現に効力を有するものは、改正後の規則別記第4号様式による屋外広告物許可書とみなす。

5　この規則の施行の際、現に交付されている改正前の規則別記第11号様式による屋外広告物講習会修了証は、改正後の規則別記第28号様式による屋外広告物講習会修了証とみなす。

　　附　則〔平成19年3月29日規則第44号〕

（施行期日）

1　この規則は、平成19年4月1日から施行する。ただし、第1条、第10条、第12条、第14条及び第19条並びに次項及び附則第3項の改正規定については、平成19年5月1日（以下「施行日」という。）から施行する。

（経過措置）

2　施行日において、現に東京都屋外広告物条例（昭和24年東京都条例第100号。以下「屋外広告物条例」という。）第8条第四号の規定により指定された区域において、東京都屋外広告物条例の一部を改正する条例（平成18年東京都条例第137号）による改正前の屋外広告物条例及びこの規則による改正前の東京都屋外

広告物条例施行規則の規定による許可を受けて表示され、又は設置されている広告塔及び広告板の許可に係る規定の適用については、平成22年4月30日までの間は、なお従前の例による。

3　施行日以降初めての継続の許可で継続前の許可の期間が平成20年5月1日以降に満了するものにおける許可の期間は、平成23年4月30日までの間で定めることができる。この場合において、前項の規定は、同項中「平成22年4月30日」とあるのは、「当該許可の満了する日」として、適用する。

　　　附　則　〔平成20年3月31日規則第69号〕

（施行期日）

1　この規則は、平成20年4月1日（以下「施行日」という。）から施行する。

（経過措置）

2　施行日において、現にこの規則による改正後の東京都屋外広告物条例施行規則別表第1の2に掲げる地区計画等の区域において、東京都屋外広告物条例（昭和24年東京都条例第100号）及びこの規則による改正前の東京都屋外広告物条例施行規則の規定による許可を受けて表示され、又は設置されている屋外広告物又は屋外広告物を掲出する物件の許可に係る規定の適用については、平成23年3月31日までの間は、なお従前の例による。

　　　附　則　〔平成20年12月19日規則第267号〕

（施行期日）

1　この規則は、平成21年1月19日から施行する。

（経過措置）

2　この規則の施行の際、現に東京都屋外広告物条例（昭和24年東京都条例第100号）第8条、第15条、第16条、第27条第1項若しくは第2項又は第30条第1項の規定による許可を受けている屋外広告物又は屋外広告物を掲出する物件については、この規則による改正後の屋外広告物条例施行規則第7条の規定にかかわらず、その許可期間に限り、なお従前の例による。

　　　附　則　〔平成21年3月27日規則第16号〕

（施行期日）

1　この規則は、平成21年4月1日から施行する。

（経過措置）

2　この規則の施行の際、現にこの規則による改正後の東京都屋外広告物条例施行規則（以下「改正後の規則」という。）別表第4　二の項に掲げる区域において、現に表示され、又は設置されている屋外広告物又は屋外広告物を掲出する物件（以下「広告物等」という。）については、改正後の規則別表第3　一の部㈡の款2の項、同表二の部1の項、同表三の部1の項及び別表第4　二の項の規定にかかわらず、当該広告物の表示の内容に変更を加え、又は当該広告物等を改造

し、若しくは移転するまでの間は、なお従前の例による。

　　　　附　則　〔平成22年3月29日規則第31号〕

（施行期日）

1　この規則は、平成22年4月1日から施行する。

（経過措置）

2　この規則の施行の際、施行日において、現にこの規則による改正後の東京都屋外広告物条例施行規則別表第1の2の二の項に掲げる地区計画等の区域において、東京都屋外広告物条例（昭和24年東京都条例第100号）及びこの規則による改正前の東京都屋外広告物条例施行規則（以下「旧規則」という。）の規定による許可を受けて表示され、又は設置されている屋外広告物又は屋外広告物を掲出する物件の許可に係る規定の適用については、平成25年3月31日までの間は、なお従前の例による。

3　旧規則別記第19号様式の規定は、東京都収入証紙条例を廃止する条例（平成20年東京都条例第83号）附則第2項の規定により同項に規定する退蔵収入証紙を使用して登録手数料を納付する場合においては、なおその効力を有する。

　　　　附　則　〔平成23年3月31日規則第72号〕

（施行期日）

1　この規則は、平成23年4月1日から施行する。ただし、第1条第5項の改正規定は、同年10月1日から施行する。

（経過措置）

2　この規則の施行の際、この規則による改正前の東京都屋外広告物条例施行規則別記第3号様式による用紙で、現に残存するものは、所要の修正を加え、なお使用することができる。

　　　　附　則　〔平成23年12月22日規則第130号〕

この規則は、公布の日から施行する。ただし、第28条第2項、別記第19号様式から第21号様式まで及び第24号様式の改正規定は、民法等の一部を改正する法律（平成23年法律第61号）の施行の日〔平成24年4月1日〕から施行する。

　　　　附　則　〔平成24年3月30日規則第67号〕

（施行期日）

1　この規則は、平成24年4月1日（以下「施行日」という。）から施行する。

（経過措置）

2　施行日において、現にこの規則による改正後の東京都屋外広告物条例施行規則（以下「改正後の規則」という。）別表第1の2　三の項から五の項までに掲げる地区計画等の区域において、東京都屋外広告物条例（昭和24年東京都条例第100号。以下「条例」という。）及びこの規則による改正前の東京都屋外広告物条例施行規則（以下「旧規則」という。）の規定による許可を受けて表示され、又

は設置されている屋外広告物又は屋外広告物を掲出する物件（以下「広告物等」という。）の許可に係る規定の適用については、平成27年３月31日までの間は、なお従前の例による。

3　施行日において、現に改正後の規則別表第4　三の項及び四の項に掲げる区域において、条例及び旧規則の規定による許可を受けて表示され、又は設置されている広告物等の許可に係る規定の適用については、施行日以降において当該広告物等に係る初めての継続の許可により定められた許可期間が満了する日までの間は、なお従前の例による。

　　　附　則　〔平成25年5月31日規則第104号〕

（施行期日）

1　この規則は、平成25年6月1日（以下「施行日」という。）から施行する。ただし、別表第3　六の部㈢の款1の項の改正規定は、同年9月1日から施行する。

（経過措置）

2　施行日において、現にこの規則による改正後の東京都屋外広告物条例施行規則別表第1の2　六の項及び七の項に掲げる地区計画等の区域において、東京都屋外広告物条例（昭和24年東京都条例第100号）及びこの規則による改正前の東京都屋外広告物条例施行規則の規定による許可を受けて表示され、又は設置されている屋外広告物又は屋外広告物を掲出する物件の許可に係る規定の適用については、平成28年5月31日までの間は、なお従前の例による。

　　　附　則　〔平成27年3月31日規則第54号〕

（施行期日）

1　この規則は、平成27年4月1日から施行する。

（経過措置）

2　この規則の施行の際、この規則による改正前の東京都屋外広告物条例施行規則別記第27号様式による用紙で、現に残存するものは、所要の修正を加え、なお使用することができる。

　　　附　則　〔平成28年2月10日規則第13号〕

1　この規則は、平成28年4月1日から施行する。

2　この規則の施行の際、この規則による改正前の東京都屋外広告物条例施行規則別記第4号様式、第11号様式から第15号様式まで、第25号様式、第26号様式、第33号様式、第34号様式及び第38号様式による用紙で、現に残存するものは、所要の修正を加え、なお使用することができる。

　　　附　則　〔平成29年12月22日規則第122号〕

（施行期日）

1　この規則は、平成30年4月1日から施行する。

（経過措置）

2　この規則の施行の際、この規則による改正前の東京都屋外広告物条例施行規則別記第1号様式による用紙で、現に残存するものは、所要の修正を加え、なお使用することができる。

　　　附　　則　〔令和2年3月31日規則第44号〕

（施行期日）

1　この規則は、令和2年7月1日から施行する。

（経過措置）

2　この規則の施行の際、現にこの規則による改正前の東京都屋外広告物条例施行規則（以下、「旧規則」という。）の様式により提出されている申請書その他の書類は、この規則による改正後の東京都屋外広告物条例施行規則の様式により提出されたものとみなす。

3　この規則の際、旧規則別記第1号様式による用紙で、現に残存するものは、所要の修正を加え、なお使用することができる。

　　　附　　則　〔令和3年3月26日規則第50号〕

（施行期日）

1　この規則は、令和3年4月1日から施行する。

（経過措置）

2　この規則の施行の際、この規則による改正前の東京都屋外広告物条例施行規則の様式（この規則により改正されるものに限る。）による用紙で、現に残存するものは、所要の修正を加え、なお使用することができる。

　　　附　　則　〔令和5年2月10日規則第5号〕

（施行期日）

1　この規則は、令和5年4月1日から施行する。

（経過措置）

2　この規則の施行の際、この規則による改正前の東京都屋外広告物条例施行規則別記第4号様式、第11号様式から第15号様式まで、第25号様式から第28号様式まで、第30号様式、第33号様式、第34号様式及び第35号様式の2から第38号様式までによる用紙で、現に残存するものは、所要の修正を加え、なお使用することができる。

別記

第1号様式（第1条関係）

<table>
<tr><td colspan="3" align="center">屋 外 広 告 物 許 可 申 請 書</td></tr>
<tr><td colspan="3">　東京都屋外広告物条例第　8　条
　　　　　　　　　　　　第　　条の規定により許可を受けたいので、下記のとおり申請します。

　　　　　　　　　　　　　　　　　　　　　　　年　　月　　日

　　東京都知事　殿

　　　　　　　　　　　　申請者　住　所
　　　　　　　　　　　　　　　　氏　名
　　　　　　　　　　　　　　　　電　話　　（　　）
　　　　　　　　　　　　　　　（法人にあつては、事務所の所
　　　　　　　　　　　　　　　　在地、名称及び代表者の氏名）

　　　　　　　　　　　　　　　記</td></tr>
</table>

1　表示又は設置の場所		

2　表　示　内　容		

3　表示又は設置の態様	位置	土地　建築物（屋上・壁面・突出）その他	照明	ネオン管（露出・赤色・その他）点滅　その他

4　広　告　物　の　規　模	縦(メートル) A	横(メートル) B	面数 C	合計面積（平方メートル）A×B×C	数量
					基 枚 台 個 張

5　表　示　期　間	年　　月　　日から　　　年　　月　　日まで

6　屋外広告物管理者	(1) 住　所	
	(2) 氏　名	
	(3) 電　話	
	(4) 資　格	

7　そ　の　他	別紙のとおり

<table>
<tr><td rowspan="6">※
受
付
欄</td><td>都・建築指導事務所</td><td>受付機関</td><td>納入確認</td><td colspan="2">手　数　料</td></tr>
<tr><td rowspan="5"></td><td rowspan="5"></td><td rowspan="5"></td><td>種　　別</td><td></td></tr>
<tr><td rowspan="2">数量</td><td>広告塔又は広告板（5平方メートルまでごと）</td></tr>
<tr><td></td></tr>
<tr><td>その他の広告物</td><td>基枚台個張</td></tr>
<tr><td>単　価</td><td>　　　　円</td></tr>
<tr><td>金　額</td><td>　　　　円</td></tr>
</table>

（注意）　1　所定の欄を記入の上、該当事項を○で囲んでください。
　　　　　2　6の屋外広告物管理者の欄については、原則として記入は不要です。なお、同欄に記入がある場合には、東京都屋外広告物条例施行規則第3条で定める広告物等を表示又は設置する場合に必要となる屋外広告物管理者設置届の提出が不要となります。記入する場合には、(4)の資格の欄に東京都屋外広告物条例施行規則第2条各号に定める屋外広告物管理者の資格の名称を記入するとともに、その資格を証する書面を添付してください。
　　　　　3　※印のある欄は、記入しないでください。

（日本産業規格A列4番）

194

別紙

（表）

1 広告物の種類		広告塔　広告板　プロジェクションマッピング　小型広告板　はり紙　はり札等　広告旗　立看板等　電柱又は街路灯柱の利用広告　標識利用広告　宣伝車　車体利用広告　アドバルーン　広告幕　アーチ　装飾街路灯　店頭装飾			
2 用途地域等		第一種住居地域　第二種住居地域　準住居地域　近隣商業地域　商業地域　準工業地域　工業地域　工業専用地域　第一種低層住居専用地域　第二種低層住居専用地域　第一種中高層住居専用地域　第二種中高層住居専用地域　田園住居地域　緑地保全地区　旧美観地区　風致地区　第一種文教地区　市街化調整区域　条例第6条第4号及び第5号の規定により定められた地域　条例第8条第4号の規定により定められた地域			
3 禁止区域に該当する場合		条例第6条第　　号	4　第一種低層住居専用地域又は第二種低層住居専用地域の境界線からの距離		メートル
5 道路、鉄道及び軌道の沿道等	(1) 道路	道路(道路名　　　　)の　　　からの距離　　　　メートル　市街化調整区域の内・外			
	(2) 高速道路	高速道路(道路名　　　　)の　　　からの距離　　　　メートル			
	(3) 鉄道	鉄道(鉄道名　　　　)の　　　からの距離　　　　メートル			
	(4) 軌道	軌道(軌道名　　　　)の　　　からの距離　　　　メートル			
6 表示又は設置の限度		A　建築物の高さ　　　　メートル　B　広告物の高さの限度(A×2／3)　　　　メートル　C　表示又は設置の限度(A+B)　　　　メートル			
7 一壁面における総表示面積の限度	(1) 壁面面積	平方メートル	8 一建築物における総表示面積の限度	(1) 建築物の壁面面積	平方メートル
	(2) 総表示面積の限度((1)×3／10)	平方メートル		(2) 総表示面積の限度((1)×6／10)	平方メートル
	(3) 広告物の既表示面積	平方メートル		(3) 広告物の既表示面積	平方メートル
	(4) 今回表示面積	平方メートル		(4) 今回表示面積	平方メートル
9 工作物の確認		年　月　日　第　　号			
10 道路占用の許可		年　月　日　第　　号			
11 前回許可		年　月　日　第　　号　(　年　月　日から　年　月　日まで)			
12 設計者	(1) 住所				
	(2) 氏名				
	(3) 資格	(　)級建築士・(　)登録　第　　号			
	(4) 建築士事務所	(　)級建築士事務所・(　)登録　第　　　号			
13 施工者	(1) 住所				
	(2) 氏名				
	(3) 屋外広告業登録番号	年　月　日　第　　号			
	(4) 建設業	(　)許可　第　　号			
	(5) 電気工事業	(　)登録　第　　号			

（日本産業規格A列4番）

（裏）

14　条例第6条第4号及び第5号の規定により定められた地域	(1)　文化財等から展望できない広告物等	該当する 　展望できない理由 　（　　　　　　　　　　　） 該当しない	
	(2)　地盤面からの高さ	（　　　　）メートル （20メートル未満は、(3)の記入不要）	
	(3)　基準を超える彩度の使用割合の限度	広告物の表示面積A	平方メートル
		基準を超える彩度の使用割合の限度 （A×1／3）	平方メートル
		基準を超える彩度の使用面積	平方メートル
15　条例第8条第4号の規定により定められた地域	(1)　広告物の目的	自家用広告物 その他の広告物（　　　　　　　　）	
	(2)　地盤面からの高さ	（　　　　）メートル （10メートル未満は、(3)の記入不要）	
	(3)　基準を超える彩度の使用割合の限度	広告物の表示面積A	平方メートル
		基準を超える彩度の使用割合の限度 （A×1／3）	平方メートル
		基準を超える彩度の使用面積	平方メートル
	(4)　照明	種類	ネオン管（露出・その他）、LED、その他
		色	赤色光、黄色光、その他（　　　　　　）

(注意)　1　所定の欄を記入の上、該当事項を〇で囲んでください。
　　　　2　7(1)壁面面積及び8(1)建築物の壁面面積の欄については、地盤面から当該広告物又は掲出物件の上端までの高さが、第一種住居地域、第二種住居地域又は準住居地域内において33メートルを超える場合にあつては33メートル、第一種住居地域、第二種住居地域又は準住居地域外において52メートルを超える場合にあつては52メートルまでの面積を記入してください。

第2号様式（第1条関係）

屋 外 広 告 物 自 己 点 検 報 告 書

　東京都屋外広告物条例施行規則第1条第3項の規定により、屋外広告物の点検結果を下記のとおり報告します。

年　　月　　日

東京都知事　殿

報告者　住　所
　　　　氏　名　　　　　（　）
　　　　電　話　　　　　（　）
　　　　法人にあつては、事務所の所
　　　　在地、名称及び代表者の氏名

　下記の点検結果は、事実に相違ありません。

屋外広告物管理者　住所
　　　　　　　　　氏名
　　　　　　　　　電話　　（　）
　　　　　　　　　資格

記

1　屋外広告物の概要
(1)　表示又は設置の場所
(2)　表　示　内　容
(3)　設　置　年　月　日　　　　　年　　月　　日
(4)　前　回　許　可　　　年　月　日　　第　　　　号

2　点検結果

点　検　項　目	※異状の有・無	改　善　の　概　要
(1)　取付け(支持)部分の変形又は腐食	有　・　無	
(2)　主要部材の変形又は腐食	有　・　無	
(3)　ボルト、ビス等のさび	有　・　無	
(4)　表示面の汚染、変色又ははく離	有　・　無	
(5)　表　示　面　の　破　損	有　・　無	
(6)　その他特に点検した箇所	有　・　無	

（注意）　1　屋外広告物管理者の欄は、東京都屋外広告物条例施行規則第3条で定める広告物等を表示又は設置している場合のみ記入してください。この場合、資格の欄には、東京都屋外広告物条例施行規則第2条各号に定める屋外広告物管理者の資格の名称を記入してください。
　　　　　2　※印のある欄は、該当するものを〇で囲んでください。

（日本産業規格A列4番）

第3号様式（第1条関係）

屋外広告物等に係る意匠等作成経過報告書

　東京都屋外広告物条例施行規則第1条第5項の規定により、屋外広告物等に係る意匠等の作成経過を下記のとおり報告します。

年　　月　　日

東京都知事　殿

報告者　住所
　　　　氏名
　　　　電話　　（　　）

　　　　　　　　　　⎡法人にあつては、その事務所の⎤
　　　　　　　　　　⎣所在地、名称及び代表者の氏名⎦

記

1　広告物の概要

　(1)　表示又は設置の場所

　(2)　表　示　内　容

　(3)　表　示　期　間

2　屋外広告物等に係る意匠等作成経過

　(1)　広告物の意匠及び色彩に関する案の
　　　　作成後、東京都屋外広告物条例施行
　　　　規則第1条第6項に規定する知事が　　　　　有　・　無
　　　　別に定める委員会等に対する意見聴
　　　　取の有無

　(2)　上記意見聴取をしていた場合、その
　　　　委員会等の名称及び聴取日

　(3)　委員会等からの指摘に基づき変更し
　　　　た意匠等の内容

　　・　主な指摘事項

　　・　指摘に基づき変更した内容

（日本産業規格A列4番）

第4号様式（第4条関係）

（表）

屋 外 広 告 物 許 可 書

第　　　　　号

申請者　住　所
　　　　氏　名
　　　　〔法人にあつては、その事務所の
　　　　　所在地、名称及び代表者の氏名〕

　　　年　　月　　　日付けで申請のあつた屋外広告物については、東京都屋外広告物条例第　　　条の規定により、下記のとおり許可します。

　　　年　　月　　日

　　　　　　　　　　　　　東京都知事

記

1　広告物の種類

2　表示又は
　　設置の場所

3　表示内容

4　広告物の数量

5　許可期間　　　　年　　月　　　日から　　年　　月　　　日まで

6　屋外広告物　　住　所
　　管理者　　　　氏　名
　　　　　　　　　資格

7　許可条件
（1）　広告物の裏面及び側面又は掲出物件は、ペイント塗装その他の方法により美観を保持すること。
（2）　蛍光塗料(蛍光フイルムを含む。)は、使用しないこと。
（3）　破損、腐食等により公衆に対し危害を与えるおそれが生じたときは、直ちに補強すること。
（4）　汚染し、変色し、又ははく離したときは、直ちに補修し、常に美観を保持すること。
（5）　許可期間が満了したときは、直ちに除却すること。
（6）　許可を取り消されたときは、直ちに除却すること。

行政不服審査法及び行政事件訴訟法に係る手続については、裏面を御参照ください。

（日本産業規格A列4番）

（裏）

1　この決定に不服がある場合には、この決定があつたことを知つた日の翌日から起算して３月以内に、東京都知事に対して審査請求をすることができます（なお、この決定があつたことを知つた日の翌日から起算して３月以内であつても、この決定の日の翌日から起算して１年を経過すると審査請求をすることができなくなります。）。

2　この決定については、この決定があつたことを知つた日の翌日から起算して６月以内に、東京都を被告として（訴訟において東京都を代表する者は東京都知事となります。）、処分の取消しの訴えを提起することができます（なお、この決定があつたことを知つた日の翌日から起算して６月以内であつても、この決定の日の翌日から起算して１年を経過すると処分の取消しの訴えを提起することができなくなります。）。ただし、上記１の審査請求をした場合には、当該審査請求に対する裁決があつたことを知つた日の翌日から起算して６月以内に、処分の取消しの訴えを提起することができます（なお、当該審査請求に対する裁決があつたことを知った日の翌日から起算して６月以内であつても、当該裁決の日の翌日から起算して１年を経過すると処分の取消しの訴えを提起することができなくなります。）。

第5号様式（第5条関係）

屋 外 広 告 物 管 理 者 設 置 届

　屋外広告物管理者について下記のとおり設置したので、東京都屋外広告物条例施行
規則第5条第1項の規定により届け出ます。

年　　月　　日

　東京都知事　殿

届出者　住　所
氏　名
電　話　　（　　　　）

［ 法人にあつては、その事務所の所
在地、名称及び代表者の氏名 ］

記

1　屋外広告物管理者

住　　　　　所	
氏　　　　　名	
電　　　　　話	
資　　　　　格	

2　許可の内容

(1)　広 告 物 の 種 類	広告塔(　　　　メートル　　　　平方メートル) 広告板(　　　　メートル　　　　平方メートル) アーチ 装飾街路灯
(2)　表示又は設置の場所	
(3)　表　示　内　容	
(4)　広 告 物 の 数 量	
(5)　許可年月日及び許可番号	年　　月　　日　　　第　　　　号
(6)　許　可　期　間	年　　月　　日から　　年　　月　　日まで

(注意)　1　1の資格の欄は、東京都屋外広告物条例施行規則第2条各号に定める屋
　　　　　外広告物管理者の資格の名称を記入してください。
　　　　2　2(1)の欄は、該当事項を○で囲んでください。また、広告塔又は広告板に
　　　　　該当する場合は、高さ又は表示面積を記入してください。
　　　　3　資格を証する書面を添付してください。

（日本産業規格A列4番）

第6号様式（第5条関係）

屋 外 広 告 物 広 告 主 等 変 更 届

　　屋外広告物の許可を受けた者について下記のとおり変更したので、東京都屋外広告物条例施行規則第5条第1項の規定により届け出ます。

年　　月　　日

　東京都知事　殿

届出者　住　所
氏　名
電　話　　（　　）
（法人にあつては、その事務所の
　所在地、名称及び代表者の氏名）

記

1　屋外広告物の許可を受けた者

変更前	住　　所	
	氏　　名	
	電　　話	
変更後	住　　所	
	氏　　名	
	電　　話	

2　許 可 の 内 容

(1)	広 告 物 の 種 類	
(2)	表示又は設置の場所	
(3)	表 示 内 容	
(4)	広 告 物 の 数 量	
(5)	許可年月日及び許可番号	年　　月　　日　第　　　号
(6)	許 可 期 間	年　月　日から　年　月　日まで

（注意）　1の住所及び氏名の欄は、法人にあつては、事務所の所在地、名称及び代表者の氏名を記入してください。

（日本産業規格A列4番）

第7号様式（第5条関係）

屋 外 広 告 物 管 理 者 変 更 届

　屋外広告物管理者について下記のとおり変更したので、東京都屋外広告物条例施行規則第5条第1項の規定により届け出ます。

年　　月　　日

東京都知事　殿

届出者　住　所
　　　　氏　名
　　　　電　話　　（　　）
　　┌ 法人にあつては、その事務所の所 ┐
　　└ 在地、名称及び代表者の氏名　　 ┘

記

1　屋外広告物管理者

変更前	住　　　　所	
	氏　　　　名	
	電　　　　話	
	資　　　　格	
変更後	住　　　　所	
	氏　　　　名	
	電　　　　話	
	資　　　　格	

2　許可の内容

(1)　広告物の種類	広告塔(　　　　メートル　　　　平方メートル) 広告板(　　　　メートル　　　　平方メートル) アーチ 装飾街路灯
(2)　表示又は設置の場所	
(3)　表　示　内　容	
(4)　広告物の数量	
(5)　許可年月日及び許可番号	年　　月　　日　　　第　　　　号
(6)　許　可　期　間	年　月　日から　　年　月　日まで

（注意）　1　1の住所及び氏名の欄は、法人にあつては、事務所の所在地、名称及び代表者の氏名を、資格の欄は、東京都屋外広告物条例施行規則第2条各号に定める屋外広告物管理者の資格の名称を記入してください。
　　　　　2　2(1)の欄は、該当事項を○で囲んでください。また、広告塔又は広告板に該当する場合は、高さ又は表示面積を記入してください。
　　　　　3　資格を証する書面を添付してください。ただし、住所、氏名及び電話番号の変更の場合には、必要ありません。

（日本産業規格A列4番）

第8号様式（第5条関係）

屋 外 広 告 物 除 却 届

　　　　年　　月　　日付　　第　　　号により許可を受けた屋外広告物を下記のとおり除却したので、東京都屋外広告物条例施行規則第5条第1項の規定により届け出ます。

　　　　　　　　　　　　　　　　　　　　　　　　　　　　年　　　月　　　日

　東京都知事　殿

　　　　　　　　　　　　　　　届出者　住　所
　　　　　　　　　　　　　　　　　　　氏　名
　　　　　　　　　　　　　　　　　　　電　話　（　　　）
　　　　　　　　　　　　　　　　　　　〔法人にあつては、その事務所の
　　　　　　　　　　　　　　　　　　　　所在地、名称及び代表者の氏名〕

　　　　　　　　　　　　　　　記

1　除 却 年 月 日　　　　年　　　　月　　　　日

2　除 却 理 由

3　広 告 物 の 種 類

4　表示又は設置の場所

5　表 示 内 容

6　広 告 物 の 数 量

7　許 可 期 間　　　年　　　月　　　日から　　年　　　月　　　日まで

8　屋外広告物管理者
　　　　　　　　　　住　所
　　　　　　　　　　氏　名
　　　　　　　　　　電　話　　　（　　　　）
　　　　　　　　　　資　格

（注意）　8の屋外広告物管理者の欄は、屋外広告物管理者を設置している場合のみ記入してください。この場合、資格の欄は、東京都屋外広告物条例施行規則第2条各号に定める屋外広告物管理者の資格の名称を記入してください。

（日本産業規格A列4番）

204

第9号様式（第6条関係）

屋 外 広 告 物 取 付 け 完 了 届

　　　　年　　月　　日付　　　第　　号により許可を受けた屋外広告物の取付けが下記のとおり完了したので、東京都屋外広告物条例施行規則第6条の規定により届け出ます。

　　　　　　　　　　　　　　　　　　　　　　　　　　年　　月　　日

　　東京都知事　殿

　　　　　　　　　　　　　　　　届出者　住　所
　　　　　　　　　　　　　　　　　　　　氏　名
　　　　　　　　　　　　　　　　　　　　電　話　（　　）
　　　　　　　　　　　　　　　　　　　　法人にあつては、事務所の所在
　　　　　　　　　　　　　　　　　　　　地、名称及び代表者の氏名

　　　　　　　　　　　　　　　　記

1　取付け完了年月日　　　　年　　月　　日

2　広 告 物 の 種 類

3　表示又は設置の場所

4　表 示 内 容

5　広 告 物 の 数 量

6　許 可 期 間　　　　年　　月　　日から　　年　　月　　日まで

（日本産業規格A列4番）

第9号様式の2（第7条関係）

屋外広告物許可済

許　可　権　者

許　可　期　間　　　年　月　　日から
　　　　　　　　　　年　月　　日まで

許　可　番　号　　　第　　　　号

住所（所在地）

氏名（名称）

（横幅）4センチメートル以上

（縦幅）4センチメートル以上

備考

　はり紙（ポスターを含む。）、はり札等（東京都屋外広告物
条例（昭和24年東京都条例第100号）第7条第2項に規定す
るはり札等をいう。）、広告旗（同項に規定する広告旗をいう。）、
立看板等（同項に規定する立看板等をいう。）及び電柱又は街
路灯柱を利用する屋外広告物又は屋外広告物を掲出する物件
については、許可権者、許可期間及び許可番号以外の事項の
記載を省略することができる。

第9号様式の3（第11条の3関係）

活 用 地 区 指 定 申 請 書

　東京都屋外広告物条例第12条の2第1項の規定により、プロジェクションマッピング活用地区の指定について、下記のとおり申請します。

年　　月　　日

　東京都知事　殿

申請者　住　所
　　　　氏　名
　　　　電　話　　（　　）
　　　　〔法人にあつては、事務所の所在〕
　　　　〔地、名称及び代表者の氏名〕

記

1　活用地区の名称等
（1）名称

（2）位置・区域

2　活用計画の案
　　別紙のとおり

（注意）　東京都屋外広告物条例第12条の2第2項各号に定める事項を記載した活用計画の案を別紙として添付してください。

（日本産業規格A列4番）

第9号様式の4　（第11条の5関係）

活 用 地 区 指 定 変 更 申 請 書

　東京都屋外広告物条例第12条の2第6項の規定により、プロジェクションマッピング活用地区に係る活用計画の内容を変更したいので、下記のとおり申請します。

年　　月　　日

東京都知事　殿

申請者　住　所
　　　　氏　名
　　　　電　話　　（　　）
　　　　〔法人にあつては、事務所の所在〕
　　　　〔地、名称及び代表者の氏名〕

記

1　活用地区の名称等
（1）名称

（2）位置・区域

2　変更内容
（1）変更前

（2）変更後

3　変更理由

（注意）　申請書には、活用計画の変更案を添付してください。

（日本産業規格A列4番）

第9号様式の5（第11条の5関係）

活 用 地 区 廃 止 届

　東京都屋外広告物条例第12条の2第8項の規定により、プロジェクションマッピング活用地区の廃止について、下記のとおり届け出ます。

年　　月　　日

　東京都知事　殿

届出者　住　　所
　　　　氏　　名
　　　　電　　話　　（　　　）
〔法人にあつては、事務所の所在地、名称及び代表者の氏名〕

記

1　活用地区の名称等
（1）名称

（2）位置・区域

2　廃止理由

3　廃止予定年月日

（日本産業規格A列4番）

第10号様式（第12条、第13条関係）

（表）

屋 外 広 告 物 表 示 ・ 設 置 届

　　　　　　　　　※┌表　　　　　　示┐
屋外広告物を　　　　└掲出する物件を設置┘したいので、東京都屋外広告物条例施行規則第　条
の規定により下記のとおり届け出ます。

　　　　　　　　　　　　　　　　　　　　　　　　　　　　年　　月　　日

　東京都知事　殿

　　　　　　　　　　　　届出者　住所

　　　　　　　　　　　　　　　　氏名

　　　　　　　　　　　　　　　　電話　（　　　　）
　　　　　　　　　　　　　　　　┌法人にあつては、事務所の所┐
　　　　　　　　　　　　　　　　└在地、名称及び代表者の氏名┘

記

1	広 告 物 の 種 類	
2	表示又は設置の場所	
3	表　示　内　容	
4	広告物 の規模	面　　積	
		数　　量	
5	期　　　　　間	年　月　日から　　年　月　日まで
6	表示又は設置の目的	

（注意）　1　※印のある箇所は、該当するものを〇で囲んでください。
　　　　　2　公益を目的とした行事、催物等のために表示するプロジェクションマッピングについ
　　　　　　ては、裏面の7の事項についても記入してください。

（日本産業規格A列4番）

（裏）

7　公益を目的とした行事、催物等のために表示するプロジェクションマッピング	
(1)　公益行事等の名称及び概要	
(2)　企業広告等の占める割合（1/3以下）	
(3)　企業広告等による収益の用途（公益に関する目的を有すること。）	
(4)　表示する上端までの高さ	
(5)　表示時間	時　　　分から　　　　時　　　　分まで
(6)　高さ制限を超える場合 ※	イ　表示期間が7日以内 ロ　1日当たりの表示時間が3時間以内 ハ　高さ制限を超えて表示する部分の表示面積の合計 　　（　　　　　㎡）が、高さ制限を超える部分の 　　壁面の面積（　　　　　㎡）の10分の3以下
(7)　備考	

（注意）　1　※印のある箇所は、該当するものを○で囲んでください。
　　　　2　7(6)高さ制限とは、地盤面からプロジェクションマッピングの上端までの高さについて、第一種住居地域、第二種住居地域、準住居地域又は指定区域内にあつては33メートルを、第一種住居地域、第二種住居地域、準住居地域又は指定区域外にあつては52メートルを指します。
　　　　3　記入欄が不足する場合には、必要な事項を記入した別紙を添えてください。

第11号様式（第22条関係）

（表）

第　　　号
年　　月　　日

殿

東 京 都 知 事

屋 外 広 告 物 許 可 取 消 書

　　　年　　月　　日　　第　　号により許可をした下記屋外広告物等に
ついては、東京都屋外広告物条例（昭和24年東京都条例第100号）第　　条
第　　項の規定に違反しているので、同条例第31条の規定に基づき許可を取り
消したので通知する。

記

1　広 告 物 の 種 類

2　表示又は設置の場所

3　表 示 内 容

行政不服審査法及び行政事件訴訟法に係る手続については、裏面を御参照ください。

（日本産業規格Ａ列４番）

（裏）

1　この決定に不服がある場合には、この決定があつたことを知つた日の翌日から起算して３月以内に、東京都知事に対して審査請求をすることができます（なお、この決定があつたことを知つた日の翌日から起算して３月以内であつても、この決定の日の翌日から起算して１年を経過すると審査請求をすることができなくなります。）。

2　この決定については、この決定があつたことを知つた日の翌日から起算して６月以内に、東京都を被告として（訴訟において東京都を代表する者は東京都知事となります。）、処分の取消しの訴えを提起することができます（なお、この決定があつたことを知つた日の翌日から起算して６月以内であつても、この決定の日の翌日から起算して１年を経過すると処分の取消しの訴えを提起することができなくなります。）。ただし、上記１の審査請求をした場合には、当該審査請求に対する裁決があつたことを知つた日の翌日から起算して６月以内に、処分の取消しの訴えを提起することができます（なお、当該審査請求に対する裁決があつたことを知つた日の翌日から起算して６月以内であつても、当該裁決の日の翌日から起算して１年を経過すると処分の取消しの訴えを提起することができなくなります。）。

第12号様式（第22条関係）

（表）

第　　号
年　月　日

殿

東 京 都 知 事

措　置　命　令　書

　下記広告物等は、東京都屋外広告物条例（昭和24年東京都条例第100号）第
　　条第　　項の規定に違反しているので、同条例第31条の規定に基づき、下
記のとおり措置を命ずる。

記

1　措　置　内　容

2　広 告 物 等 の 種 類

3　表示又は設置の場所

4　表　示　内　容

行政不服審査法及び行政事件訴訟法に係る手続については、裏面を御参照ください。

（日本産業規格A列4番）

（裏）

1　この決定に不服がある場合には、この決定があつたことを知つた日の翌日から起算して３月以内に、東京都知事に対して審査請求をすることができます（なお、この決定があつたことを知つた日の翌日から起算して３月以内であつても、この決定の日の翌日から起算して１年を経過すると審査請求をすることができなくなります。）。

2　この決定については、この決定があつたことを知つた日の翌日から起算して６月以内に、東京都を被告として（訴訟において東京都を代表する者は東京都知事となります。）、処分の取消しの訴えを提起することができます（なお、この決定があつたことを知つた日の翌日から起算して６月以内であつても、この決定の日の翌日から起算して１年を経過すると処分の取消しの訴えを提起することができなくなります。）。ただし、上記１の審査請求をした場合には、当該審査請求に対する裁決があつたことを知つた日の翌日から起算して６月以内に、処分の取消しの訴えを提起することができます（なお、当該審査請求に対する裁決があつたことを知つた日の翌日から起算して６月以内であつても、当該裁決の日の翌日から起算して１年を経過すると処分の取消しの訴えを提起することができなくなります。）。

第13号様式（第22条関係）

（表）

```
                                          第      号
                                      年    月    日

          殿

                        東 京 都 知 事


                  措  置  命  令  書


    下記広告物等は、東京都屋外広告物条例（昭和24年東京都条例第100号）第
      条第    項の規定に違反しているので、同条例第32条第1項の規定に基づ
  き、下記期限までに下記のとおり措置を命ずる。

                        記

  1  措  置  内  容


  2  広 告 物 等 の 種 類


  3  表示又は設置の場所


  4  表  示  内  容


  5  期      限      年    月    日



  行政不服審査法及び行政事件訴訟法に係る手続については、裏面を御参照ください。
```

（日本産業規格A列4番）

（裏）

1　この決定に不服がある場合には、この決定があつたことを知つた日の翌日から起算して3月以内に、東京都知事に対して審査請求をすることができます（なお、この決定があつたことを知つた日の翌日から起算して3月以内であつても、この決定の日の翌日から起算して1年を経過すると審査請求をすることができなくなります。）。

2　この決定については、この決定があつたことを知つた日の翌日から起算して6月以内に、東京都を被告として（訴訟において東京都を代表する者は東京都知事となります。）、処分の取消しの訴えを提起することができます（なお、この決定があつたことを知つた日の翌日から起算して6月以内であつても、この決定の日の翌日から起算して1年を経過すると処分の取消しの訴えを提起することができなくなります。）。ただし、上記1の審査請求をした場合には、当該審査請求に対する裁決があつたことを知つた日の翌日から起算して6月以内に、処分の取消しの訴えを提起することができます（なお、当該審査請求に対する裁決があつたことを知つた日の翌日から起算して6月以内であつても、当該裁決の日の翌日から起算して1年を経過すると処分の取消しの訴えを提起することができなくなります。）。

第14号様式（第22条関係）

（表）

第　　　号

年　　月　　日

　　　　殿

東 京 都 知 事

屋 外 広 告 物 除 却 命 令 書

　下記広告物等は、東京都屋外広告物条例（昭和24年東京都条例第100号）第
　　条第　　項の規定に違反しているので、同条例第31条の規定に基づき、除
却するように命ずる。

記

1　広 告 物 等 の 種 類

2　表示又は設置の場所

3　表 示 内 容

行政不服審査法及び行政事件訴訟法に係る手続については、裏面を御参照ください。

（日本産業規格A列4番）

218

（裏）

1　この決定に不服がある場合には、この決定があつたことを知つた日の翌日から起算して３月以内に、東京都知事に対して審査請求をすることができます（なお、この決定があつたことを知つた日の翌日から起算して３月以内であつても、この決定の日の翌日から起算して１年を経過すると審査請求をすることができなくなります。）。

2　この決定については、この決定があつたことを知つた日の翌日から起算して６月以内に、東京都を被告として（訴訟において東京都を代表する者は東京都知事となります。）、処分の取消しの訴えを提起することができます（なお、この決定があつたことを知つた日の翌日から起算して６月以内であつても、この決定の日の翌日から起算して１年を経過すると処分の取消しの訴えを提起することができなくなります。）。ただし、上記１の審査請求をした場合には、当該審査請求に対する裁決があつたことを知つた日の翌日から起算して６月以内に、処分の取消しの訴えを提起することができます（なお、当該審査請求に対する裁決があつたことを知つた日の翌日から起算して６月以内であつても、当該裁決の日の翌日から起算して１年を経過すると処分の取消しの訴えを提起することができなくなります。）。

第15号様式（第22条関係）

（表）

第　　　号
年　月　日

殿

東 京 都 知 事

屋 外 広 告 物 除 却 命 令 書

　下記広告物等は、東京都屋外広告物条例(昭和24年東京都条例第100号)第
　　　条第　　項の規定に違反しているので、同条例第32条第1項の規定に基
づき、下記期限までに除却するように命ずる。

記

1　広 告 物 等 の 種 類

2　表示又は設置の場所

3　表 示 内 容

4　期　　　　限　　　　年　　　月　　　日

　行政不服審査法及び行政事件訴訟法に係る手続については、裏面を御参照ください。

（日本産業規格A列4番）

（裏）

1　この決定に不服がある場合には、この決定があつたことを知つた日の翌日から起算して３月以内に、東京都知事に対して審査請求をすることができます（なお、この決定があつたことを知つた日の翌日から起算して３月以内であつても、この決定の日の翌日から起算して１年を経過すると審査請求をすることができなくなります。）。

2　この決定については、この決定があつたことを知つた日の翌日から起算して６月以内に、東京都を被告として（訴訟において東京都を代表する者は東京都知事となります。）、処分の取消しの訴えを提起することができます（なお、この決定があつたことを知つた日の翌日から起算して６月以内であつても、この決定の日の翌日から起算して１年を経過すると処分の取消しの訴えを提起することができなくなります。）。ただし、上記１の審査請求をした場合には、当該審査請求に対する裁決があつたことを知つた日の翌日から起算して６月以内に、処分の取消しの訴えを提起することができます（なお、当該審査請求に対する裁決があつたことを知つた日の翌日から起算して６月以内であつても、当該裁決の日の翌日から起算して１年を経過すると処分の取消しの訴えを提起することができなくなります。）。

第16号様式（第23条関係）

年　　月　　日

意　見　等　表　明　書

東京都知事　殿

住　所
氏　名
電　話　　　　（　　　）
〔法人にあつては主たる事務所の
　所在地、名称及び代表者の氏名〕

　　　　年　　　月　　　日付けの措置命令に対する不履行に関し、下記のとおり
意見を表明します。

記

措置命令の内容	
措置命令の原因となつた行為	
意　見　等	
備　考	

（注意）　1　意見等の欄には、証拠となる事実を記載することができます。
　　　　　2　別途、証拠書類等を添付することができます。

（日本産業規格A列4番）

第17号様式（第25条関係）

保管物件一覧表

番号	除却日時 （保管開始日）	放置されていた場所	名称又は種類及び数量	表示内容	保管場所	備　考

（日本産業規格A列4番）

第18号様式（第27条関係）

受　　領　　書

年　月　日

東 京 都 知 事　殿

返還を受けた者
住　所

氏　名

法人にあつては主たる事務所の
所在地、名称及び代表者の氏名

下記のとおり屋外広告物等（又は現金）の返還を受けました。

返 還 を 受 け た 日 時		年　月　日　時　分
返 還 を 受 け た 場 所		
返還を 受けた 広告物 等	整 理 番 号	
	広告物の種類	
	表 示 内 容	
	数　　量	
（返還を受けた金額）		

（日本産業規格Ａ列４番）

第19号様式（第28条関係）

（表）

屋 外 広 告 業 登 録 申 請 書

　　東京都屋外広告物条例第39条第1項の規定により、関係書類を添えて、下記のとおり屋外広告業者の登録を申請します。

年　月　日

　　東京都知事　　　殿

　　　　　　　　　　　　　住　　所
　　　　　　　　　　　　　氏　　名
　　　　　　　　　　　　　電　　話　　　　（　　　）
　　　　　　　　　　　　　（法人にあつては主たる事務所の所在地、）
　　　　　　　　　　　　　（商 号 又 は 名 称 及 び 代 表 者 の 氏 名）

記

登録の種類	1　新　規 2　更　新	※登録番号	都広（　　）第　　　号
		※登録年月日	
法人・個人の別		1　法人　　　　2　個人	
ふ り が な 氏　　　　名 及び生年月日 （法人にあつては商号又は名称、代表者の氏名及び生年月日）			生年月日　　　　年　　　月　　　日
住　　　所 （法人にあつては主たる事務所の所在地）		〒	電話　　（　　　）
東京都の区域内で営業を行う営業所の名称及び所在地	名　称		
	所在地	〒	電話　　（　　　）
法人である場合の役員（業務を執行する社員、取締役、執行役又はこれらに準ずる者。以下同じ。）の職名及び氏名		職　名	ふりがな 氏　名
未成年者である場合の法定代理人の氏名、商号又は名称、生年月日及び住所	氏名及び生年月日 （法人にあつては商号又は名称、代表者の氏名及び生年月日）		生年月日　　　　年　　　月　　　日
	住　所 （法人にあつては主たる事務所の所在地）	〒	電話　　（　　　）
法定代理人が法人である場合のその役員の職名及び氏名		職　名	ふりがな 氏　名
主たる業務の内容			
そ　の　他			

（日本産業規格A列4番）

（裏）

業務主任者等設置状況	ふりがな 氏　名	
	住　所	〒　　　　　　　　　電話　（　　）
	修了証番号、認定番号又は登録番号	
営業所	名　称	
	所　在　地	〒　　　　　　　　　電話　（　　）
	業務主任者等設置状況　ふりがな 氏　名	
	住　所	〒
	修了証番号、認定番号又は登録番号	
営業所	名　称	
	所　在　地	〒　　　　　　　　　電話　（　　）
	業務主任者等設置状況　ふりがな 氏　名	
	住　所	〒
	修了証番号、認定番号又は登録番号	
営業所	名　称	
	所　在　地	〒　　　　　　　　　電話　（　　）
	業務主任者等設置状況　ふりがな 氏　名	
	住　所	〒
	修了証番号、認定番号又は登録番号	

他の地方公共団体における登録番号	登録を受けた地方公共団体名	登録年月日	登録番号

（注意）1　※印のある欄は、新規登録の場合は記入しないでください。
　　　　2　登録申請者は、本社又は本社と同等の権限を有する営業所としてください。
　　　　3　主たる業務の内容の欄は、ネオン広告、展示装飾等簡明に記入してください。
　　　　4　法人の場合は、商業登記事項証明書(3か月以内発行のもの)を添付してください。
　　　　5　資格を証する書面を添付してください(東京都が開催した講習会を修了した者は、添付の必要はありません。)。
　　　　6　営業所が2以上ある場合は、営業所欄に記入してください。
　　　　7　その他の欄は、加盟している屋外広告物関係業界団体など、屋外広告物業に関する事項を記入してください。

226

第20号様式（第28条関係）

東京都知事　殿

誓　　約　　書

登録申請者 $\left(\begin{array}{c}\text{法 人 の 役 員}\\\text{本　　　　　人}\\\text{法定代理人（※）}\end{array}\right)$ は、東京都屋外広告物条例第42条第1項

各号に該当しない者であることを誓約します。

年　　月　　日

申請者

（※）法定代理人が法人である場合にはその役員を含みます。

（日本産業規格A列4番）

第21号様式（第28条関係）

<table>
<tr><td colspan="3">登録申請者　
法　人　の　役　員
本　　　　　　　人
法　定　代　理　人
法定代理人（法人）の役員　の略歴書</td></tr>
</table>

住　所	〒　　　　　　　　　　　　　　　　　　　　　　　電話　（　　）

<table>
<tr>
<td colspan="2">ふ　り　が　な
氏　　　名
法人にあっては商号
又は名称、及び氏名</td>
<td></td>
<td>生年
月日</td>
<td>年　月　日</td>
</tr>
<tr>
<td rowspan="3">略</td>
<td>期　間
自　年　月　日
至　年　月　日</td>
<td colspan="3">職務内容又は業務内容</td>
</tr>
<tr>
<td></td>
<td colspan="3"></td>
</tr>
<tr>
<td>歴</td>
<td colspan="3"></td>
</tr>
<tr>
<td rowspan="2">賞
罰</td>
<td>年　月　日</td>
<td colspan="3">賞　罰　の　内　容</td>
</tr>
<tr>
<td></td>
<td colspan="3"></td>
</tr>
</table>

上記のとおり相違ありません。

（注意）　「法人の役員　本人　法定代理人　法定代理人（法人）の役員」の欄については、
いずれか該当するものを○で囲んでください。

（日本産業規格Ａ列４番）

第22号様式（第29条関係）

屋 外 広 告 業 登 録 事 項 変 更 届 出 書

東京都屋外広告物条例第４３条第１項の規定により、下記のとおり届け出ます。

年　月　日

東京都知事　殿

住　所

氏　名

電　話　　　　　（　　　）

〔法人にあつては、その事務所の所在地、商号又は名称及び代表者の氏名〕

記

登 録 番 号	都広（　　）第　　　　　号		
登 録 年 月 日	年　　　　月　　　　日		
法人・個人の別	1　法　人　　　2　個　人		
氏　　名 ふりがな 及び生年月日 〔法人にあつては商号又は名称、代表者の氏名及び生年月日〕	生年月日　　　年　　　月　　　日		
住　　所 〔法人にあつては主たる事務所の所在地〕	〒　　　　　　　　　　　　電話　（　　　）		
変 更 年 月 日	年　　　　月　　　　日		
変 更 事 項	変更前		
	変更後		

（注意）業務主任者を変更した場合は、住所、氏名及び修了番号、認定番号又は登録番号を記入の上、新しい資格所持者の資格を証する書類を添付してください（東京都が開催した講習会を修了した者は、添付の必要はありません。）。

（日本産業規格Ａ列４番）

第23号様式（第29条関係）

屋 外 広 告 業 廃 業 等 届 出 書

東京都屋外広告物条例第４５条第１項の規定により、下記のとおり届け出ます。

年　　　月　　　日

東京都知事　殿

住　所

氏　名

電　話　　　　　（　　　）

> 法人にあつては、その事務所の
> 所在地、名称及び代表者の氏名

記

登 録 番 号	都広（　　）第　　　　　号		
登 録 年 月 日	年　　　月　　　日		
法人・個人の別	1　法　人　　　　2　個　人		
ふりがな 氏　　名 及び生年月日 （法人にあつてはその名 称、代表者の氏名及び 生年月日）	生年月日　　　年　　　月　　　日		
住　　　所	〒 電話　　　（　　　）		
届 出 の 理 由	1　死　　亡　　　2　合併による消滅　　3　破産手続開始の決定 4　解　　散　　　5　廃　　止		
届 出 理 由 の 生 じ た 日	年　　　月　　　日		
屋外広告業者と 届出人との関係	1　相 続 人　　　2　元代表役員　　　3　破産管財人 4　清 算 人　　　5　本　　人		

（注意）　1　「法人・個人の別」、「届出の理由」及び「屋外広告業者と届出人との関係」については、
　　　　　　　該当するものの番号を○で囲んでください。
　　　　　2　屋外広告業登録通知書を返還してください。

（日本産業規格Ａ列４番）

第24号様式（第30条関係）

（表）

<table>
<tr>
<th colspan="4" style="text-align:center">屋 外 広 告 業 登 録 簿</th>
</tr>
<tr>
<td rowspan="3">登 録 番 号</td>
<td rowspan="3">都広（ ）第
《登録番号》号</td>
<td>登 録 年 月 日</td>
<td>年　　月　　日</td>
</tr>
<tr>
<td>有効期間満了年月日</td>
<td>年　　月　　日</td>
</tr>
<tr>
<td>初回登録年月日</td>
<td>年　　月　　日</td>
</tr>
<tr>
<td>法人・個人の別</td>
<td colspan="3">1　法人　　　2　個人</td>
</tr>
<tr>
<td>ふりがな
氏　名
及び生年月日
（法人にあつては商号
又は名称、代表者の
氏名及び生年月日）</td>
<td colspan="2">登録者氏名

生年月日　　　　年　　月　　日</td>
<td>変更（　　年　　月　　日）

生年月日　　　　年　　月　　日</td>
</tr>
<tr>
<td>住　　　所
（法人にあつては主た
る事務所の所在地）</td>
<td colspan="2">〒
登録者住所

　　　　電話</td>
<td>〒　　　　　変更（　　年　　月　　日）

　　　　電話　（　　）
　　　　変更（　　年　　月　　日）</td>
</tr>
<tr>
<td rowspan="2">東京都の区域
内で営業を行
う営業所の名
称及び所在地</td>
<td>名称</td>
<td></td>
<td></td>
</tr>
<tr>
<td>所在地</td>
<td>〒

　　　　電話</td>
<td>〒

　　　　電話　（　　）
　　変更（　　年　　月　　日）</td>
</tr>
<tr>
<td colspan="4" style="text-align:center">法人である役員（業務を執行する社員、取締役、執行役又はこれに準ずる者）の職氏名</td>
</tr>
<tr>
<td colspan="2" style="text-align:center">職</td>
<td colspan="2" style="text-align:center">ふりがな
氏　名</td>
</tr>
<tr>
<td colspan="4" style="height:60px"></td>
</tr>
<tr>
<td colspan="4" style="text-align:center">未成年である場合の法定代理人の氏名及び住所</td>
</tr>
<tr>
<td>ふりがな
氏　名
（法人にあつては商号
又は名称、代表者の
氏名及び生年月日）</td>
<td colspan="3">生年月日　　　　年　　月　　日</td>
</tr>
<tr>
<td>住　　所
（法人にあつては主た
る事務所の所在地）</td>
<td colspan="3">〒

　　　　電話　（　　）</td>
</tr>
<tr>
<td>主たる業務
の内容</td>
<td colspan="3"></td>
</tr>
<tr>
<td>そ の 他</td>
<td colspan="3"></td>
</tr>
</table>

（日本産業規格A列4番）

（裏）

業務主任者等設置状況	ふりがな 氏　名		
	住　所	〒 　　　　　　　　　　　　　　　　　　電話（　　　）	
	修了証番号、認定証番号又は登録番号		

営業所	名　称			
	所在地	〒 　　　　　　　　　　　　　　電話　（　　　）		
	業務主任者等設置状況	ふりがな 氏　名		
		住　所	〒 　　　　　　　　　　　　電話　（　　　）	
		修了証番号、認定証番号又は登録番号		

営業所	名　称			
	所在地	〒 　　　　　　　　　　　　　　電話　（　　　）		
	業務主任者等設置状況	ふりがな 氏　名		
		住　所	〒 　　　　　　　　　　　　電話　（　　　）	
		修了証番号、認定証番号又は登録番号		

営業所	名　称			
	所在地	〒 　　　　　　　　　　　　　　電話　（　　　）		
	業務主任者等設置状況	ふりがな 氏　名		
		住　所	〒 　　　　　　　　　　　　電話　（　　　）	
		修了証番号、認定証番号又は登録番号		

他の地方公共団体における登録番号	登録を受けた地方公共団体名	登録年月日	登録番号

（日本産業規格Ａ列４番）

第25号様式（第31条関係）

（表）

第　　　号
年　月　日

屋 外 広 告 業 登 録 通 知 書

住　所

氏　名　　　　　宛
〔法人にあつては、その事務所の
所在地、名称及び代表者の氏名〕

東京都知事

　東京都屋外広告物条例第41条第2項に基づき、下記のとおり屋外広告業について登録したので通知します。

記

登 録 年 月 日	年　　　月　　　日
有 効 期 限	年　　　月　　　日
（初 回 登 録）	年　　　月　　　日
登 録 番 号	都広（　　）第　　　号

行政不服審査法及び行政事件訴訟法に係る手続については、裏面を御参照ください。

（日本産業規格A列4番）

（裏）

1　この決定に不服がある場合には、この決定があつたことを知つた日の翌日から起算して３月以内に、東京都知事に対して審査請求をすることができます（なお、この決定があつたことを知つた日の翌日から起算して３月以内であつても、この決定の日の翌日から起算して１年を経過すると審査請求をすることができなくなります。）。

2　この決定については、この決定があつたことを知つた日の翌日から起算して６月以内に、東京都を被告として（訴訟において東京都を代表する者は東京都知事となります。）、処分の取消しの訴えを提起することができます（なお、この決定があつたことを知つた日の翌日から起算して６月以内であつても、この決定の日の翌日から起算して１年を経過すると処分の取消しの訴えを提起することができなくなります。）。ただし、上記１の審査請求をした場合には、当該審査請求に対する裁決があつたことを知つた日の翌日から起算して６月以内に、処分の取消しの訴えを提起することができます（なお、当該審査請求に対する裁決があつたことを知つた日の翌日から起算して６月以内であつても、当該裁決の日の翌日から起算して１年を経過すると処分の取消しの訴えを提起することができなくなります。）。

234

第26号様式（第32条関係）

（表）

<table>
<tr><td colspan="2" align="right">第　　号
年　月　日</td></tr>
</table>

屋 外 広 告 業 登 録 拒 否 通 知 書

住　所

氏　名　　　　　　宛
〔法人にあつては、その事務所の
所在地、名称及び代表者の氏名〕

　　　　　　　　　　　東京都知事

　　　年　　月　　日付けで申請のあつた屋外広告業登録については、下記の理由により登録を拒否したので通知します。

　　　　　　　　　　　　記

登録拒否の理由	
根 拠 条 文	
行政不服審査法及び行政事件訴訟法に係る手続については、裏面を御参照ください。	

（日本産業規格A列4番）

（裏）

1　この決定に不服がある場合には、この決定があつたことを知つた日の翌日から起算して３月以内に、東京都知事に対して審査請求をすることができます（なお、この決定があつたことを知つた日の翌日から起算して３月以内であつても、この決定の日の翌日から起算して１年を経過すると審査請求をすることができなくなります。）。

2　この決定については、この決定があつたことを知つた日の翌日から起算して６月以内に、東京都を被告として（訴訟において東京都を代表する者は東京都知事となります。）、処分の取消しの訴えを提起することができます（なお、この決定があつたことを知つた日の翌日から起算して６月以内であつても、この決定の日の翌日から起算して１年を経過すると処分の取消しの訴えを提起することができなくなります。）。ただし、上記１の審査請求をした場合には、当該審査請求に対する裁決があつたことを知つた日の翌日から起算して６月以内に、処分の取消しの訴えを提起することができます（なお、当該審査請求に対する裁決があつたことを知った日の翌日から起算して６月以内であつても、当該裁決の日の翌日から起算して１年を経過すると処分の取消しの訴えを提起することができなくなります。）。

236

第27号様式（第33条関係）

屋外広告物講習会受講申込書

東京都屋外広告物条例第47条第1項の規定による講習会を受講したいので、下記のとおり申し込みます。

年　月　日

東京都知事　　殿

住　所

ふりがな
氏　名
電　話　　（　　）
年　月　日生

記

受　講　科　目	ア　広告物法規、広告物の表示の方法及び広告物の施工 イ　広告物法規及び広告物の表示の方法	
勤　務　先	名　称	
	所在地　　　　　　　　　　電話　（　　）	

受講一部免除の資格	資　格　名　称	資格取得年月日・番号
		年　月　日第　　号

※　納入確認	※　受講番号	※　受　付	写　真
	第　　号		

（注意）　1　※印のある欄は、記入しないでください。
　　　　　2　受講科目の欄は、ア又はイを〇で囲んでください。
　　　　　3　受講一部免除の資格のある方は、その資格を証する書面又はその写しを添付してください。

申込前6月以内に撮影した無帽、正面、上半身、無背景の縦4.5cm、横3.5cmの写真の裏面に氏名及び撮影年月日を記入し、のりではり付けてください。

--------------- 切 ----- り ----- 取 ----- り ----- 線 ---------------

受講票	ふりがな 氏　名		※　受　講　番　号		
			第　　号		
	住　所		受　講　科　目 （〇印を記入する。）		
		電話	法　規	表　示	施　工
	生年月日 性　別	年　月　日生			

（注意）　講習終了まで大切に保管してください。

（日本産業規格A列4番）

第28号様式（第33条関係）

第　　　号

屋 外 広 告 物 講 習 会 修 了 証

住　所

氏　名

年　　月　　日生

　上記の者は、東京都屋外広告物条例第47条第1項の規定による屋外広告物講習会を修了したことを証します。

　　　年　　月　　日

東京都知事

（日本産業規格Ａ列４番）

第29号様式（第35条関係）

<table>
<tr><td colspan="4" style="text-align:center">業務主任者資格認定申請書</td></tr>
<tr><td colspan="4">東京都屋外広告物条例第48条第1項第5号の規定による同項第1号から第4号までに掲げる者と同等以上の知識を有することの認定を、下記のとおり申請します。

　　　　　　　　　　　　　　　　　　　　　　　　　年　　月　　日

　東京都知事　殿

　　　　　　　　　　　　　　　住　所
　　　　　　　　　　　　　　　氏　名
　　　　　　　　　　　　　　　電　話　　（　　　）

　　　　　　　　　　　　　　　　　　　　年　　月　　日生

　　　　　　　　　　　　　記</td></tr>
</table>

資　格	責任者としての職名等			
	上記の職にあつた年数			
	過去5年間の法令違反			
	道府県・指定都市の認定		道・府・県・市 年　　月　　日　第　　　号	
	そ　　の　　他			
勤務先	名　　　称			
	所　在　地		電話　（　　　）	

（注意）資格を証する書面又は写しを添付してください。

（日本産業規格Ａ列4番）

第30号様式（第35条関係）

第　　　号

認　　定　　証

　　　　　　　　　　　　　　住　所

　　　　　　　　　　　　　　氏　名

　　　　　　　　　　　　　　　　　　年　　月　　日生

　上記の者は、東京都屋外広告物条例第48条第1項第5号の規定による同項第1号から第4号までに掲げる者と同等以上の知識を有する者と認定します。

　　　年　　月　　日

　　　　　　　　　　　　東京都知事

（日本産業規格A列4番）

第31号様式（第36条関係）

屋 外 広 告 業 者 登 録 票	
商号、名称又は氏名	
法人である場合の代表者の氏名	
登　録　番　号	
登　録　年　月　日	
営　業　所　名	
この営業所に置かれている業務主任者の氏名	

← 40センチメートル以上 →

35センチメートル以上

第32号様式（第37条関係）

注文者の氏名又は名称				
注 文 者 の 住 所				
広告物の表示又は掲出物件の設置の場所				
広告物又は掲出物件	名称又は種類		数量	
表示又は設置の年月日	年　　　月　　　日			
請 負 金 額				

第33号様式（第38条関係）

（表）

第 　　号
年　　月　　日

屋 外 広 告 業 登 録 抹 消 通 知 書

住　所

氏　名　　　　　　　宛
〔法人にあつては、その事務所の
所在地、名称及び代表者の氏名〕

東京都知事

　東京都屋外広告物条例第５２条第１項の規定により、下記のとおり屋外広告業者登録簿から登録を抹消したので、同条第２項の規定により通知します。

記

抹消した登録業者	登　録　番　号	都広（　　）第　　号
	住　　　所	
	氏　　　名〔法人にあつては、その事務所の所在地、名称及び代表者の氏名〕	
抹　消　年　月　日		
抹　消　理　由		

　行政不服審査法及び行政事件訴訟法に係る手続については、裏面を御参照ください。

（日本産業規格Ａ列４番）

（裏）

1　この決定に不服がある場合には、この決定があつたことを知つた日の翌日から起算して3月以内に、東京都知事に対して審査請求をすることができます（なお、この決定があつたことを知つた日の翌日から起算して3月以内であつても、この決定の日の翌日から起算して1年を経過すると審査請求をすることができなくなります。）。

2　この決定については、この決定があつたことを知つた日の翌日から起算して6月以内に、東京都を被告として（訴訟において東京都を代表する者は東京都知事となります。）、処分の取消しの訴えを提起することができます（なお、この決定があつたことを知つた日の翌日から起算して6月以内であつても、この決定の日の翌日から起算して1年を経過すると処分の取消しの訴えを提起することができなくなります。）。ただし、上記1の審査請求をした場合には、当該審査請求に対する裁決があつたことを知つた日の翌日から起算して6月以内に、処分の取消しの訴えを提起することができます（なお、当該審査請求に対する裁決があつたことを知つた日の翌日から起算して6月以内であつても、当該裁決の日の翌日から起算して1年を経過すると処分の取消しの訴えを提起することができなくなります。）。

244

第34号様式（第38条関係）

（表）

第　　　号

営 業 停 止 命 令 書

住　所

氏　名

〔法人にあつては、その事務所の
所在地、名称及び代表者の氏名〕

　　　年　　月　　日付都広（　）第　　　号で登録した屋外広告業につい
ては、東京都屋外広告物条例第５２条第１項の規定により、下記のとおり営業の停
止を命ずる。

　　　年　　月　　日

東京都知事

記

停止を命ずる事項	
停 止 期 間	
停止を命ずる理由	

行政不服審査法及び行政事件訴訟法に係る手続については、裏面を御参照ください。

（日本産業規格Ａ列４番）

（裏）

1　この決定に不服がある場合には、この決定があつたことを知つた日の翌日から起算して3月以内に、東京都知事に対して審査請求をすることができます（なお、この決定があつたことを知つた日の翌日から起算して3月以内であつても、この決定の日の翌日から起算して1年を経過すると審査請求をすることができなくなります。）。

2　この決定については、この決定があつたことを知つた日の翌日から起算して6月以内に、東京都を被告として（訴訟において東京都を代表する者は東京都知事となります。）、処分の取消しの訴えを提起することができます（なお、この決定があつたことを知つた日の翌日から起算して6月以内であつても、この決定の日の翌日から起算して1年を経過すると処分の取消しの訴えを提起することができなくなります。）。ただし、上記1の審査請求をした場合には、当該審査請求に対する裁決があつたことを知つた日の翌日から起算して6月以内に、処分の取消しの訴えを提起することができます（なお、当該審査請求に対する裁決があつたことを知った日の翌日から起算して6月以内であつても、当該裁決の日の翌日から起算して1年を経過すると処分の取消しの訴えを提起することができなくなります。）。

第35号様式（第39条関係）

<table>
<tr><td colspan="5" align="center">屋 外 広 告 業 者 監 督 処 分 簿</td></tr>
<tr>
<td rowspan="5">処分を受けた広告業者に関する事項</td>
<td colspan="2">登 録 番 号</td>
<td colspan="2">都広（　　）第　　　号</td>
<td>法人・個人の別</td>
<td>個人・法人</td>
</tr>
<tr>
<td colspan="2">ふ り が な
氏　　名
及び生年月日
（法人にあつてはその名称、代表者の氏名及び生年月日）</td>
<td colspan="4">生年月日　　年　　月　　日</td>
</tr>
<tr>
<td colspan="2">住　　所
（法人にあつては主たる事務所の所在地）</td>
<td colspan="4">〒

電話　　（　　）</td>
</tr>
<tr>
<td rowspan="2">東京都の区域内で営業を行う営業所の名称及び所在地</td>
<td>名称</td>
<td colspan="3"></td>
</tr>
<tr>
<td>所在地</td>
<td colspan="3">〒

電話　　（　　）</td>
</tr>
<tr>
<td rowspan="7">処分に関する事項</td>
<td colspan="2">処 分 年 月 日</td>
<td colspan="3"></td>
</tr>
<tr>
<td colspan="2">根 拠 条 文</td>
<td colspan="3"></td>
</tr>
<tr>
<td colspan="2">処 分 の 内 容</td>
<td colspan="3"></td>
</tr>
<tr>
<td colspan="2">処 分 の 期 間 等</td>
<td colspan="3"></td>
</tr>
<tr>
<td colspan="2">処分の原因となった屋外広告業者の行為等</td>
<td colspan="3"></td>
</tr>
<tr>
<td colspan="2">罰 則 等 の
適 用 状 況</td>
<td colspan="3"></td>
</tr>
<tr>
<td colspan="2">備　　　考</td>
<td colspan="3"></td>
</tr>
</table>

（日本産業規格Ａ列４番）

第35号様式の2　（第40条関係）

（表）

第　　号

立　入　検　査　証

　　　所　　属

　　　職　　名

　　　氏　　名

　　　生年月日　　　年　　　月　　　日

　　上記の者は、東京都屋外広告物条例第54条の規定による立入検査又は質問を
する権限を有する者であることを証明します。

　　　年　　　月　　　日

東京都知事

（有効期間1年）

← 9.0センチメートル →

（縦 6.3センチメートル）

（裏）

東京都屋外広告物条例（抜粋）

（報告及び検査）

第54条　知事は、東京都の区域内で屋外広告業を営む者に対して、良好な景観を
　　　形成し、若しくは風致を維持し、又は公衆に対する危害を防止するために必要
　　　があると認めるときは、その営業につき、必要な報告をさせ、又はその職員を
　　　して営業所その他営業に関係のある場所に立ち入り、帳簿、書類その他の物件
　　　を検査し、若しくは関係者に質問させることができる。

2　前項の規定により立入検査をする職員は、その身分を示す証明書を携帯し、
　　関係者の請求があつたときは、これを提示しなければならない。

3　第一項の規定による立入検査又は質問の権限は、犯罪捜査のために認められ
　　たものと解釈してはならない。

第36号様式（第40条関係）

（表）

第　号

立　入　検　査　証

所　属

職　名

氏　名

生年月日　　　年　　　月　　　日

　上記の者は、東京都屋外広告物条例第66条の規定による立入検査又は質問をする権限を有する者であることを証明します。

　　年　　　月　　　日

東京都知事

（有効期間１年）

← 9.0センチメートル →

6.3センチメートル

（裏）

東京都屋外広告物条例（抜粋）

（立入検査等）

第66条　知事は、この条例の施行に必要な限度において、その職員に、広告物等の存する土地又は建築物に立ち入り、広告物等を検査し、又は広告物の表示者等に対する質問を行わせることができる。

2　前項の規定による立入検査又は質問をする職員は、その身分を示す証明書を携帯し、関係人に提示しなければならない。

3　第１項の規定による立入検査又は質問の権限は、犯罪捜査のために認められたものと解釈してはならない。

第37号様式（第41条関係）

年　　月　　日

告 知 書 兼 弁 明 書

殿

東京都知事

　あなたが表示又は設置している下記広告物等は、東京都屋外広告物条例（昭和24年東京都条例第100号）第　　条第　　項第　　号の規定に違反しています。この行為は、過料処分の対象となります。

広告物等の種類	
表示又は設置場所	
表 示 内 容	
違反事実の内容	
住　　　所 （法人にあつては主たる 事務所の所在地）	
氏　　　名 （法人にあつてはその 名称、代表者の氏名）	
連　絡　先	
弁　　　　　明	□　上記のとおり認めます。弁明することはありません。 □　下記のとおり弁明します。 　　　上記内容は、□覚えがない。 　　　　　　　　□誤りがある。
	署　　名

（日本産業規格A列4番）

第38号様式（第41条関係）

（表）

第　　　号
年　月　日

過　料　処　分　通　知　書

被処分者
　住　所

　氏　名　　　　宛
〔法人にあつては、その事務所の
　所在地、名称及び代表者の氏名〕

　上記の者に対し、東京都屋外広告物条例第71条第　号の規定により金　　円の過料を処する。

　処分理由

　上記のとおり通知する。よつて別に交付する納入通知書によりこれを納付しなければならない。

東京都知事

行政不服審査法及び行政事件訴訟法に係る手続については、裏面を御参照ください。

（日本産業規格Ａ列４番）

（裏）

1　この決定に不服がある場合には、この決定があつたことを知つた日の翌日から起算して３月以内に、東京都知事に対して審査請求をすることができます（なお、この決定があつたことを知つた日の翌日から起算して３月以内であつても、この決定の日の翌日から起算して１年を経過すると審査請求をすることができなくなります。）。

2　この決定については、この決定があつたことを知つた日の翌日から起算して６月以内に、東京都を被告として（訴訟において東京都を代表する者は東京都知事となります。）、処分の取消しの訴えを提起することができます（なお、この決定があつたことを知つた日の翌日から起算して６月以内であつても、この決定の日の翌日から起算して１年を経過すると処分の取消しの訴えを提起することができなくなります。）。ただし、上記１の審査請求をした場合には、当該審査請求に対する裁決があつたことを知つた日の翌日から起算して６月以内に、処分の取消しの訴えを提起することができます（なお、当該審査請求に対する裁決があつたことを知つた日の翌日から起算して６月以内であつても、当該裁決の日の翌日から起算して１年を経過すると処分の取消しの訴えを提起することができなくなります。）。

252

第39号様式（第41条関係）

過 料 処 分 整 理 簿

番号	

被処分者の住所及び氏名 ［法人にあつてはその事務所の 所在地、名称及び代表者の氏名］	
連　　絡　　先	
登　録　番　号 （登録業者のみ）	都広（　　）第　　　号
弁　明　の　内　容	
処　分　決　定　日	年　　　月　　　日
金　　　　　　額	
処　分　決　定　日	年　　　月　　　日
納　付　期　限	年　　　月　　　日
処分を決定した事由 及　び　適　用　条　文	
納　付　年　月　日	年　　　月　　　日
備　　　　　考	

（日本産業規格Ａ列４番）

別表第 1　（第 8 条関係）　（昭62規則 9・全改、平17規則153・一部改正、令 2 規則44・一部改正）

広　告　物　の　種　類	期　間
一　広告塔　広告板　アーチ　装飾街路灯　プロジェクションマッピング	2 年以内
二　小型広告板　電柱又は街路灯柱の利用広告　標識利用広告　宣伝車　車体利用広告	1 年以内
三　はり紙　はり札等　広告旗　立看板等　アドバルーン　広告幕　店頭装飾	1 月以内

別表第 1 の 2　（第10条の 3 関係）　（平20規則69・追加、平21規則16・一部改正、平22規則31・一部改正、平24規則67・一部改正・追加、平25規則104・一部追加、平27規則54・一部追加）

地区計画等の名称	地区計画等の区域	広告物等の基準
一　東京都市計画地区計画一之江境川親水公園沿線景観形成地区地区計画（平成18年江戸川区告示第487号。以下この項において「当地区計画」という。）	江戸川区一之江一丁目、一之江五丁目、一之江六丁目、一之江町、二之江町、西一之江三丁目、松江六丁目、松江七丁目、船堀五丁目、船堀六丁目及び船堀七丁目各地内	一　条例第13条から第17条までに規定する広告物等であること。 二　条例第13条第五号に掲げる広告物等（同条ただし書の規則で定める基準に適合する場合を除く。）については、次の基準に該当するものであること。 　㈠　建築物の屋上へ取り付けないこと。 　㈡　赤色光を使用しないこと。 　㈢　光源が点滅しないこと。 　㈣　建築物の壁面を利用する広告物等の表示面積の合計は、当地区計画で定める住居街区（以下この項において単に「住居街区」という。）にあつては15平方メートル以下、当地区計画で定める複合街区（以下この項において単に「複合街区」という。）にあつては20平方メートル以下であること。 　㈤　土地に直接設置する広告塔及び広告板の地盤面から広告物の

		上端までの高さは、住宅街区に あつては5メートル以下、複合 街区にあつては10メートル以下 であること。
二　東京都市計画 地区計画麹町地 区地区計画（平 成20年千代田区 告示第117号）	一　千代田区麹町 一丁目地内	一　条例第13条から第17条までに規 定する広告物等であること。 二　条例第13条第5号に掲げる広告 物等（同条ただし書の規則で定め る基準に適合する場合を除く。） については、次の基準に該当する ものであること。 ㈠　建築物の屋上へ取り付けない こと。 ㈡　赤色光又は黄色光を使用しな いこと。 ㈢　光源が点滅しないこと。 ㈣　露出した光源を使用しないこ と。 ㈤　表示面積の合計は、10平方メ ートル以下であること。 ㈥　土地に直接設置する広告塔及 び広告板の地盤面から広告物の 上端までの高さは、10メートル 以下であること。 ㈦　地盤面より広告物等の上端ま での高さが10メートル以上であ るものについては、当該広告物 に使用する色彩のマンセル値 が、次の表の左欄に掲げる色相 の区分に応じて、同表の右欄に 定める彩度を超えないこと。た だし、一広告物の表示面積の3 分の1以下の面積については、 同表の下欄に定める彩度を超え て使用することができる。

色　　　　　相	彩度
0.1Rから10Rまで	5
0.1YRから5Yまで	6

5.1Yから10Gまで	4
0.1BGから10Bまで	3
0.1PBから10RPまで	4

二　千代田区麹町二丁目、麹町三丁目、麹町四丁目及び麹町五丁目各地内	一　次の基準に該当するものであること。 ㈠　赤色光又は黄色光を使用しないこと。 ㈡　光源が点滅しないこと。 ㈢　露出した光源を使用しないこと。 ㈣　広告板又は広告幕の表示面積の合計は、20平方メートル以下であること。 ㈤　土地に直接設置する広告塔及び広告板の地盤面から広告物の上端までの高さは、10メートル以下であること。 ㈥　地盤面より広告物等の上端までの高さが10メートル以上であるものについては、当該広告物に使用する色彩のマンセル値が、次の表の左欄に掲げる色相の区分に応じて、同表の右欄に定める彩度を超えないこと。ただし、一広告物の表示面積の3分の1以下の面積については、同表の右欄に定める彩度を超えて使用することができる。 色相・彩度の表（下記）
三　千代田区麹町五丁目及び麹町	一　条例第13条から第17条までに規定する広告物等であること。

色　　　　相	彩度
0.1Rから10Rまで	5
0.1YRから5Yまで	6
5.1Yから10Gまで	4
0.1BGから10Bまで	3
0.1PBから10RPまで	4

六丁目各地内

二　条例第13条第5号に掲げる広告
　物等（同条ただし書の規則で定め
　る基準に適合する場合を除く。）
　については、次の基準に該当する
　ものであること。

㈠　建築物の屋上へ取り付けない
　こと。

㈡　赤色光又は黄色光を使用しな
　いこと。

㈢　光源が点滅しないこと。

㈣　露出した光源を使用しないこ
　と。

㈤　表示面積の合計は、20平方メ
　ートル（学校及び病院に係る広
　告物等については、50平方メー
　トル）以下であること。

㈥　土地に直接設置する広告塔及
　び広告板の地盤面から広告物の
　上端までの高さは、10メートル
　以下であること。

㈦　地盤面より広告物等の上端ま
　での高さが10メートル以上であ
　るものについては、当該広告物
　に使用する色彩のマンセル値
　が、次の表の左欄に掲げる色相
　の区分に応じて、同表の右欄に
　定める彩度を超えないこと。た
　だし、一広告物の表示面積の3
　分の1以下の面積については、
　同表の右欄に定める彩度を超え
　て使用することができる。

色　　　　　　　　相	彩度
0.1Rから10Rまで	5
0.1YRから5Yまで	6
5.1Yから10Gまで	4
0.1BGから10Bまで	3
0.1PBから10RPまで	4

| 三　東京都市計画地区計画花畑五丁目地区地区計画（平成23年足立区告示第362号） | 足立区花畑三丁目、花畑四丁目、花畑五丁目及び花畑六丁目各地内 | 一　条例第13条から第17条までに規定する広告物等であること。
二　赤色光を使用しないこと。
三　光源が点滅しないこと。
四　露出した光源を使用しないこと。
五　建築物の壁面に表示し、又は設置する広告物等については、次の基準に該当するものであること。
　㈠　広告物等の表示面積が50平方メートル以下であること。
　㈡　広告物等を表示し、又は設置する壁面における各広告物等の表示面積の合計が、当該壁面面積の10分の1以下であること。
六　建築物の屋上を利用する広告塔及び広告板（以下この項において「広告塔等」という。）については、次の基準に該当するものであること。
　㈠　一建築物につき、表示し、又は設置する広告塔等は2基以下、かつ、表示面積は合計で120平方メートル以下であること。
　㈡　一面の表示面積は、50平方メートル以下であること。
　㈢　地盤面から広告塔等の上端までの高さは、25メートル以下であること。 |
| 四　東京都市計画地区計画西新井三丁目地区地区計画（平成17年足立区告示第374号） | 足立区西新井三丁目地内 | 一　条例第13条から第17条までに規定する広告物等であること。
二　建築物の屋上へ取り付けないこと。
三　建築物の壁面から突出させないこと。
四　赤色光を使用しないこと。
五　光源が点滅しないこと。 |

		六　露出した光源を使用しないこと。 七　表示面積の合計は、20平方メートル（学校及び病院に係る広告物等にあつては、50平方メートル）以下であること。 八　広告物に使用する色彩は、足立区景観条例（平成21年足立区条例第24号）第22条の規定により足立区長に提出された西新井第三団地地区景観ガイドラインの基準を満たすこと。
五　東京都市計画防災街区整備地区計画小山台一丁目地区防災街区整備地区計画（平成18年品川区告示第420号）	品川区小山台一丁目及び西五反田四丁目各地内	一　建築物の屋上へ取り付けないこと。 二　有色光を使用しないこと。 三　光源が点滅しないこと。 四　露出した光源を使用しないこと。
六　東京都市計画地区計画二之江西地区地区計画（平成23年江戸川区告示第437号。以下この項において「当地区計画」という。）	江戸川区春江町四丁目、春江町五丁目、西瑞江五丁目及び江戸川六丁目各地内	一　条例第13条から第17条までに規定する広告物等であること。 二　条例第13条第5号に掲げる広告物等（同条ただし書の規則で定める基準に適合する場合を除く。）については、次の基準に該当するものであること。 ㈠　建築物の屋上へ取り付けないこと。 ㈡　赤色光を使用しないこと。 ㈢　光源が点滅しないこと。 ㈣　表示面積の合計は、当地区計画で定める景観街区Ａ（以下この項において単に「景観街区Ａ」という。）及び当地区計画で定める景観街区Ｂ（以下この項において単に「景観街区Ｂ」という。）にあつては10平方メートル以下、当地区計画で定め

		る景観街区Ｃ（以下この項において単に「景観街区Ｃ」という。）にあつては20平方メートル以下であること。 ㈤　土地に直接設置する広告塔及び広告板の地盤面から広告物の上端までの高さは、景観街区Ａ及び景観街区Ｂにあつては5メートル以下、景観街区Ｃにあつては10メートル以下であること。
七　東京都市計画地区計画江戸川五丁目付近地区地区計画（平成26年江戸川区告示第76号。以下この項において「当地区計画」という。）	江戸川区江戸川四丁目、江戸川五丁目、江戸川六丁目、西瑞江五丁目及び春江町四丁目各地内	当地区計画で定める景観街区Ｃ（以下この項において単に「景観街区Ｃ」という。）、当地区計画で定める景観街区Ｄ（以下この項において単に「景観街区Ｄ」という。）及び当地区計画で定める景観街区Ｅ（以下この項において単に「景観街区Ｅ」という。）に表示し、又は設置する広告物等については、次の基準に該当するものであること。 一　条例第13条から第17条までに規定する広告物等であること。 二　条例第13条第5号に掲げる広告物等（同条ただし書の規則で定める基準に適合する場合を除く。）については、次の基準に該当するものであること。 ㈠　建築物の屋上へ取り付けないこと。 ㈡　赤色光を使用しないこと。 ㈢　光源が点滅しないこと。 ㈣　表示面積の合計は、景観街区Ｃにあつては20平方メートル以下、景観街区Ｄ及び景観街区Ｅにあつては10平方メートル以下であること。 ㈤　土地に直接設置する広告塔及び広告板の地盤面から広告物の

<table>
<tr><td colspan="2"></td><td>上端までの高さは、景観街区Ｃにあつては10メートル以下、景観街区Ｄ及び景観街区Ｅにあつては５メートル以下であること。</td></tr>
</table>

別表第2（第12条、第14条関係）（昭46規則51・追加、昭47規則103・旧別表第１繰下、昭48規則204・昭51規則60・一部改正、昭62規則９・全改、平８規則128・平15規則79・一部改正、平19規則44・一部改正・追加、平21規則16・一部改正・追加、平23規則130・平29規則122・一部改正）

地 域 地 区 等	禁 止 事 項	広告物等の表示面積
一　第一種低層住居専用地域、第二種低層住居専用地域、第一種中高層住居専用地域、第二種中高層住居専用地域及び田園住居地域（都市計画法第８条第１項第一号に規定する第一種低層住居専用地域、第二種低層住居専用地域、第一種中高層住居専用地域、第二種中高層住居専用地域及び田園住居地域をいう。第一種低層住居専用地域及び第二種低層住居専用地域については、以下同じ。）	一　建築物の屋上へ取り付けないこと。 二　建築物の壁面から突出させないこと。 三　ネオン管を使用しないこと。 四　条例第６条第十号及び第十一号に掲げる地域に表示し、又は設置する広告物等で、当該広告物等を表示し、又は設置する地域の路線用地から展望できるもの（以下この表において「路線用地から展望できる広告物等」という。）については、次のとおりであること。 （一）　光源が点滅しないこと。 （二）　赤色光を使用しないこと（ただし、赤色光を使用する部分の面積が広告物等の表示面積の20分の１以下である場合にあつては、赤色光を使用することができる。以下同じ。）	合計が５㎡以下
二　風致地区（都市計画法第８条第１項第七号に規定する風致地区をいう。以下同じ。）		
三　特別緑地保全地区（都市計画法第８条第１項第十二号に規定する特別緑地保全地区をいう。）		
四　国立公園、国定公園及び東京都立自然公園の特別地域（自然公園法（昭和32年法律第161号）第20条第１項及び第73条第１項に規定する特別地域をいう。）		
五　第一種文教地区（東京都文教地区建築条例（昭和25年東京都条例第88号）第２条に規定する第一種文教地区をいう。以下同じ。）		
六　条例第６条第三号の規定により		

定められた地域又は都市計画法第8条第1項第一号の地域以外の地域において、条例第6条第十二号の規定により定められた地域		
七　条例第6条第四号及び第五号の規定により定められた地域	一　建築物の屋上へ取り付けないこと。 二　光源を使用しないこと。 三　使用する色彩のマンセル値が、次の表の左欄に掲げる色相の区分に応じて、同表の右欄に定める彩度を超えないこと。ただし、一広告物の表示面積の3分の1以下の面積については、同表の右欄に定める彩度を超えて使用することができる。 表（下記） 四　路線用地から展望できる広告物等（文化財等から展望できない広告物等を含む。）については、次のとおりであること。 ㈠　光源が点滅しないこと。 ㈡　赤色光を使用しないこと。 ㈢　露出したネオン管を使用しないこと。	一　左欄一から六までに掲げる地域地区等　合計が5㎡以下 二　一以外に掲げる地域地区等　合計が10㎡以下
八　全　　域	条例第7条第1項第一号及び第七号に掲げる物件か	合計が5㎡以下

色相	彩度
0.1Rから10Rまで	5
0.1YRから5Yまで	6
5.1Yから10Gまで	4
0.1BGから10Bまで	3
0.1PBから10RPまで	4

262

	ら突出させないこと。	
九　第二種文教地区（東京都文教地区建築条例第2条に規定する第二種文教地区をいう。）	路線用地から展望できる広告物等については、次のとおりであること。 一　光源が点滅しないこと。 二　赤色光を使用しないこと。	合計が10㎡以下
十　第一種住居地域、第二種住居地域、準住居地域、近隣商業地域、商業地域、準工業地域、工業地域及び工業専用地域（都市計画法第8条第1項第一号に規定する第一種住居地域、第二種住居地域、準住居地域、近隣商業地域、商業地域、準工業地域、工業地域及び工業専用地域をいう。商業地域については、以下同じ。）	路線用地から展望できる広告物等については、次のとおりであること。 一　光源が点滅しないこと。 二　赤色光を使用しないこと。 三　露出したネオン管を使用しないこと。	
十一　都市計画法第8条第1項第一号に規定する地域以外の地域		
十二　十に掲げる地域内の景観地区（都市計画法第8条第1項第六号に規定する景観地区をいう。）のうち知事の指定する区域及び景観法の施行に伴う関係法律の整備等に関する法律第1条の規定による改正前の都市計画法第8条第1項第六号の規定により定められた美観地区	一　建築物の屋上へ取り付けないこと。 二　光源が点滅しないこと。 三　赤色光を使用しないこと。 四　露出したネオン管を使用しないこと。	
十三　十に掲げる地域内において、条例第6条第十二号の規定により定められた地域		
十四　条例第8条第四号の規定により指定された区域（平成21年東京都告示第465号により指定された区域に限る。以下「指定区域」という。）		5㎡未満

別表第3　（第19条関係）　（昭35規則95・昭38規則59・昭39規則275・昭41規則117・昭42規則96・昭44規則109・昭45規則64・一部改正、昭46規則51・旧別表第1繰下・一部改正、昭47規則103・旧別表第

　２繰下、昭47規則136・昭47規則233・昭48規則151・昭51規則60・昭52規則17・昭55規則87・一部改

　正、昭62規則９・全改、平８規則128・平12規則107・平13規則249・平15規則79・平15規則220・平19

　規則44・平21規則16・平23規則72・一部改正、平25規則104・一部改正、平27規則54・一部改正、令

　２規則44・一部追加）

規　格

一　広告塔及び広告板

　㈠　土地に直接設置する広告塔及び広告板

　　1　広告塔及び広告板（以下「広告塔等」という。）の高さが地上10m以下
　　　であること。ただし、商業地域内にある条例第13条第五号に掲げる広告物
　　　等である広告塔等については、地上13m以下であること。

　　2　道路の上空に突出する広告塔等については、道路境界線からの出幅が１
　　　m以下であり、かつ、道路面から当該突出部分の下端までの高さが歩車道
　　　の区別のある道路の歩道上にあつては3.5m以上（道路境界線からの出幅
　　　が0.5m以下のものにあつては、2.5m以上）、歩車道の区別のない道路上
　　　にあつては4.5m以上であること。

　　3　第一種文教地区又は条例第６条第一号ただし書の規定により指定した区
　　　域若しくは同条第二号ただし書の規定により指定した区域のうち風致地区
　　　（以下「第一種文教地区等」という。）内に設置する広告塔等については、
　　　露出したネオン管若しくは赤色のネオン管を使用せず、又は光源が点滅し
　　　ないこと。

　　4　第一種低層住居専用地域又は第二種低層住居専用地域の境界線から50m
　　　以内の地域内に設置する広告塔等で、当該第一種低層住居専用地域又は第
　　　二種低層住居専用地域から展望できるものについては、光源が点滅しない
　　　こと。

　㈡　建築物の屋上を利用する広告塔等

　　1　木造の建築物の屋上に設置する広告塔等については、地盤面から当該広
　　　告塔等の上端までの高さが10m以下であること。

　　2　鉄筋コンクリート造、鉄骨造等の耐火構造又は不燃構造の建築物の屋上
　　　に設置する広告塔等（地盤面から広告塔等の上端までの高さが10m以下の
　　　ものを除く。以下ハ４において同じ。）については、当該広告塔等の高さ
　　　が地盤面から広告塔等を設置する箇所までの高さの３分の２以下で、か
　　　つ、当該地盤面から広告塔等の上端までの高さが第一種住居地域、第二種
　　　住居地域、準住居地域又は指定区域内にあつては33m以下、第一種住居地
　　　域、第二種住居地域、準住居地域又は指定区域外にあつては52m以下であ
　　　ること。この場合において、階段室、昇降機塔、物見塔その他これらに類
　　　する建築物の屋上部分（以下「屋上構造物」という。）の上に設置する広

告塔等については、次に掲げる場合のいずれかに該当する場合にあつて
は、屋上構造物の高さは、広告塔等の高さに算入し、建築物の高さに算入
しないものとする。

　イ　屋上構造物の水平投影面積の合計が当該建築物の建築面積（建築基準
　　法施行令第2条第1項第二号に規定する建築面積をいう。以下同じ。）
　　の8分の1以下のとき。

　ロ　屋上構造物の水平投影面積の合計が当該建築物の建築面積の8分の1
　　を超える場合において、当該広告塔等が屋上構造物の壁面の直上垂直面
　　から突出するとき。

　3　条例第15条第一号に掲げる広告塔等で、光源が点滅せず、かつ、屋上構
　　造物の壁面に設置するものについては、2に規定する地盤面から広告塔等
　　の上端までの高さの限度を超えて設置することができる。ただし、広告物
　　のそれぞれの文字、数字、商標等の上端から下端までの長さは、地盤面か
　　ら当該下端までの高さが100m以下の場合にあつては3m以下、100mを超
　　える場合にあつては5m以下とする。

　4　建築物の壁面の直上垂直面から突出して設置しないこと。

　5　第一種文教地区等内に設置する広告塔等については、露出したネオン管
　　若しくは赤色のネオン管を使用せず、又は光源が点滅しないこと。

　6　第一種低層住居専用地域又は第二種低層住居専用地域の境界線から50m
　　以内の地域内に設置する広告塔等で、当該第一種低層住居専用地域又は第
　　二種低層住居専用地域から展望できるものについては、光源が点滅しない
　　こと。

二　建築物の壁面を利用する広告物等（プロジェクションマッピングを除く。以
　下七まで同じ。）

　1　地盤面から広告物等の上端までの高さが第一種住居地域、第二種住居地
　　域、準住居地域又は指定区域内にあつては33m以下、第一種住居地域、第
　　二種住居地域、準住居地域又は指定区域外にあつては52m以下であるこ
　　と。

　2　条例第15条第一号に掲げる広告物等で光源が点滅しないものについて
　　は、1に規定する高さの限度を超えて表示し、又は設置することができ
　　る。ただし、広告物のそれぞれの文字、数字、商標等の上端から下端まで
　　の長さは、地盤面から当該下端までの高さが100m以下の場合にあつては
　　3m以下、100mを超える場合にあつては5m以下とする。

　3　壁面の外郭線から突出して表示し、又は設置しないこと。

　4　窓又は開口部をふさいで表示し、又は設置しないこと。ただし、広告幕
　　については、非常用の進入口及び避難器具が設置された窓又は開口部（建

築基準法施行令第126条の6第二号に規定する窓又は開口部を含む。）を除き、この限りでない。

5　広告物等（広告幕を除く。）の表示面積が商業地域内にあつては100㎡以下、商業地域外にあつては50㎡以下であり、かつ、広告物等（広告物の表示期間が7日以内のものを除く。）を表示し、又は設置する壁面における各広告物等の表示面積の合計が当該壁面面積の10分の3以下であること。

6　建築物の一壁面に内容を同じくする広告物等を表示し、又は設置する場合においては、各広告物等の間隔が5m以上であること。

7　第一種文教地区等内に表示し、又は設置する広告物等については、露出したネオン管若しくは赤色のネオン管を使用せず、又は光源が点滅しないこと。

8　第一種低層住居専用地域又は第二種低層住居専用地域の境界線から50m以内の地域内に表示し、又は設置する広告物等で、当該第一種低層住居専用地域又は第二種低層住居専用地域から展望できるもの（以下「第一種低層住居専用地域又は第二種低層住居専用地域から展望できる広告物等」という。）については、光源が点滅しないこと。

三　建築物から突出する形式の広告物等

1　地盤面から広告物等の上端までの高さが第一種住居地域、第二種住居地域、準住居地域又は指定区域内にあつては33m以下、第一種住居地域、第二種住居地域、準住居地域又は指定区域外にあつては52m以下であること。

2　広告物等（つり下げ式のものを含む。）の道路境界線からの出幅が1m以下であり、かつ、当該建築物からの出幅が1.5m以下であること。

3　道路面から広告物等の下端までの高さが歩車道の区別のある道路の歩道上にあつては3.5m以上（道路境界線からの出幅が0.5m以下のものにあつては2.5m以上）、歩車道の区別のない道路上にあつては4.5m以上であること。

4　広告物等の上端が当該広告物等を表示し、又は設置する壁面の上端を超えないこと。

5　広告物等の構造体が鉄板等で被覆されることにより露出していないこと。

6　第一種文教地区等内に表示し、又は設置する広告物等については、露出したネオン管若しくは赤色のネオン管を使用せず、又は光源が点滅しないこと。

7　第一種低層住居専用地域又は第二種低層住居専用地域から展望できる広告物等については、光源が点滅しないこと。

四　電柱又は街路灯柱を利用する広告物等
　(一)　電柱を利用するもの
　　1　案内誘導広告物等であること。
　　2　種別等が次の表のとおりであること。

（単位　m）

種　　別		規　　模	面　数	道路面から広告物等の下端までの高さ	備　　考
一　巻付け広告	1	縦1.50以下×横0.33以下	2面以内	1.60以上	
	2	縦0.40以下×横0.33以下	2面以内	1.20以上	一　国又は地方公共団体が表示し、又は設置する場合に限る。 二　1の広告物等が表示し、又は設置されているときは、当該広告物等の下部に接続しなければならない。
二　添架広告		縦1.20以下×横0.48以下	2面以内	1　歩車道の区別のある道路の歩道上3.50以上 2　歩車道の区別のない道路の道路上4.50以上	

　　3　色彩が4色以内であり、かつ、地色が黒、赤又は黄でないこと。
　(二)　街路灯柱を利用するもの
　　1　商店会、自治会・町会等が表示し、又は設置する広告物等であること。
　　2　街路灯柱から突出して添架する広告物等については、道路面から当該広告物等の下端までの高さが歩車道の区別のある道路の歩道上にあつては

　　　3.5m以上、歩車道の区別のない道路上にあつては4.5m以上であること。

五　道路に沿い、又は鉄道及び軌道の沿線に設置する広告物等

（一）東京国際空港内の道路（建築基準法第42条第１項第五号の規定により昭和
　　36年東京都告示第560号で指定した道路に限る。）の路線用地から展望できる
　　広告塔等及びこれらに類するもの
　　　設置の場所等が次の表のとおりであること。

設置の場所	広告塔等の間隔	広告塔等の上端までの高さ	広告塔等の構造	広告塔等の表示方法	形　状	色　彩
大田区羽田五丁目、羽田六丁目及び羽田旭町の各一部で、海老取川西側境界線から幅員50m以内の地域	２m以上	地上10m以下	裏側の骨組みが見えないこと。	１面の広告塔等に表示する広告は、１広告であること。	長方形	地色が黒又は原色でないこと。

備　考
　広告塔等の間隔は、広告塔等を道路の路面に垂直であり、かつ、車両の進行方
向に平行である面に投影した場合における各広告塔等の間の距離をいう。

（二）鉄道及び軌道の路線用地から展望できる野立広告物（土地に直接設置する
　　広告物等で、条例第13条に掲げるもの以外のものをいう。）及びこれに類す
　　るもの
　　　設置の場所等が次の表のとおりであること。

設置の場所	鉄道及び軌道の境界線からの距離	広告物等の間隔	広告物等の上端までの高さ	広告物等の表示面積	広告物等の構造	広告物等の表示方法	形　状	色　彩
特別区及び市の存する区域（商業地	30m以上	50m以上	地上５m以下	30㎡以下	裏側の骨組みが見えないこと。ただ	１面の広告物等に表示する広告は、	長方形	地色が黒又は原色でないこ

域を除く。)内の鉄道及び軌道の沿線					し、すのこ張りの構造物等は、この限りでない。	1広告であること。		と。
特別区及び市の存する区域以外の区域内の鉄道及び軌道の沿線	50m以上	100 m以上		40㎡以下				

備　考

　広告物等の間隔は、広告物等を鉄道及び軌道の路面に垂直であり、かつ、車両の進行方向に平行である面に投影した場合における各広告物等の間の距離をいう。

六　電車又は自動車（道路運送車両法に基づく登録を受けた自動車で、当該登録に係る使用の本拠の位置が他の道府県の区域又は中核市の区域に存するものを除く。）の外面を利用する広告物等

　㈠　電車又は自動車の外面に表示し、又は設置してはならない広告物等

　　　次に掲げる広告物等を電車又は自動車の外面に表示し、又は設置しないこと。

　　1　電光表示装置等により映像を映し出すものなど、運転者の注意力を著しく低下させるおそれのある広告物等

　　2　運転者をげん惑させるおそれのある発光し、蛍光素材を用い、又は反射効果を有する広告物等

　　3　車体の窓又はドア等のガラス部分に表示する広告物等

　㈡　乗用車（ハイヤー及びタクシー（車体の窓又はドア等のガラス部分の内側から外側に向けて車両の所有者又は管理者の氏名、名称、店名若しくは商標又は自己の事業若しくは営業の内容及び第18条第一号に掲げる事項を表示する広告物等以外の広告物等を表示した車両（以下「車体のガラス部分の内側から自家用広告物等以外の広告物等を表示したハイヤー及びタクシー」という。）を除く。）を除く。）、貨物自動車又はバス（路線バス等を除く。）の外面を利用する広告物等

　　　次のいずれかの広告物であること。

1　第13条第二号イ又はロに定める基準により表示する広告物等

2　乗用車（ハイヤー及びタクシー（車体のガラス部分の内側から自家用広告物等以外の広告物等を表示したハイヤー及びタクシーを除く。）を除く。）、貨物自動車又はバス（路線バス等を除く。）の所有者又は管理者が自己の事業又は営業の内容を車体に表示する広告物等

㈢　電車、ハイヤー及びタクシー（車体のガラス部分の内側から自家用広告物等以外の広告物等を表示したハイヤー及びタクシーを除く。）又は路線バス等の車体の外面を利用する広告物等

1　路面電車又は路線バス等における一の車体当たりの表示面積の合計は、車体底部を除く全表面積の10分の3以下であること。ただし、次に掲げる広告物等のみを表示する場合においては、この限りでない。

イ　第13条第二号イに定める基準により表示する広告物等

ロ　第18条第一号に掲げる事項を表示する広告物等

ハ　路面電車又は路線バス等の所有者又は管理者が自己の事業又は営業の内容を表示する広告物等

ニ　路線バスの車体利用広告で長方形の枠を利用する方式による広告物等

2　電車（路面電車を除く。）における車体の一の外面に表示する各広告物等の面積の合計が当該外面面積の10分の1以下であること。ただし、次に掲げる広告物等のみを表示する場合においては、車体の一の外面における各広告物等の表示面積の合計は、当該外面面積の10分の3以下であること。

イ　第13条第二号イに定める基準により表示する広告物等

ロ　第18条第一号に掲げる事項を表示する広告物等

ハ　電車（路面電車を除く。）の所有者又は管理者が自己の事業又は営業の内容を表示する広告物等

ニ　電車（路面電車を除く。）を利用した催物、行事等を表示するための広告物等で表示期間が6箇月以内のもの

ホ　国又は地方公共団体が地域の振興を目的として表示する広告物等

3　ハイヤー及びタクシー（車体のガラス部分の内側から自家用広告物等以外の広告物等を表示したハイヤー及びタクシーを除く。）の外面を利用する広告物等の種別等は次の表のとおりであること。ただし、第13条第二号イ又はロに定める基準により表示する広告物等及び車両の所有者又は管理者が自己の事業又は営業の内容を車体に表示する広告物等については、この限りでない。

種　　別	表示の位置	規　　模	備　　考
車体側面に表示	ドア部分	各側面につき1.4平方メー	広告物等の色彩

する広告物		トル以下とする。	は、車体の色彩と調和のとれたものとする。
広告物を掲出するために車体屋根部分の上部に設置する六面体状の立体（以下この表において「立体」という。）及びこれに表示する広告物（以下この表において「広告物等」という。）	車体側面と同方向の面	一　表示面の縦は、0.36メートル以下とする。 二　表示面の横は、1.25メートル以下とする。 三　表示面の形状は、長方形状とし、一側面当たりの面積は0.45平方メートル以下とする。 四　広告物等の底部の幅は、当該広告物等の幅の最大幅となることとし、その幅は車体屋根部分前後方向の中心線から左右方向にそれぞれ0.25メートル以下とする。 五　広告物等の上端部の幅は、車体屋根部分前後方向の中心線から左右方向にそれぞれ0.06メートル以下とする。 六　車体上端から広告物等の上端までの高さは、0.4メートル以下とする。	一　立体及びこれに表示する広告物の数は一とする。 二　広告物等は車体屋根部分の前後左右から突出しないものとする。 三　広告物等は車体の屋根に堅固に固定し、走行中の安全性を阻害するおそれがないものとする。

　4　色彩、意匠その他表示の方法が周囲の景観に調和したものであること。

　5　車体各面に表示できる広告物は、第13条第二号イ又はロに定める基準により表示する広告物等及び車両の所有者又は管理者が自己の事業又は営業の内容を表示する広告物等を除き二広告物以下とすること。ただし、ハイヤー及びタクシー（車体のガラス部分の内側から自家用広告物等以外の広告物等を表示したハイヤー及びタクシーを除く。）の外面を利用する広告物等にあつては一の車両に表示できる広告物は一広告物とすること。

　㈣　宣伝車の車体の外面を利用する広告物等

　1　自動車登録規則（昭和45年運輸省令第7号）別表第二に規定する広告宣伝用自動車であること。

　2　消防自動車又は救急自動車と紛らわしい色を使用しないこと。

七　標識を利用する広告物等

（一）　バス停留所標識を利用するもの

1　案内誘導広告物等であること。

2　表示面積が表示板の表示面の面積の3分の1以下であること。

3　車両の進行方向から展望できない面に表示するものであること。

4　地色が白色であること。

（二）　消火栓標識を利用するもの

1　案内誘導広告物等であること。

2　表示面が、縦0.4m以下及び横0.8m以下であること。

3　道路面から広告物等の下端までの高さが歩車道の区別のある道路の歩道上にあつては3.5m以上、歩車道の区別のない道路上にあつては4.5m以上であること。

（三）　避難標識又は案内図板等を利用するもの

1　標識又は案内図が表示された面の各面につき一広告物とし、表示面積が0.32㎡又は各面の標識若しくは案内図の表示面積の2分の1に当たる面積のいずれか小さい面積以下であること。

2　添架広告物については、道路面から当該添架広告物の下端までの高さが、歩車道の区別のある道路上にあつては歩道上3.5m以上、歩車道の区別のない道路上にあつては4.5m以上であること。

3　当該標識又は案内図が示す本来の表示目的を阻害しないものであること。

八　プロジェクションマッピング

1　景観、周辺環境及び道路交通等の安全に配慮し、支障を及ぼさないものであること。

2　道路を挟んで表示する場合等においては、信号機若しくは道路標識等の効用を阻害し、又は車両運転者を幻惑するおそれがないこと。

3　土地に直接設置する広告塔等を利用するものについては、次のとおりであること。

イ　広告塔等に表示するプロジェクションマッピングの上端の高さが地上10メートル以下であること。ただし、商業地域内にある条例第13条第五号に掲げる広告物等であるプロジェクションマッピングについては、地上13メートル以下であること。

ロ　道路の上空に突出する広告塔等に表示するプロジェクションマッピングについては、道路境界線からの出幅が1メートル以下であり、かつ、道路面から当該突出部分の下端までの高さが歩車道の区別のある道路の歩道上にあつては3.5メートル以上（道路境界線からの出幅が0.5メート

ル以下のものにあつては、2.5メートル以上)、歩車道の区別のない道路上にあつては4.5メートル以上であること。

4　建築物の屋上を利用する広告塔等を利用するものについては、次のとおりであること。

　イ　木造の建築物の屋上に設置する広告塔等に表示するプロジェクションマッピングについては、地盤面から当該プロジェクションマッピングの上端までの高さが10メートル以下であること。

　ロ　鉄筋コンクリート造、鉄骨造等の耐火構造又は不燃構造の建築物の屋上に設置する広告塔等に表示するプロジェクションマッピングについては、当該プロジェクションマッピングの高さが地盤面から広告塔等を設置する箇所までの高さの3分の2以下で、かつ、当該地盤面から当該プロジェクションマッピングの上端までの高さが第一種住居地域、第二種住居地域、準住居地域又は指定区域内にあつては33メートル以下、第一種住居地域、第二種住居地域、準住居地域又は指定区域外にあつては52メートル以下であること。この場合において、屋上構造物の上に設置する広告塔等に表示するプロジェクションマッピングについては、次に掲げる場合のいずれかに該当する場合にあつては、屋上構造物の高さは、当該プロジェクションマッピングの高さに算入するものとする。

　　⑴　屋上構造物の水平投影面積の合計が当該建築物の建築面積の8分の1以下のとき。

　　⑵　屋上構造物の水平投影面積の合計が当該建築物の建築面積の8分の1を超える場合において、当該広告塔等が屋上構造物の壁面の直上垂直面から突出するとき。

　ハ　条例第15条第一号に掲げる広告塔等で、屋上構造物の壁面に設置するものに表示するプロジェクションマッピングについては、ロに規定する地盤面からプロジェクションマッピングの上端までの高さの限度を超えて表示することができる。ただし、広告物のそれぞれの文字、数字、商標等の上端から下端までの長さは、地盤面から当該下端までの高さが100メートル以下の場合にあつては3メートル以下、100メートルを超える場合にあつては5メートル以下とする。

5　建築物の壁面を利用するものについては、高さ、表示面積等が二1、2、5及び6のとおりであること。

6　第12条第1項第六号の基準に適合し、かつ、表示期間が14日以内であるプロジェクションマッピング（条例第6条各号に掲げる地域又は場所においては、公園等又は学校、官公署等、観光施設、歴史的文化的施設等の敷地その他知事の定める地域若しくは場所で表示するものであつて、周辺環

境及び道路交通等の安全に支障を及ぼすおそれがないものに限る。）は、
３から５までの規定にかかわらず、表示することができる。ただし、地盤
面から当該プロジェクションマッピングの上端までの高さが第一種住居地
域、第二種住居地域、準住居地域又は指定区域内にあつては33メートル、
第一種住居地域、第二種住居地域、準住居地域又は指定区域外にあつては
52メートル（以下「高さ制限」という。）を超えるものは、次に掲げる要
件のいずれかに該当するものであること。

イ　表示期間が７日以内であること。

ロ　１日当たりの表示時間が３時間以内であること。

ハ　高さ制限を超えて表示する部分の表示面積の合計が、当該高さ制限を
　　超える部分の壁面の面積の10分の３以下であること。

別表第4　（第19条関係）　(平21規則16・全改、平24規則67・追加、平27規則54・令元規則44・一部改
正)

区　　　域	基　　　準
一　中央区湊二丁目、湊三丁目、明石町、築地五丁目、築地六丁目、築地七丁目、浜離宮庭園、新川一丁目、新川二丁目、佃一丁目、佃二丁目、佃三丁目、月島一丁目、月島二丁目、月島三丁目、月島四丁目、勝どき一丁目、勝どき二丁目、勝どき三丁目、勝どき四丁目、勝どき五丁目、勝どき六丁目、豊海町、晴海一丁目、晴海二丁目、晴海三丁目、晴海四丁目、晴海五丁目、港区芝浦一丁目、芝浦二丁目、芝浦三丁目、芝浦四丁目、海岸一丁目、海岸二丁目、海岸三丁目、港南一丁目、港南二丁目、港南三丁目、港南四丁目、港南五丁目、江東区永代一丁目、越中島一丁目、豊洲	次の基準に該当するものであること。ただし、許可を受けずに表示又は設置をすることができる広告物は、この限りでない。 一　建築物の屋上へ広告物等を表示し、又は設置しないこと。 二　光源が点滅しないこと。 三　光源には、日本産業規格Ｚ9101に定める表２及び図22に示された安全標識に用いられる赤色又は黄色を使用しないこと。 四　条例第13条第五号に掲げる広告物等で、地盤面から広告物等の上端までの高さが10m以上であるものについては、当該広告物等に使用する色彩のマンセル値が、次の表の左欄に掲げる色相の区分に応じて、同表の右欄に定める彩度を超えないこと。ただし、一広告物の表示面積の３分の１以下の面積については、同表の右欄に定める彩度を超えて使用することができる。

色　　相	彩度
0.1Rから10Rまで	5
0.1YRから５Yまで	6
5.1Yから10Gまで	4

| 一丁目、豊洲二丁目、豊洲三丁目、豊洲四丁目、豊洲五丁目、豊洲六丁目、東雲二丁目、有明一丁目、有明二丁目、品川区北品川一丁目、東品川一丁目、東品川二丁目及び東品川五丁目の区域のうち、平成19年東京都告示第481号の別図に示す区域 | 0.1BG から10Bまで | 3 |
| | 0.1PB から10RPまで | 4 |

| 二　小笠原村父島及び母島の区域のうち、平成21年東京都告示第465号の別図に示す区域 | 一　条例第13条及び第14条の各号に掲げる広告物等又は条例第17条に規定する非営利広告物等であること。ただし、知事が島しょ振興に資すると認める場合は、この限りでない。
二　自家用広告物については、次の基準に該当するものであること。ただし、条例第13条第五号に基づき表示又は設置する場合については、第三号から第五号までの基準によらないことができる。
㈠　道路の上空に突出しないこと。
㈡　光源が点滅又は可動しないこと。
㈢　建築物の屋上へ取り付けないこと。
㈣　建築物の壁面を利用する広告物等については、地上2階以上に表示し、又は設置しないこと。ただし、知事が景観上特に支障がないと認める場合は、この限りでない。
㈤　一広告物の表示面積が10㎡以下であること。 |
| 三　品川区北品川一丁目、北品川二丁目、南品川一丁目、南品川二丁目及び南品川三丁目の区域のうち、平成24年東京都告示第545号の別図におけるB地区の区域 | 表示面積の合計が10平方メートルを超える広告物等については、次の基準に該当するものであること。
一　建築物の屋上へ取り付けないこと。
二　建築物の壁面を利用する広告物等については、次の基準に該当するものであること。
㈠　条例第13条第五号に掲げる広告物であること。
㈡　光源には、日本産業規格Z9101に定める |

表2及び図22に示された、安全標識に用いられる赤色又は黄色を使用しないこと。

　㈢　光源が点滅しないこと。

三　広告物に使用する色彩のマンセル値が、次の表の左欄に掲げる色相の区分に応じて、同表の右欄に定める彩度を超えないこと。

色　　　相	彩度
0.1Rから10Rまで	6
0.1YRから5Yまで	7
5.1Yから10Gまで	4
0.1BGから10Bまで	4
0.1PBから10RPまで	4

四　品川区北品川一丁目、北品川二丁目、南品川一丁目、南品川二丁目及び南品川三丁目の区域のうち、平成24年東京都告示第545号の別図におけるC地区の区域

表示面積の合計が10平方メートルを超える広告物等については、次の基準に該当するものであること。

一　建築物の屋上及び壁面に取り付ける広告物等については、次の基準に該当するものであること。

　㈠　条例第13条第五号に掲げる広告物であること。

　㈡　光源には、日本産業規格Z9101に定める表2及び図22に示された、安全標識に用いられる赤色又は黄色を使用しないこと。

　㈢　光源が点滅しないこと。

二　広告物に使用する色彩のマンセル値が、次の表の左欄に掲げる色相の区分に応じて、同表の右欄に定める彩度を超えないこと。

色　　　相	彩度
0.1Rから10Rまで	6
0.1YRから5Yまで	7
5.1Yから10Gまで	4
0.1BGから10Bまで	4
0.1PBから10RPまで	4

○告 示 関 係

【屋外広告物禁止の適用を除外する区域の指定】
（東京都屋外広告物条例第6条第二号関係）
○東京都告示第149号

　東京都屋外広告物条例（昭和24年東京都条例第100号。以下「条例」という。）第6条第二号ただし書の規定に基づき、禁止区域から除外する区域を次のとおり指定する。

　なお、その関係図面は、東京都都市整備局都市づくり政策部において一般の縦覧に供する。

　　昭和62年2月13日

　　　　　　　　　　　　　　　　　　東京都知事　鈴木　俊一

区　　　　　　域	地区の名称
千代田区有楽町1丁目、有楽町2丁目、丸の内1丁目、丸の内3丁目、大手町2丁目、九段北1丁目及び九段南1丁目の各一部	条例第6条第二号に規定する旧美観地区
千代田区神田駿河台2丁目及び神田駿河台4丁目の各一部	お茶の水風致地区
練馬区石神井町6丁目の一部	石神井風致地区
杉並区大宮1丁目の一部	和田堀風致地区
世田谷区喜多見8丁目、喜多見9丁目、玉川1丁目、玉川2丁目、奥沢7丁目、上野毛1丁目、上野毛2丁目、野毛1丁目、野毛2丁目、野毛3丁目、中町1丁目、等々力1丁目及び等々力2丁目の各一部　大田区田園調布1丁目及び田園調布2丁目の各一部	多摩川風致地区
大田区南千束2丁目の一部	洗足風致地区

　　附　則

1　この告示は、昭和62年4月1日から施行する。
2　昭和25年東京都告示第711号及び昭和45年東京都告示第320号は、廃止する。

○東京都告示第989号

　東京都屋外広告物条例（昭和24年東京都条例第100号。以下「条例」という。）第6条二号ただし書の規定に基づき、昭和62年東京都告示第149号で指定した屋外広告物の禁止区域から除外する区域を、次のとおり変更する。

　なお、その関係図面は、東京都都市整備局都市づくり政策部緑地景観課において一般の縦覧に供する。

　　平成29年6月9日

　　　　　　　　　　　　　　　東京都知事　　小　池　　百合子

区　　　　　域	地区の名称
世田谷区喜多見8丁目、喜多見9丁目、玉川1丁目、玉川2丁目、奥沢7丁目、上野毛1丁目、上野毛2丁目、野毛1丁目、野毛2丁目、野毛3丁目、中町1丁目、等々力1丁目及び等々力2丁目の各一部 大田区田園調布1丁目及び田園調布2丁目の各一部	多摩川風致地区

　　附　則

この告示は、平成29年6月30日から施行する。

【屋外広告物禁止区域の指定】

（東京都屋外広告物条例第 6 条第十一号関係）

○東京都告示第151号

　東京都屋外広告物条例（昭和24年東京都条例第100号。以下「条例」という。）第 6 条第十一号の規定に基づき、屋外広告物を表示し、又は屋外広告物を掲出する物件を設置してはならない区域を次のとおり定める。

　なお、その関係図面は、東京都都市整備局都市づくり政策部において一般の縦覧に供する。

　　昭和62年 2 月13日

　　　　　　　　　　　　　　東京都知事　鈴　木　俊　一

一　都道等

道路名	区　　　　　　　　域					限　定　的禁　止　事　項
	起　点	終　点	延　長（メートル）	道路境界線からの距離（メートル以内）又は町名（各一部）		
東京都市計画補助線街路第24号線	港区北青山 2 丁目	渋谷区神南 1 丁目	約2,700	両側　50		
都道北品川四谷線	渋谷区千駄ケ谷 1 丁目	渋谷区千駄ケ谷 2 丁目	約　200			
東京都市計画補助線街路 第155号線	渋谷区神南 2 丁目	渋谷区神南 2 丁目	約　660			
東京都市計画補助線街路第53号線	渋谷区宇田川町	渋谷区代々木神園町	約1,950	渋谷区　宇田川町　神南 2 丁目　松濤 1 丁目　神山町　富ケ谷 1 丁目　代々木 5 丁目　代々木 4 丁目　代々木神園町		

東京都市計画補助線街路第154号線	世田谷区駒沢4丁目	世田谷区深沢4丁目	約1,070	世田谷区 　駒沢1丁目　駒沢4丁目　駒沢5丁目　深沢6丁目　深沢5丁目　深沢4丁目	
都道古川橋二子玉川線	世田谷区深沢4丁目	目黒区東が丘1丁目	約1,580	世田谷区 　深沢2丁目　深沢4丁目　深沢5丁目　駒沢公園　深沢6丁目　駒沢5丁目 目黒区 　八雲5丁目　東が丘2丁目　八雲4丁目　東が丘1丁目	
都道上馬奥沢線	世田谷区上馬3丁目	目黒区八雲5丁目	約1,530	世田谷区 　上馬3丁目　駒沢1丁目　深沢2丁目 目黒区 　東が丘2丁目　八雲5丁目	
都道外濠環状線	文京区湯島1丁目	文京区本郷1丁目	約1,110	文京区 　湯島1丁目　本郷1丁目　本郷2丁目　本郷3丁目 千代田区 　神田駿河台4丁目　神田駿河台2丁目　猿楽町2丁目　三崎町1丁目	
				千代田区 　神田駿河台4丁	屋外広告物又はこれを掲出す

				目　神田駿河台2丁目	る物件(以下「広告物等」という。)を表示し、又は設置する地域の路線用地から展望できる広告物等で、光源が点滅するもの(点滅方法が単純なもので、点滅時間が短かくなく、かつ、点滅速度が緩慢なものを除く。)、赤色光を使用するもの(赤色光を使用する部分の面積が、広告物等の表示面積の20分の1以下で、かつ、5㎡以下のものを除く。)及び露出したネオン管を使用するもののみを禁止の対象とする。
新宿区神楽坂1丁目	新宿区四谷1丁目	約1,950		新宿区　神楽坂1丁目　神楽坂2丁目　若宮町　市谷船河原町　市谷田町3丁目　市谷田町2丁目　市谷田町1丁目　市谷砂土原町3丁目　市谷砂土原町1丁目　市	同　　　上

			谷左内町　市谷 八幡町　市谷本 村町　本塩町 四谷1丁目	
			千代田区 　富士見2丁目 　九段北3丁目 　九段北4丁目 　九段南4丁目 　五番町　六番町	
新宿区 四谷1 丁目	港区元 赤坂2 丁目	約1,290	新宿区 　四谷1丁目　若 葉1丁目 千代田区 　麹町6丁目　紀 尾井町 港区 　元赤坂2丁目	

二　鉄　道

| 鉄道名 | 区 | | | | | 域 | |
	位置	町　名（各一部）	延　長 （メー トル）	路線用地の境界 線からの距離 （メートル以内）	除 外 地 域
中央線	南側	新宿区 　若葉1丁目　南元町 渋谷区 　千駄ケ谷1丁目　千 駄ケ谷4丁目	約1,600	両側　200	都市計画法 （昭和43年法 律第100号）第 8条第1項第 一号の規定に より定められ た商業地域を 除く。
	北側	新宿区 　若葉1丁目　若葉3 丁目　南元町　信濃 町　大京町　内藤町 　霞ヶ丘町 渋谷区 　千駄ケ谷5丁目　千 駄ケ谷6丁目	約2,100		

| 京浜東北線 | 西側 | 台東区
　上野桜木２丁目　谷中５丁目　谷中７丁目
荒川区
　西日暮里３丁目　西日暮里４丁目
北区
　田端１丁目　田端２丁目　田端５丁目　田端６丁目　中里３丁目　上中里１丁目　西ケ原１丁目　西ケ原２丁目　滝野川１丁目　滝野川２丁目　王子１丁目　王子本町１丁目　王子本町２丁目　岸町１丁目　岸町２丁目　中十条１丁目　中十条２丁目　中十条３丁目　中十条４丁目　十条仲原４丁目 | 約7,100 | | |

三　モノレール

鉄道名	区				域		
	起　点	終　点	延長 (メートル)	路線用地の境界線からの距離 (メートル)	高　さ		除外区域
東京モノレール羽田空港線	大田区羽田空港３丁目	品川区勝島２丁目	約10,675	両側　50	モノレール線の路線高より上の空間		地下走行区間を除く。
	品川区勝島１丁目	港区浜松町２丁目	約7,125		モノレール線の路線高から高さ15ｍまでの空間		

四　新幹線

鉄 道 名	区			域
東海道本線（新幹線）	起 点	終 点	延 長（メートル）	路線用地の境界線からの距離（メートル以内）又は町名（各一部）
	品川区広町2丁目	品川区豊町2丁目	約1,000	東側　500 西側　品川区 　　　広町1丁目　大崎 　　　2丁目　西品川3 　　　丁目　西品川2丁 　　　目　豊町2丁目
	品川区豊町2丁目	大田区東嶺町	約4,600	南側　500
	品川区豊町2丁目	大田区中馬込3丁目	約2,800	北側　500
	大田区中馬込3丁目	大田区北嶺町	約1,500	北側　500
	大田区田園調布本町	大田区田園調布本町	約　600	両側　500
	鉄道の路線用地のうち、品川区広町2丁目から大田区神奈川県境までの延長約7,300m			

五　高速自動車国道

道 路 名	区			域
高速自動車国道中央自動車道	起 点	終 点	延 長（メートル）	道路（本線）の中心線からの距離（メートル以内）
	杉並区上高井戸2丁目（下り） 杉並区高井戸西1丁目（上り）	八王子市日野市境	約22,200	ア　起点から調布市飛田給2丁目までにあつては、両側200 イ　調布市飛田給3丁目から終点までのうち、都市計画法第8条第1項第一号の規定により用途地域が指定されて

				いる地域にあつては両側300、用途地域が指定されていない地域にあつては両側500
	インターチェンジ名		路線用地の境界線からの距離(メートル以内)	
	調布インターチェンジ		ランプウエイ（新宿方面出口にあつては、調布市道18号との交点まで）の両側50	
	府中インターチェンジ		ランプウエイの両側50	

	起　点	終　点	延　長(メートル)	道路(本線)の中心線からの距離(メートル以内)
高速自動車国道東名自動車道	都道羽田上高井戸岩淵線との交点	町田市神奈川県境	約1,800	ア　世田谷区の区域内 (ア)　両側200 (イ)　都道羽田上高井戸岩淵線との交点の周囲200 イ　町田市の区域内　両側500

	起　点	終　点	延　長(メートル)	道路(本線)の中心線からの距離(メートル以内)
高速自動車国道関越自動車道	練馬区三原台2丁目	清瀬市下宿3丁目	約4,200	両側　200

六　自動車専用道路等

道　路　名	区　　　　　　域
一　首都高速道路株式会社が設置し、管理する自動車専用道路（道路法（昭和27年法律第180号）第18条第2項の規定に基づき供用の開始を告示した道路。以下「自動車専用道路」という。）。ただし、二の項から六の項までに掲げるものを除く。	道路境界線から両側50m以内で、道路の路面高から高さ15mまでの空間。ただし、条例第6条第一号から第五号まで、第七号、第八号、第十号及び第十一号に規定する禁止区域がこの告示による禁止区域と重複する部分の周辺50m以内の区域並びに東京都文教地区建築条例（昭和25年東京都条例第88号）第2条に規定する第一種文教地区がこの告示による禁止区域と重複する部分及びその周辺50m以内の区域で当該禁止区域（都市計画法第8条第1項第一号の規定によ

	り定められた商業地域を除く。）である部分にあつては、道路の路面高より上の空間とする。
二　自動車専用道路（都市高速道路第1号線）	品川区勝島2丁目から大田区羽田空港1丁目までの区域について、道路境界線から両側50m以内で、道路の路面高より上の空間
三　自動車専用道路（都市高速道路第2号線及び第2号分岐線）	港区六本木2丁目から品川区東五反田5丁目までの区域について、道路境界線から両側50m以内で、道路の路面高から高さ15mまでの空間。ただし、港区白金台5丁目及び品川区上大崎2丁目の各一部については、道路境界線から両側50m以内で、道路の路面高より上の空間とする。
四　自動車専用道路（都市高速道路第3号線）	千代田区隼町から港区赤坂2丁目までの区域について、道路境界線から両側50m以内で、道路の路面高より上の空間港区赤坂2丁目から渋谷区渋谷4丁目までの区域について、道路境界線から両側50m以内で、道路の路面高から高さ15mまでの空間
五　自動車専用道路（都市高速道路第4号線）	千代田区隼町から渋谷区代々木4丁目までの区域について、道路境界線から両側50m以内で、道路の路面高より上の空間
六　自動車専用道路（都市高速道路湾岸線）	道路（本線）の境界線から両側100m以内
七　道路運送法（昭和26年法律第183号）第2条第8項の規定による一般自動車道（都市高速道路第8号線）	中央区銀座1丁目から同区銀座8丁目までの区域について、道路境界線から両側50m以内で、道路の路面高から高さ15mまでの空間
八　東日本道路株式会社が設置し、管理する京葉道路（高架道路部分）	江戸川区谷河内町2丁目から同区篠崎町3丁目までの区域について、道路境界線から両側50m以内で、道路の路面高から高さ15mまでの空間

七　国立公園の普通地域に係る道路

　　自然公園法（昭和32年法律第161号）第33条第1項の規定に基づく秩父多摩甲斐国立公園（以下「国立公園」という。）の普通地域に係る次の区域

道路名	区域			
	起　　点	終　　点	延長（メートル）	道路境界線からの距離（メートル以内）
一般国道411号線	青梅市日向和田3丁目（都道梅郷日向和田線交点）	西多摩郡奥多摩町留浦（山梨県境）	約29,310	ア　青梅市の区域内にあつては、両側300。ただし、一般国道411号線の一部（二俣尾4丁目から日向和田3丁目まで）については、国立公園の側300 イ　青梅市以外の区域内にあつては、両側500
都道上野原あきる野線	西多摩郡檜原村南郷（都道川野上川乗線交点）	西多摩郡檜原村下元郷（あきる野市境）	約16,132	
一般国道139号線	西多摩郡奥多摩町川野（一般国道411号線交点）	西多摩郡奥多摩町留浦（山梨県境）	約2,365	
都道奥多摩あきる野線	西多摩郡奥多摩町氷川（一般国道411号線交点）	西多摩郡日の出町大久野（国立公園境）	約18,195	
都道奥多摩青梅線	青梅市梅郷3丁目（国立公園境）	西多摩郡奥多摩町小丹波（一般国道411号線交点）	約5,302	
都道梅郷日向和田線	青梅市梅郷3丁目（都道奥多摩青梅線交点）	青梅市日向和田3丁目（一般国道411号線交点）	約633	
都道柚木二俣尾線	青梅市柚木町2丁目（都道奥多摩青梅線交点）	青梅市二俣尾4丁目（一般国道411号線交点）	約652	
都道十里木御嶽停車場線	青梅市御岳本町（一般国道411号線交点）	あきる野市戸倉（都道上野原あきる野線交点）	約18,740	
都道上成木川井線	西多摩郡奥多摩町川井（一般国道411号線交点）	西多摩郡奥多摩町大丹波（国立公園境）	約2,801	

都道日原鐘乳洞線	西多摩郡奥多摩町氷川（一般国道411号線交点）	西多摩郡奥多摩町日原	約 9,634	
都道水根本宿線	西多摩郡奥多摩町原（一般国道411号線交点）	西多摩郡檜原村本宿（都道上野原あきる野線交点）	約21,465	
都道川野上川乗線	西多摩郡奥多摩町留浦（一般国道139号線交点）	西多摩郡檜原村南郷（都道上野原あきる野線交点）	約26,670	

附　則

1　この告示は、昭和62年4月1日から施行する。

2　次に掲げる告示は、廃止する。

　一　昭和35年東京都告示第826号

　二　昭和35年東京都告示第827号

　三　昭和39年東京都告示第1166号

　四　昭和40年東京都告示第247号

　五　昭和43年東京都告示第535号

　六　昭和45年東京都告示第319号

　七　昭和46年東京都告示第1412号

　八　昭和47年東京都告示第564号

　九　昭和48年東京都告示第1160号

○東京都告示第152号

　東京都屋外広告物条例（昭和24年東京都条例第100号）第6条第十一号の規定に基づき、屋外広告物を表示し、又は屋外広告物を掲出する物件を設置してはならない区域を次のとおり定める。

　なお、その関係図面は、東京都都市整備局都市づくり政策部において一般の縦覧に供する。

　　　昭和62年2月13日

　　　　　　　　　　　　　　　　　　東京都知事　鈴　木　俊　一

道 路 名	区　　　　　域		道路境界線からの距　　離	備　　考
	起　　点	終　　点		
都道青梅飯能線	青梅市東青梅2丁目（都道青梅入間線交点）	青梅市富岡1丁目（埼玉県飯能市境）	両側100メートル以内	都市計画法（昭和43年法律第100号）第7条第1項の規定により定められた市街化調整区域に限る。
都道青梅秩父線	青梅市青梅（一般国道411号線交点）	青梅市成木7丁目（埼玉県入間郡名栗村境）		
都道奥多摩青梅線	青梅市畑中1丁目（一般国道411号線交点）	青梅市梅郷3丁目（秩父多摩甲斐国立公園境）		
一般国道411号線	青梅市沢井1丁目（都道下畑軍畑線交点）	八王子市あきる野市境		
都道瑞穂富岡線	西多摩郡瑞穂町箱根ケ崎（都道新宿青梅線交点）	青梅市富岡3丁目（都道青梅飯能線交点）		
都道青梅あきる野線	青梅市長渕7丁目（一般国道411号線交点）	あきる野市舘谷（都道杉並あきる野線交点）		
都道八王子五日市線	あきる野市五日市（都道上野原あきる野線交点）	八王子市あきる野市境		

都道杉並あ きる野線	あきる野市草花 （福生市境、多 摩川右岸）	あきる野市舘谷 （都道青梅あき る野線交点）		
	あきる野市小川 （福生市境、多 摩川右岸）	あきる野市渕上 （都道淵上日野 線交点）		
都道上野原 あきる野線	あきる野市舘谷 （都道杉並あき る野線交点）	あきる野市乙津 （西多摩郡檜原 村境）		

附　則

この告示は、昭和62年4月1日から施行する。

（東京都屋外広告物条例第6条第十二号関係）

○東京都告示第153号

東京都屋外広告物条例（昭和24年東京都条例第100号）第6条第十二号の規定に基づき、屋外広告物を表示し、又は屋外広告物を掲出する物件を設置してはならない区域を次のとおり定める。

なお、その関係図面は、東京都都市整備局都市づくり政策部において一般の縦覧に供する。

　　昭和62年2月13日

　　　　　　　　　　　　　　　東京都知事　鈴　木　俊　一

　新宿区西新宿1丁目、西新宿2丁目、西新宿3丁目及び西新宿6丁目の各一部。ただし、西新宿1丁目、西新宿3丁目及び西新宿6丁目の各一部においては、光源が点滅する屋外広告物又はこれを掲出する物件（以下「広告物等」という。）（点滅方法が単純なもので、点滅時間が短かくなく、かつ、点滅速度が緩慢なものを除く。）、赤色光を使用する広告物等（赤色光を使用する部分の面積が、広告物等の表示面積の二十分の一以下で、かつ、5㎡以下のものを除く。）及び露出したネオン管を使用する広告物等のみを禁止の対象とする。

　　　附　則

1　この告示は、昭和62年4月1日から施行する。

2　昭和41年東京都告示第542号は、廃止する。

（東京都屋外広告物条例第6条第四号及び第五号関係）

○東京都告示第479号

　東京都屋外広告物条例（昭和24年東京都条例第100号）第6条第四号の規定に基づき、屋外広告物を表示し、又は屋外広告物を掲出する物件を設置してはならない区域を次のとおり定める。

　　平成19年4月2日

　　　　　　　　　　　　　　　　　東京都知事　石　原　慎太郎

　中央区銀座8丁目、築地5丁目、築地6丁目、浜離宮庭園、港区芝浦1丁目、海岸1丁目、海岸2丁目及び東新橋1丁目のうち、別図に示す区域における地盤面から高さ20メートル以上の空間

　　　附　則

　この告示は、平成19年5月1日から施行する。

（別図は省略）

○東京都告示第480号

　東京都屋外広告物条例（昭和24年東京都条例第100号）第6条第五号の規定に基づき、屋外広告物を表示し、又は屋外広告物を掲出する物件を設置してはならない区域を次のとおり定める。

　　平成19年4月2日

　　　　　　　　　　　　　　　　　東京都知事　石　原　慎太郎

一　新宿区大京町、四谷4丁目、内藤町、新宿1丁目、新宿2丁目、新宿3丁目、新宿4丁目、渋谷区千駄ヶ谷1丁目、千駄ヶ谷5丁目及び千駄ヶ谷6丁目のうち別図に示す区域における地盤面から高さ20メートル以上の空間

二　江東区清澄2丁目、清澄3丁目、平野1丁目、三好1丁目、白河1丁目、佐賀2丁目、福住2丁目、深川1丁目及び深川2丁目のうち、別図に示す区域における地盤面から高さ20メートル以上の空間

　　　附　則

　この告示は、平成19年5月1日から施行する。

（別図は省略）

○東京都告示第452号

　東京都屋外広告物条例（昭和24年東京都条例第100号）第6条第四号の規定に基づき、屋外広告物を表示し、又は屋外広告物を掲出する物件を設置してはならない区域を次のとおり定める。

　　　　平成20年4月1日

　　　　　　　　　　　　　　　　東京都知事　　石　原　慎太郎

一　文京区後楽1丁目、後楽2丁目及び春日1丁目のうち、別図に示す区域における地盤面から高さ20メートル以上の空間

二　文京区本駒込5丁目、本駒込6丁目、豊島区巣鴨1丁目、駒込1丁目及び駒込2丁目のうち、別図に示す区域における地盤面から高さ20メートル以上の空間

三　文京区湯島3丁目、湯島4丁目及び台東区池之端1丁目のうち、別図に示す区域における地盤面から高さ20メートル以上の空間

四　北区西ヶ原1丁目のうち、別図に示す区域における地盤面から高さ20メートル以上の空間

　　　　附　則

　この告示は、平成20年5月1日から施行する。

（別図は省略）

○東京都告示第90号

　東京都屋外広告物条例（昭和24年東京都条例第100号）第6条第四号の規定に基づき、屋外広告物を表示し、又は屋外広告物を掲出する物件を設置してはならない区域を次のとおり定める。

　　　　平成22年1月29日

　　　　　　　　　　　　　　　　東京都知事　　石　原　慎太郎

　墨田区東向島3丁目及び東向島4丁目のうち、別図に示す区域における地盤面から高さ15メートル以上の空間

　　　　附　則

　この告示は、平成22年2月1日から施行する。

（別図は省略）

○東京都告示第91号

　東京都屋外広告物条例（昭和24年東京都条例第100号）第6条第五号の規定に基づき、屋外広告物を表示し、又は屋外広告物を掲出する物件を設置してはならない区域を次のとおり定める。

　　　平成22年1月29日

　　　　　　　　　　　　　　　　　東京都知事　石　原　慎太郎

　墨田区横網1丁目及び横網2丁目のうち、別図に示す区域における地盤面から高さ15メートル以上の空間

　　　附　則

　この告示は、平成22年2月1日から施行する。

（別図は省略）

○東京都告示第1795号

　東京都屋外広告物条例（昭和24年東京都条例第100号）第6条第四号の規定に基づき、屋外広告物を表示し、又は屋外広告物を掲出する物件を設置してはならない区域を次のとおり定める。

　　　平成27年12月15日

　　　　　　　　　　　　　　　　　東京都知事　舛　添　要　一

　文京区白山2丁目、白山3丁目、白山4丁目、小石川4丁目、小石川5丁目、千石2丁目及び大塚3丁目のうち、別図に示す区域における地盤面から高さ20メートル以上の空間

　　　附　則

　この告示は、平成28年1月1日から施行する。

（別図は省略）

○東京都告示第1315号

　東京都屋外広告物条例（昭和24年東京都条例第100号）第6条第四号の規定に基づき、屋外広告物を表示し、又は屋外広告物を掲出する物件を設置してはならない区域を次のとおり定める。

　　　平成28年7月29日

　　　　　　　　　　　　東京都知事代理　副知事　安　藤　立　美

　国分寺市南町1丁目、南町2丁目、南町3丁目及び東元町2丁目のうち、別図に示す区域における地盤面から高さ20メートル以上の空間

　　　　　附　則

　この告示は、平成28年8月15日から施行する。

（別図は省略）

【屋外広告物禁止物件の指定】

（東京都屋外広告物条例第 7 条第 1 項第八号関係）

○東京都告示第154号

　東京都屋外広告物条例（昭和24年東京都条例第100号）第 7 条第 1 項第八号の規定に基づき、屋外広告物を表示し、又は屋外広告物を掲出する物件を設置してはならない物件を次のとおり指定する。

　なお、その関係図面は、東京都都市整備局都市づくり政策部において一般の縦覧に供する。

　　　昭和62年 2 月13日

　　　　　　　　　　　　　　　東京都知事　鈴　木　俊　一

一　駐車場法（昭和32年法律第106号）第 8 条第 2 項に規定する標識及び道路交通法（昭和35年法律第105号）第49条第 1 項に規定するパーキングメーター並びにこれらに附属する工作物

二　次の表に掲げる道路に設置される共架柱

道 路 名	起 点	終 点	延長（メートル）
一般国道246号線	千代田区永田町 1 丁目	世田谷区玉川 3 丁目	約14,100
都道環状 7 号線	大田区大森西 2 丁目	板橋区本町	約26,400

　　　附　則

1　この告示は、昭和62年 4 月 1 日から施行する。

2　昭和34年東京都告示第448号及び昭和38年東京都告示第1252号は、廃止する。

【屋外広告物許可区域の指定】

（東京都屋外広告物条例第8条第四号関係）

○東京都告示第481号

　東京都屋外広告物条例（昭和24年東京都条例第100号）第8条第四号の規定に基づき、屋外広告物を表示し、又は屋外広告物を掲出する物件を設置する際に知事の許可を受けなければならない区域を次のとおり指定する。

　　　　平成19年4月2日

　　　　　　　　　　　　　　　　　東京都知事　石　原　慎太郎

　中央区湊2丁目、湊3丁目、明石町、築地5丁目、築地6丁目、築地7丁目、浜離宮庭園、新川1丁目、新川2丁目、佃1丁目、佃2丁目、佃3丁目、月島1丁目、月島2丁目、月島3丁目、月島4丁目、勝どき1丁目、勝どき2丁目、勝どき3丁目、勝どき4丁目、勝どき5丁目、勝どき6丁目、豊海町、晴海1丁目、晴海2丁目、晴海3丁目、晴海4丁目、晴海5丁目、港区芝浦1丁目、芝浦2丁目、芝浦3丁目、芝浦4丁目、海岸1丁目、海岸2丁目、海岸3丁目、港南1丁目、港南2丁目、港南3丁目、港南4丁目、港南5丁目、江東区永代1丁目、越中島1丁目、豊洲1丁目、豊洲2丁目、豊洲3丁目、豊洲4丁目、豊洲5丁目、豊洲6丁目、東雲2丁目、有明1丁目、有明2丁目、品川区北品川1丁目、東品川1丁目、東品川2丁目及び東品川5丁目の区域のうち、別図に示す区域

　　　　附　則

　この告示は、平成19年5月1日から施行する。

（別図は省略）

○東京都告示第465号

　東京都屋外広告物条例（昭和24年東京都条例第100号）第8条第四号の規定に基づき、屋外広告物を表示し、又は屋外広告物を掲出する物件を設置する際に知事の許可を受けなければならない区域を次のとおり指定する。

　　　　平成21年3月27日

　　　　　　　　　　　　　　　　　東京都知事　石　原　慎太郎

　小笠原村父島及び母島の区域のうち、別図に示す区域

　　　　附　則

　この告示は、平成21年4月1日から施行する。

（別図は省略）

○東京都告示第545号

　東京都屋外広告物条例（昭和24年東京都条例第100号）第8条第四号の規定に基づき、屋外広告物を表示し、又は屋外広告物を掲出する物件を設置する際に知事の許可を受けなければならない区域を次のとおり指定する。

　　平成24年3月30日

　　　　　　　　　　　　　　　　　東京都知事　石　原　慎太郎

　品川区北品川1丁目、北品川2丁目、南品川1丁目、南品川2丁目、南品川3丁目の区域のうち、別図に示す区域

　　　附　則

　この告示は、平成24年4月1日から施行する。

（別図は省略）

【広告協定地区の指定】

（東京都屋外広告物条例第12条第 2 項関係）

○東京都告示第1340号

　東京都屋外広告物条例（昭和24年東京都条例第100号）第12条第 2 項の規定により、港区台場 1 丁目、台場 2 丁目、江東区青海 1 丁目、青海 2 丁目、有明 2 丁目、有明 3 丁目及び品川区東八潮の区域のうち、別図に示す区域を広告協定地区として指定した。

　　　平成 7 年11月24日

　　　　　　　　　　　　　　　　　　東京都知事　青　島　幸　男

（別図は省略）

【プロジェクションマッピング活用地区の指定】

（東京都屋外広告物条例第12条の 2 第 4 項関係）

○令和 2 年12月16日　東京都告示第1503号

　東京都屋外広告物条例（昭和24年東京都条例第100号）第12条の 2 第 4 項の規定によりプロジェクションマッピング活用地区（以下「活用地区」という。）を指定したので、同条例第18条の規定により告示する。

一　まちづくり団体等の名称

　　一般社団法人天王洲・キャナルサイド活性化協会

二　事務所の所在地

　　品川区東品川 2 丁目 6 番10号

三　活用地区の名称、位置及び区域

　　天王洲プロジェクションマッピング活用地区

　　品川区東品川 1 丁目、東品川 2 丁目及び東品川 3 丁目各地内（別図のとおり）

四　指定年月日

　　令和 2 年12月10日

五　プロジェクションマッピング活用計画の閲覧場所

　　東京都都市整備局都市づくり政策部緑地景観課（東京都庁第 2 本庁舎12階中央）及び一般社団法人天王洲・キャナルサイド活性化協会ホームページ

　　　令和 2 年12月16日

　　　　　　　　　　　　　　　　　　東京都知事　小　池　百合子

（別図は省略）

【専ら歩行者の一般交通の用に供する道路の区域の指定】

（東京都屋外広告物条例第15条第五号関係）

○東京都告示第1120号

　東京都屋外広告物条例（昭和24年東京都条例第100号。以下「条例」という。）第15条第五号に規定する専ら歩行者の一般交通の用に供する道路の区域を次のとおり指定したので、条例第18条の規定により告示する。

　なお、その関係図面は、東京都都市整備局都市づくり政策部において一般の縦覧に供する。

　　　　平成15年10月8日

　　　　　　　　　　　　　　　東京都知事　石　原　慎太郎

道　路　名	区　　　　域			条例第15条の規定が適用される部分
	起　　　点	終　　　点	延　長（単位メートル）	
都道四谷角筈線	新宿区西新宿1丁目地内	新宿区西新宿1丁目地内	約740	新宿駅西口地下広場
都道新宿副都心第4号線	新宿区西新宿1丁目7番地先及び9番地先	新宿区西新宿2丁目5番地先及び6番地先	約300	地下部分の歩行者道
都道新宿副都心第5号線及び第11号線	新宿区西新宿2丁目地内	新宿区西新宿6丁目地内	約542	地下部分の歩行者道
東京都市計画道路区街第3号線	港区東新橋1丁目地内	港区東新橋1丁目地内	約158	地下部分の歩行者道
東京都市計画道路補助第313号線	港区東新橋1丁目地内	港区東新橋1丁目地内	約354	地下部分の歩行者道
東京都市計画道路区街第3号線及び都道新橋日の出ふ頭線	港区東新橋1丁目地内	港区東新橋1丁目地内	約153	東京臨海新交通臨海線新橋駅下の高架歩行者道

○東京都告示第1290号

東京都屋外広告物条例（昭和24年東京都条例第100号。以下「条例」という。）第15条第五号に規定する専ら歩行者の一般交通の用に供する道路の区域（以下「歩行者道」という。）を次のとおり指定したので、条例第18条の規定により告示する。

なお、その関係図面は、東京都都市整備局都市づくり政策部において一般の縦覧に供する。

平成17年10月26日

東京都知事　石　原　慎太郎

道 路 名	区 域			条例第15条の規定が適用される部分
	起　　　点	終　　　点	延　長（単位メートル）	
一般国道4号	中央区日本橋室町1丁目3番地先	中央区日本橋室町2丁目1番地先	約320	地下部分の歩行者道

○東京都告示第482号

東京都屋外広告物条例（昭和24年東京都条例第100号。以下「条例」という。）第15条第五号に規定する専ら歩行者の一般交通の用に供する道路の区域（以下「歩行者道」という。）を次のとおり指定したので、条例第18条の規定により告示する。

なお、その関係図面は、東京都都市整備局都市づくり政策部において一般の縦覧に供する。

平成19年4月2日

東京都知事　石　原　慎太郎

道 路 名	区 域			条例第15条の規定が適用される部分
	起　　　点	終　　　点	延　長（単位メートル）	
千代田歩行者専用道第5号線	千代田区丸の内2丁目地先	千代田区丸の内1丁目地先	約240	地下部分の歩行者道

○東京都告示第1154号

　東京都屋外広告物条例（昭和24年東京都条例第100号。以下「条例」という。）第15条第五号に規定する専ら歩行者の一般交通の用に供する道路の区域（以下「歩行者道」という。）を次のとおり指定したので、条例第18条の規定により告示する。

　なお、その関係図面は、東京都都市整備局都市づくり政策部において一般の縦覧に供する。

　　平成19年9月3日

　　　　　　　　　　　　　　東京都知事　石　原　慎太郎

道 路 名	区　　　　域			条例第15条の規定が適用される部分
	起　　　点	終　　　点	延　長（単位メートル）	
千代田区画街路1号線及び千代田歩行者専用道第3号線	千代田区有楽町2丁目10番地先	千代田区有楽町2丁目7番地先	約260	地下部分の歩行者道

○東京都告示第523号

　東京都屋外広告物条例（昭和24年東京都条例第100号。以下「条例」という。）第15条第五号に規定する専ら歩行者の一般交通の用に供する道路の区域（以下「歩行者道」という。）を次のとおり指定したので、条例第18条の規定により告示する。

　なお、その関係図面は、東京都都市整備局都市づくり政策部において一般の縦覧に供する。

　　平成21年4月1日

　　　　　　　　　　　　　　東京都知事　石　原　慎太郎

道 路 名	区　　　　域			条例第15条の規定が適用される部分
	起　　　点	終　　　点	延　長（単位メートル）	
中央区特別区道中京第611号線	中央区銀座3丁目1番地先	中央区銀座4丁目1番地先	約30	地下部分の歩行者道

○東京都告示第1253号

　東京都屋外広告物条例（昭和24年東京都条例第100号。以下「条例」という。）第15条第五号に規定する専ら歩行者の一般交通の用に供する道路の区域（以下「歩行者道」という。）を次のとおり指定したので、条例第18条の規定により告示する。

　なお、その関係図面は、東京都都市整備局都市づくり政策部において一般の縦覧に供する。

　　平成23年 8 月22日

　　　　　　　　　　　　　　　　　　　　東京都知事　石　原　慎太郎

道 路 名	区　　　　　　域			条例第15条の規定が適用される部分
	起　　　点	終　　　点	延　長（単位メートル）	
世田谷区特別区道	世田谷区三軒茶屋 2 丁目13番先	世田谷区太子堂 4 丁目22番先	約127	地下部分の歩行者道

○東京都告示第1395号

　東京都屋外広告物条例（昭和24年東京都条例第100号。以下「条例」という。）第15条第五号に規定する専ら歩行者の一般交通の用に供する道路の区域（以下「歩行者道」という。）を次のとおり指定したので、条例第18条の規定により告示する。

　なお、その関係図面は、東京都都市整備局都市づくり政策部において一般の縦覧に供する。

　　平成23年 9 月29日

　　　　　　　　　　　　　　　　　　　　東京都知事　石　原　慎太郎

道 路 名	区　　　　　　域			条例第15条の規定が適用される部分
	起　　　点	終　　　点	延　長（単位メートル）	
千代田歩行者専用道第五号線	千代田区丸の内 2 丁目地先	千代田区丸の内 1 丁目地先	約80	地下部分の歩行者道

○東京都告示第413号

　東京都屋外広告物条例（昭和24年東京都条例第100号。以下「条例」という。）第15条第五号に規定する専ら歩行者の一般交通の用に供する道路の区域（以下「歩行者道」という。）を次のとおり指定したので、条例第18条の規定により告示する。

　なお、その関係図面は、東京都都市整備局都市づくり政策部において一般の縦覧に供する。

　　平成24年3月12日

　　　　　　　　　　　　　　東京都知事　石　原　慎太郎

道 路 名	区　　　　　　　　域			条例第15条の規定が適用される部分
	起　　　　　点	終　　　　　点	延　　長（単位メートル）	
千代田歩行者専用道第五号線	千代田区丸の内2丁目地先	千代田区丸の内2丁目地先	約10	地下部分の歩行者道

○東京都告示第1104号

　東京都屋外広告物条例（昭和24年東京都条例第100号。以下「条例」という。）第15条第五号に規定する専ら歩行者の一般交通の用に供する道路の区域（以下「歩行者道」という。）を次のとおり指定したので、条例第18条の規定により告示する。

　なお、その関係図面は、東京都都市整備局都市づくり政策部において一般の縦覧に供する。

　　平成25年8月1日

　　　　　　　　　　　　　　東京都知事　猪　瀬　直　樹

道 路 名	区　　　　　　　　域			条例第15条の規定が適用される部分
	起　　　　　点	終　　　　　点	延　　長（単位メートル）	
一 般 国 道246号	港区元赤坂1丁目地先	港区元赤坂1丁目地先	約120	地下部分の歩行者道

304

○東京都告示第271号

東京都屋外広告物条例（昭和24年東京都条例第100号。以下「条例」という。）第15条第五号に規定する専ら歩行者の一般交通の用に供する道路の区域（以下「歩行者道」という。）を次のとおり指定したので、条例第18条の規定により告示する。

なお、その関係図面は、東京都都市整備局都市づくり政策部において一般の縦覧に供する。

　平成26年3月7日

東京都知事　舛　添　要　一

道路名	区　　　　　域			条例第15条の規定が適用される部分
	起　　　点	終　　　点	延　長（単位メートル）	
特別区道中日第5号線	中央区日本橋室町1丁目5番先	中央区日本橋室町2丁目3番先	約53	地下部分の歩行者道
特別区道中日第19号線	中央区日本橋室町2丁目3番先	中央区日本橋室町2丁目2番先	約29	地下部分の歩行者道

○東京都告示第1830号

東京都屋外広告物条例（昭和24年東京都条例第100号。以下「条例」という。）第15条五号に規定する専ら歩行者の一般交通の用に供する道路の区域（以下「歩行者道」という。）を次のとおり指定したので、条例第18条の規定により告示する。

なお、その関係図面は、東京都都市整備局都市づくり政策部において一般の縦覧に供する。

　平成29年12月20日

東京都知事　小　池　百合子

道路名	区　　　　　域			条例第15条の規定が適用される部分
	起　　　点	終　　　点	延　長（単位メートル）	
特別区道中京第613号線	中央区銀座6丁目10番先	中央区銀座5丁目9番先	約14	地下部分の歩行者道
特別区道中京第714号線	中央区銀座5丁目8番先	中央区銀座5丁目9番先	約107	地下部分の歩行者道

○東京都告示第1318号

東京都屋外広告物条例（昭和24年東京都条例第100号。以下「条例」という。）第15条第五号に規定する専ら歩行者の一般交通の用に供する道路の区域（以下「歩行者道」という。）を次のとおり指定したので、条例第18条の規定により告示する。

なお、その関係図面は、東京都都市整備局都市づくり政策部において一般の縦覧に供する。

平成30年9月20日

東京都知事　小池　百合子

道 路 名	区　　　　　域			条例第15条の規定が適用される部分
	起　　　点	終　　　点	延長（単位メートル）	
特別区道中日第284号線	中央区日本橋2丁目5番先	中央区日本橋2丁目4番先	約67	地下部分の歩行者道
特別区道中日第20号線	中央区日本橋2丁目10番先	中央区日本橋2丁目11番先	約22	地下部分の歩行者道

○東京都告示第631号

東京都屋外広告物条例（昭和24年東京都条例第100号。以下「条例」という。）第15条第五号に規定する専ら歩行者の一般交通の用に供する道路の区域（以下「歩行者道」という。）を次のとおり指定したので、条例第18条の規定により告示する。

なお、その関係図面は、東京都都市整備局都市づくり政策部において一般の縦覧に供する。

平成31年4月8日

東京都知事　小池　百合子

道 路 名	区　　　　　域			条例第15条の規定が適用される部分
	起　　　点	終　　　点	延長（単位メートル）	
一般国道4号	中央区日本橋室町2丁目1番1地先	中央区日本橋室町3丁目10地先	約120	地下部分の歩行者道

○東京都告示第288号

　東京都屋外広告物条例（昭和24年東京都条例第100号。以下「条例」という。）第15条第五号に規定する専ら歩行者の一般交通の用に供する道路の区域（以下「歩行者道」という。）を次のとおり指定したので、条例第18条の規定により告示する。

　なお、その関係図面は、東京都都市整備局都市づくり政策部において一般の縦覧に供する。

　　令和2年3月10日

　　　　　　　　　　　　　　　　　　東京都知事　小池　百合子

道 路 名	区　　　　域			条例第15条の規定が適用される部分
	起　　　点	終　　　点	延長（単位メートル）	
特別区道第139号線	港区虎ノ門4丁目3番地先	港区虎ノ門4丁目3番地先	約8	地下部分の歩行者道
特別区道第811号線	港区虎ノ門4丁目1番地先	港区虎ノ門4丁目1番地先	約8	地下部分の歩行者道

○東京都告示第336号

　東京都屋外広告物条例（昭和24年東京都条例第100号。以下「条例」という。）第15条第五号に規定する専ら歩行者の一般交通の用に供する道路の区域（以下「歩行者道」という。）を次のとおり指定したので、条例第18条の規定により告示する。

　なお、その関係図面は、東京都都市整備局都市づくり政策部において一般の縦覧に供する。

　　令和2年3月17日

　　　　　　　　　　　　　　　　　　東京都知事　小池　百合子

道 路 名	区　　　　域			条例第15条の規定が適用される部分
	起　　　点	終　　　点	延長（単位メートル）	
特別区道第1166号線	港区虎ノ門1丁目3番地先	港区虎ノ門1丁目17番地先	約276	地下部分の歩行者道

○東京都告示第451号

　東京都屋外広告物条例（昭和24年東京都条例第100号。以下「条例」という。）第15条第五号に規定する専ら歩行者の一般交通の用に供する道路の区域（以下「歩行者道」という。）を次のとおり指定したので、条例第18条の規定により告示する。

　なお、その関係図面は、東京都都市整備局都市づくり政策部において一般の縦覧に供する。

　　令和2年4月1日

　　　　　　　　　　　　　　　　　東京都知事　小池　百合子

| 道路名 | 区　　　　　　域 | | | 条例第15条の規定が適用される部分 |
	起　　点	終　　点	延長（単位メートル）	
特別区道江582号	江東区豊洲2丁目15番12地先	江東区豊洲2丁目15番12地先	約48	地下部分の歩行者道

【条例第15条第七号の規定による地域の指定】

（東京都屋外広告物条例第15条第七号関係）

○東京都告示第600号

　東京都屋外広告物条例（昭和24年東京都条例第100号。以下「条例」という。）第15条第七号に規定する知事が特に指定する地域として、平成19年東京都告示第479号及び平成19年東京都告示第480号の区域を指定したので、条例第18条の規定により告示する。

　　平成19年4月9日

　　　　　　　　　　　　　　　　　東京都知事　石　原　慎太郎

【規則第10条の2の規定による知事が別に定める日】

○東京都告示第466号

　東京都屋外広告物条例施行規則（昭和32年東京都規則第123号）第10条の2の規定に基づき、平成21年東京都告示第465号により指定された区域について知事が別に定める日は、当該指定のあった際、当該区域に現に適法に表示され、又は設置されている屋外広告物の表示の内容に変更を加え、又はその屋外広告物若しくは屋外広告物を掲出する物件を改造し、若しくは移転しようとする日とする。

　　　平成21年3月27日

　　　　　　　　　　　　　　　　　東京都知事　石　原　慎太郎

　　　附　則

　この告示は、平成21年4月1日から施行する。

○東京都告示第546号

　東京都屋外広告物条例施行規則（昭和32年東京都規則第123号。以下「規則」という。）第10条の2の規定に基づき、平成24年東京都告示第545号により指定された区域について知事が別に定める日は、当該指定のあった際、当該区域に東京都屋外広告物条例（昭和24年東京都条例第100号）及び規則の規定による許可を受けて現に適法に表示され、又は設置されている屋外広告物又は屋外広告物を掲出する物件（以下「広告物等」という。）については、この告示の施行の日以降において当該広告物等に係る初めての継続の許可により定められた許可期間が満了する日とする。

　　　平成24年3月30日

　　　　　　　　　　　　　　　　　東京都知事　石　原　慎太郎

　　　附　則

　この告示は、平成24年4月1日から施行する。

【規則別表第3八の部6の項の規定による地域の指定】

○東京都告示905号

　東京都屋外広告物条例施行規則（昭和32年東京都規則第123号）別表第3八の部6の項に規定する知事の定める地域又は場所は、次の通りとする。

　　令和2年6月30日

　　　　　　　　　　　　　　東京都知事　小　池　百合子

1　平成19年東京都告示第479号により指定された区域

2　平成19年東京都告示第480号により指定された区域

3　平成20年東京都告示第452号により指定された区域

4　平成22年東京都告示第90号により指定された区域

5　平成22年東京都告示第91号により指定された区域

6　平成27年東京都告示第1795号により指定された区域

7　平成28年東京都告示第1315号により指定された区域

　　　附　則

　この告示は、令和2年7月1日から施行する。

○事務処理の特例関係

○特別区における東京都の事務処理の特例に関する条例（抄）

平成11年11月24日
条 例 第 106 号

改正　平成12年 3 月31日条例第 13号
　　　平成17年 6 月14日条例第102号

（趣旨）

第 1 条　この条例は、地方自治法（昭和22年法律第67号）第252条の17の 2 第 1 項の規定に基づき、知事の権限に属する事務の一部を特別区が処理することとすることに関し必要な事項を定めるものとする。

（特別区が処理する事務の範囲等）

第 2 条　次の表の左欄に掲げる事務は、それぞれ同表の右欄に掲げる特別区が処理することとする。

13　屋外広告物法（昭和24年法律第189号。以下この項において「法」という。）、東京都屋外広告物条例（昭和24年東京都条例第100号。以下この項において「条例」という。）及び条例の施行のための規則に基づく事務のうち、次に掲げるもの イ　法第 7 条第 3 項の規定による除却その他必要な措置及び費用の徴収 ロ　法第 7 条第 4 項の規定によるはり紙、はり札等、広告旗又は立看板等の除却 ハ　法第 8 条第 6 項の規定による除却、保管、売却、公示その他の措置に要した費用の請求 ニ　条例第 8 条、第15条、第16条及び第30条の規定による広告物又はこれを掲出する物件（以下この項において「広告物等」という。）の表示又は設置に係る許可 ホ　条例第12条第 1 項（同条第 5 項において準用する場合を含む。）の規定による知事に提出すべき広告協定地区（一の特別区の区域内におけるものに限る。）の指定等に係る申請書の受理 ヘ　条例第24条第 1 項（条例第27条第 3 項において準用する場合を含む。）の規定による許可の期間の設定及び条件の	各特別区

付加 　ト　条例第27条第1項の規定による広告物の表示の内容の変 　　更等の許可及び同条第2項の規定による広告物の表示等の 　　継続の許可 　チ　条例第31条の規定による許可の取消し及び広告物等の改 　　修、移転、除却その他必要な措置の命令 　リ　条例第32条第1項の規定による違反広告物等に対する表 　　示若しくは設置の停止、改修、移転、除却その他必要な措 　　置の命令並びに同条第2項の規定による代執行及び公告 　ヌ　条例第34条第1項の規定による広告物等の保管、同条第 　　2項の規定による公告並びに同条第4項の規定による保管 　　物件一覧表の備付け及び閲覧 　ル　条例第35条第1項の規定による広告物等の売却及び売却 　　代金の保管並びに同条第2項の規定による広告物等の廃棄 　ヲ　条例第36条の規定による広告物等の価額の評価 　ワ　条例第38条の規定による広告物等の返還 　カ　条例第65条の規定による報告又は資料の徴取 　ヨ　条例第66条第1項の規定による立入検査等 　タ　条例第71条の規定による処分のうち同条第一号に係るも 　　の 　レ　イからタまでに掲げるもののほか、条例の施行に係る事 　　務のうち規則に基づく事務であつて別に規則で定めるもの	

（細目）

第3条　前条の規定の適用に関する細目は、規則で定める。

　　　附　則　〔平成11年12月24日条例第106号〕

（施行期日）

1　この条例は、平成12年4月1日から施行する。

（処分、申請等に関する経過措置）

2　この条例の施行の際第2条の表の上欄に掲げる事務に係るそれぞれの法令、条
　例又は規則（以下「法令等」という。）の規定により知事がした処分その他の行
　為でその効力を有するもの又はこの条例の施行の日（以下「施行日」という。）
　前に法令等の規定により知事に対してなされた申請その他の行為で、施行日以降
　においては同条の表の下欄に掲げる特別区の区長が管理し、及び執行することと
　なる事務に係るものは、施行日以後における法令等の適用については、当該特別
　区の区長のした処分その他の行為又は当該特別区の区長に対してなされた申請そ

の他の行為とみなす。

　　　附　則　〔平成12年3月31日条例第13号〕

　この条例は、平成12年4月1日から施行する。ただし、第2条の表49の項の改正規定は、平成12年7月1日から施行する。

　　　附　則　〔平成17年6月14日条例第102号〕

　この条例は、平成17年10月1日から施行する。

○特別区における東京都の事務処理の特例に関する条例に基づき特別区が処理する事務の範囲等を定める規則（抄）

$$\left(\begin{array}{c}\text{平成12年 3 月31日}\\ \text{規 則 第 152 号}\end{array}\right)$$

（趣旨）

第 1 条　この規則は、特別区における東京都の事務処理の特例に関する条例（平成11年東京都条例第106号。以下「特例条例」という。）第 2 条の規定により特別区が処理することとされる事務のうち東京都規則に基づく事務の範囲及び特例条例第 3 条に規定する細目を定めるものとする。

（特別区が処理する事務の範囲）

第 2 条　次の表の左欄に掲げる事務は、それぞれ同表の右欄に掲げるとおりとする。

3　特例条例第 2 条の表13の項レに規定する東京都屋外広告物条例（昭和24年東京都条例第100号）の施行に係る事務のうち規則に基づく事務であって別に規則で定めるもの	東京都屋外広告物条例施行規則（昭和32年東京都規則第123号。以下この項において「規則」という。）に基づく事務のうち、次に掲げるもの イ　規則第 4 条の規定による屋外広告物許可書の交付 ロ　規則第 5 条第 1 項の規定による同項各号に掲げる屋外広告物管理者設置届等の受理 ハ　規則第 6 条の規定による屋外広告物取付け完了届の受理 ニ　規則第 8 条の規定による許可期間の設定及び条件の付与 ホ　規則第12条第一号イ、第二号ロ及び第六号ニ並びに第13条第一号イ及び第三号イの規定による屋外広告物表示・設置届の受理 ヘ　規則第22条第 1 項の規定による屋外広告物許可取消書、同条第 2 項の規定による措置命令書及び同条第 3 項の規定による屋外広告物除却命令書の交付

〇市町村における東京都の事務処理の特例に関する条例（抄）

平成11年12月24日
条 例 第 107 号

改正　平成12年 3 月31日条例第 14号
平成17年 6 月14日条例第103号
平成17年12月22日条例第129号
平成26年12月26日条例第150号

（趣旨）

第1条　この条例は、地方自治法（昭和22年法律第67号）第252条の17の 2 第 1 項の規定に基づき、知事の権限に属する事務の一部を市町村が処理することとすることに関し必要な事項を定めるものとする。

（市町村が処理する事務の範囲等）

第2条　次の表の左欄に掲げる事務は、それぞれ同表の右欄に掲げる市町村が処理することとする。

9　屋外広告物法（昭和24年法律第189号。以下この項において「法」という。）、東京都屋外広告物条例（昭和24年東京都条例第100号。以下この項において「条例」という。）及び条例の施行のための規則に基づく事務のうち、次に掲げるもの 　イ　法第 7 条第 3 項の規定による除却その他必要な措置及び費用の徴収 　ロ　法第 7 条第 4 項の規定によるはり紙、はり札等、広告旗又は立看板等の除却 　ハ　法第 8 条第 6 項の規定による除却、保管、売却、公示、その他の措置に要した費用の請求 　ニ　屋外広告物又はこれを掲出する物件（以下この項において「広告物等」という。）のうち、はり紙、はり札等、広告旗、立看板等、広告幕及びアドバルーン（電飾を除く。）並びにその他の広告物等（建築物の壁面を利用する広告物等でその面積が20m²以下のもの、建築物から突出する形式の広告物等でその面積が10m²以下のもの及び高さが 2 m以下の広告塔に限り、条例第 6 条第一号ただし書若しくは同条第二号ただし書に規定する区域又は条例第 8 条第二号の規定により定められた範囲内にある地域若しくは同条第三号に規定する区域に表示し、又は設置するもの及び他の	各市（八王子市を除く。）、瑞穂町

区市町村の区域にまたがるものを除く。）に係る条例に基
づく事務のうち、次に掲げるもの

(1)　条例第8条、第15条、第16条及び第30条の規定による
　広告物等の表示又は設置に係る許可

(2)　条例第24条第1項（条例第27条第3項において準用す
　る場合を含む。）の規定による許可の期間の設定及び条
　件の付加

(3)　条例第27条第1項の規定による広告物の表示の内容の
　変更等の許可及び同条第2項の規定による広告物等の表
　示等の継続の許可

(4)　条例第31条の規定による許可の取消し及び広告物等の
　改修、移転、除却その他必要な措置の命令

(5)　条例第32条第1項の規定による違反広告物等に対する
　表示若しくは設置の停止改修、移転、除却その他必要な
　措置の命令並びに同条第2項の規定による代執行及び公
　告

(6)　条例第34条第1項の規定による広告物等の保管、同条
　第2項の規定による公告並びに同条第4項の規定による
　保管物件一覧表の備付け及び閲覧

(7)　条例第35条第1項の規定による広告物等の売却及び売
　却代金の保管並びに同条第2項の規定による広告物等の
　廃棄

(8)　条例第36条の規定による広告物等の価額の評価

(9)　条例第38条の規定による広告物等の返還

(10)　条例第65条の規定による報告又は資料の徴取

(11)　条例第66条第1項の規定による立入検査等

(12)　条例第71条の規定による処分のうち同条第一号に係る
　もの

(13)　(1)から(12)までに掲げるもののほか、条例の施行に係る
　事務のうち規則に基づく事務であつて別に規則で定める
　もの

ホ　ニに掲げるもののほか、条例に基づく事務のうち、次に
　掲げるもの

(1)　条例第29条の規定による屋外広告物許可申請手数料の
　徴収（他の区市町村の区域にまたがる広告物等に係るも

のを除く。）

(2) 条例第12条第1項（同条第5項において準用する場合を含む。）の規定による知事に提出すべき広告協定地区（一の市又は町の区域内におけるものに限る。）の指定等に係る申請書の受理

(3) (1)及び(2)に掲げるもののほか、条例の施行に係る事務のうち規則に基づく事務であつて別に規則で定めるもの

（細目）

第3条 前条の規定の適用に関する細目は、規則で定める。

　　　　附　則〔平成11年12月24日条例第107号〕

（施行期日）

1　この条例は、平成12年4月1日から施行する。

（処分、申請等に関する経過措置）

2　この条例の施行の際第2条の表の上欄に掲げる事務に係るそれぞれの法令、条例又は規則（以下「法令等」という。）の規定により知事がした処分その他の行為で現にその効力を有するもの又はこの条例の施行の日（以下「施行日」という。）前に法令等の規定により知事に対してなされた申請その他の行為で、施行日以降においては同条の表の下欄に掲げる市町村の長が管理し、及び執行することとなる事務に係るものは、施行日以後における法令等の適用については、当該市町村の長のした処分その他の行為又は当該市町村の長に対してなされた申請その他の行為とみなす。

　　　　附　則〔平成12年3月31日条例第14号〕

この条例は、平成12年4月1日から施行する。ただし、第2条の表30の項の改正規定は、平成12年7月1日から施行する。

　　　　附　則〔平成17年6月14日条例第103号〕

この条例は、平成17年10月1日から施行する。

　　　　附　則〔平成17年12月22日条例第129号〕

この条例は、平成18年4月1日から施行する。

　　　　附　則〔平成26年12月26日条例第150号〕

この条例は、平成27年4月1日から施行する。ただし第2条の表29の6の19の項の改正規定は、同年1月1日から施行する。

○市町村における東京都の事務処理の特例に関する条例に基づき市町村が処理する事務の範囲等を定める規則（抄）

$$\left(\begin{array}{c}\text{平成12年3月31日}\\\text{規　則　第　155　号}\end{array}\right)$$

（趣旨）

第1条　この規則は、市町村における東京都の事務処理の特例に関する条例（平成11年東京都条例第107号。以下「特例条例」という。）第2条の規定により市町村が処理することとされる事務のうち東京都規則に基づく事務の範囲及び特例条例第3条に規定する細目を定めるものとする。

（市町村が処理する事務の範囲）

第2条　次の表の左欄に掲げる事務は、それぞれ同表の右欄に掲げるとおりとする。

2　特例条例第2条の表9の項ニ⒀に規定する東京都屋外広告物条例（昭和24年東京都条例第100号）の施行に係る事務のうち規則に基づく事務であつて別に規則で定めるもの	東京都屋外広告物条例施行規則（昭和32年東京都規則第123号。以下この項において「規則」という。）に基づく事務のうち、次に掲げるもの イ　規則第4条の規定による屋外広告物許可書の交付 ロ　規則第5条第1項の規定による同項各号に掲げる屋外広告物管理者設置届等の受理 ハ　規則第6条の規定による屋外広告物取付け完了届の受理 ニ　規則第8条の規定による許可期間の設定及び条件の付与 ホ　規則第22条第1項の規定による屋外広告物許可取消書、同条第2項の規定による措置命令書及び同条第3項の規定による屋外広告物除却命令書の交付
3　特例条例第2条の表9の項ホ⑶に規定する東京都屋外広告物条例の施行に係る事務のうち規則に基づく事務で	東京都屋外広告物条例施行規則（以下この項において「規則」という。）に基づく事務のうち、次に掲げるもの イ　規則第1条第1項の規定による知事に提出すべき屋外広告物許可申請書の受理

318

あつて別に規則で定めるもの	ロ　規則第4条の規定による知事が発行した屋外広告物許可書の交付 ハ　規則第5条第1項の規定による知事に提出すべき屋外広告物管理者設置届等の受理 ニ　規則第6条の規定による知事に提出すべき屋外広告物取付け完了届の受理

○委 任 関 係

○東京都建築指導事務所長委任規則（抄）

$$\left(\begin{array}{l}\text{昭和46年12月 1 日}\\\text{規 則 第 260 号}\end{array}\right)$$

改正　昭和48年12月15日規則第219号
　　　昭和62年 2 月13日規則第 10号
　　　平成 8 年 7 月19日規則第229号
　　　平成12年 3 月31日規則第158号
　　　平成14年 3 月29日規則第 71号
　　　平成17年 9 月29日規則第187号
　　　平成18年 3 月15日規則第 23号

　東京都建築指導事務所設置条例（昭和46年東京都条例第104号）に定める建築指導事務所の所管区域に係る次の各号に掲げる事務は、当該建築指導事務所の長に委任する。

八　屋外広告物又はこれを掲出する物件（以下この号及び第十号において「広告物等」という。）に係る東京都屋外広告物条例（昭和24年東京都条例第100号。以下この号において「条例」という。）第 8 条、第15条、第16条及び第30条第 1 項の規定による許可、条例第27条の規定による変更等の許可、条例第31条の規定による許可の取消し及び広告物等の改修、移転、除却その他必要な措置の命令、条例第32条の規定による広告物等に対する表示又は設置の停止、改修、移転、除却その他必要な措置の命令及び執行等、条例第34条第 1 項の規定による広告物等の保管、同条第 2 項の規定による公告、同条第 4 項の規定による保管物件一覧表の備付け及び閲覧、条例第35条第 1 項の規定による広告物等の売却及び売却代金の保管、同条第 2 項の規定による広告物等の廃棄、条例第36条の規定による広告物等の価額の評価、条例第38条の規定による広告物等の返還、条例第65条の規定による報告又は資料の徴取、条例第66条第 1 項の規定による立入検査等条例第71条の規定による処分のうち同条第一号に係るもの並びに東京都屋外広告物条例施行規則（昭和32年東京都規則第123号）第12条及び第13条の規定による屋外広告物表示・設置届の受理に関すること。ただし、市町村における東京都の事務処理の特例に関する条例（平成11年東京都条例第107号）第 2 条の表 9 の項の規定により市又は瑞穂町が処理することとされた事務を除く。

九　前号の規定による事務に係る次に掲げる事務

　イ　屋外広告物法（昭和24年法律第189号。以下この号において「法」という。）第 7 条第 3 項の規定による除却その他必要な措置及び費用の徴収に関すること。

　ロ　法第 7 条第 4 項の規定によるはり紙、はり札等、広告旗又は立看板等の除却

及び法第8条第6項の規定による除却、保管、売却、公示その他の措置に要した費用の請求に関すること。

ハ　東京都屋外広告物条例第68条第一号から第五号まで、第69条第五号及び第六号並びに第70条に規定する違反行為をした者に係る告発に関すること。

九の二　東京都屋外広告物条例第12条第1項（同条第5項において準用する場合を含む。）の規定による申請の受理に関すること。ただし、市又は瑞穂町の区域を含むものを除く。

十　東京都屋外広告物条例第29条の規定による屋外広告物許可申請手数料の徴収に関すること。ただし、市又は瑞穂町の区域内の広告物等に係るものを除く。

附　則

（施行期日）

1　この規則は、公布の日から施行する。

（経過措置）

2　この規則の施行の際既に首都整備局建築指導部において受理された申請書、届書及び報告書に係る事務については、なお従前の例による。

附　則　〔昭和48年12月15日規則第219号〕

この規則は、昭和48年12月16日から施行する。

附　則　〔昭和62年2月13日規則第10号〕

この規則は、昭和62年4月1日から施行する。

附　則　〔平成8年7月19日規則第229号〕

この規則は、平成8年8月1日から施行する。

附　則　〔平成12年3月31日規則第158号〕

この規則は、平成12年4月1日から施行する。

附　則　〔平成14年3月29日規則第71号〕

この規則は、平成14年4月1日から施行する。

附　則　〔平成17年9月29日規則第187号〕

この規則は、平成17年10月1日から施行する。

附　則　〔平成18年3月15日規則第23号〕

この規則は、平成18年4月1日から施行する。

○東京都支庁長専決規程（抄）

（昭和44年3月31日
訓 令 第 5 号）

改正　昭和46年11月29日訓令甲第128号
　　　昭和62年2月13日訓令　第　3号
　　　平成8年7月1日訓令　第30号
　　　平成12年3月31日訓令　第　6号
　　　平成17年9月29日訓令　第85号

第1条　東京都支庁設置条例（昭和38年東京都条例第60号）に定める支庁の所管区域に係る次の各号に掲げる事務は、当該支庁の長が専決するものとする。

八　屋外広告物法（昭和24年法律第189号。以下次号及び第八号の三において「法」という。）第7条第3項の規定による除却その他必要な措置及び費用の徴収に関すること。

八の二　法第7条第4項の規定によるはり紙、はり札等、広告旗又は立看板等の除却に関すること。

八の三　法第8条第6項の規定による除却、保管、売却、公示、その他の措置に要した費用の請求に関すること。

八の四　東京都屋外広告物条例（昭和24年東京都条例第100号。以下この号から第八号の十四まで及び第九号において「条例」という。）第8条、第15条、第16条及び第30条第1項の規定による許可並びに条例第27条第1項の規定による変更等の許可並びに同条第2項の規定による継続の許可に関すること。

八の五　条例第12条第1項（同条第5項において準用する場合を含む。）の規定による申請の受理に関すること。

八の六　条例第31条の規定による許可の取消し及び屋外広告物又はこれを掲出する物件（以下次号及び第八号の十一まで及び第八号の十五において「広告物等」という。）の改修、移転、除却その他必要な措置の命令に関すること。

八の七　条例第32条の規定による広告物等に対する表示又は設置の停止、改修、移転、除却その他必要な措置の命令及び執行等に関すること。

八の八　条例第34条第1項の規定による広告物等の保管並びに同条第2項の規定による公告並びに同条第4項の規定による保管物件一覧表の備付け及び閲覧に関すること。

八の九　条例第35条第1項の規定による広告物等の売却及び売却代金の保管並びに同条第2項の規定による広告物等の廃棄に関すること。

八の十　条例第36条の規定による広告物等の価額の評価に関すること。

八の十一　条例第38条の規定による広告物等の返還に関すること。

八の十二　条例第65条の規定による報告及び資料に関すること。

八の十三　条例第66条第1項の規定による立入検査等に関すること。

八の十四　条例第71条の規定による処分のうち同条第一号に関すること。

八の十五　東京都屋外広告物条例施行規則（昭和32年東京都規則第123号）第12条及び第13条の規定による広告物等の表示又は設置の届出の受理に関すること。

九　条例第29条の規定による屋外広告物許可申請手数料の徴収に関すること。

　　　附　則

この訓令は、昭和44年4月1日から適用する。

　　　附　則　〔昭和46年11月29日訓令甲第128号〕

この訓令は、昭和46年12月1日から適用する。

　　　附　則　〔昭和62年2月13日訓令第3号〕

この訓令は、昭和62年4月1日から施行する。

　　　附　則　〔平成8年7月1日訓令第30号〕

この訓令は、平成8年8月1日から施行する。

　　　附　則　〔平成12年3月31日訓令第6号〕

この訓令は、平成12年4月1日から施行する。

　　　附　則　〔平成17年9月29日訓令第85号〕

この訓令は、平成17年10月1日から施行する。

○通　達（通知）

○屋外広告物法の一部を改正する法律について（抄）

$$\left(\begin{array}{l}\text{昭 和 48 年 11 月 12 日}\\\text{建設省都公緑発第80号}\end{array}\right)$$

建設事務次官から　都道府県知事、指定都市の長あて

　屋外広告物法の一部を改正する法律は、昭和48年9月17日法律第81号をもつて公布され、昭和48年12月16日から施行される運びとなつたが、今回の改正は、屋外広告物に対する規制の実情にかんがみ、違反広告物について都道府県知事の行う除却措置に関する規定を整備するとともに、屋外広告業の届出制度の創設等その指導の強化を図り、もつて都市の美観風致の維持等を確保しようとするものである。

　この改正の趣旨に従い、その実施にあたつては、左記の点に十分留意して、屋外広告物条例の改正等必要な措置を講じ、その運用に遺憾なきを期するとともに、すみやかに関係事項を貴管下関係機関に周知徹底方取り計らわれたく命により通達する。

記

1　違反はり札、立看板の除却措置の簡素化について

　　違反広告物の除却については、屋外広告物法（以下「法」という。）第7条第1項及び第2項の手続きによるのが原則であり、はり紙についてのみ、同条第3項の簡易な除却手続が認められているところであるが、近時の違反はり札、立看板の実情にかんがみ、これらについても、今回はり紙と同様の簡易な除却措置を講ずることとした（法第7条第4項の改正規定）。その運用にあたつては後述3の趣旨に十分配慮しつつ、この積極的な活用を図り、違反はり札及び立看板の一掃に努められたい。

2　屋外広告業に対する指導の強化について

　　屋外広告物行政をより実効あらしめるために、今回の改正においては、屋外広告物の直接規制と相まつて、屋外広告活動の大半を担う屋外広告業者について、届出制度の創設（法第8条の改正規定）講習会終了者等の設置義務（法第9条の改正規定）都道府県知事の屋外広告業者に対する指導、助言及び勧告の制度（法第10条の改正規定）を、それぞれ条例で設け得ることとした。

　　これらの運用にあたつては、改正の趣旨にかんがみ、法の目的を達成し得るよう、制度の周知徹底に努めるとともに適正な講習会の実施等屋外広告業者の指導監督に遺憾なきを期せられたい。

　なお、講習会の実施に際しては、屋外広告業者が比較的零細業が多い現状にかんがみ、その参加経費が過重な負担とならないよう配慮されたい。

○屋外広告物法の一部を改正する法律について

$$\left(\begin{array}{l}昭\ 和\ 48\ 年\ 11\ 月\ 12\ 日 \\ 建設省都公緑発第81号\end{array}\right)$$

建設省都市局長から　都道府県知事、指定都市の長あて

　標記については、昭和48年11月12日付建設省都公緑発第80号をもつて事務次官からその基本的事項について通達されたところであるが、その運用については、さらに左記事項に留意されるとともに、すみやかに屋外広告物条例を改正し、その施行に遺憾のないよう措置されたい。

　なお、別添のとおり屋外広告物標準条例案の一部を改正する標準条例案を作成したので、参考とされたい。

記

第1　違反はり札、立看板の除却措置の簡素化について

1　この法律による改正後の屋外広告物法（以下「法」という。）第7条第4項の対象となる「はり札」とは、その材質がベニヤ板、プラスチック板、ブリキ板のように比較的軽易なものからなる札に紙をはつたものを、工作物等にひも、針金等でつるし、又はくくりつける等容易に取りはずすことができる状態で取り付けたものであること。

　また、「立看板」とは、その材質が木枠に紙張りし、若しくは布張りしたもの又は上記の材質からなる札に紙をはつたものを容易に取りはずすことができる状態で立て、又は立て掛けられたものであり、その材質が金属枠であるもの又はいわゆる野立看板のように土地に固定された状態で立てられているものは除かれるものであること。

2　本項ただし書にいう「相当の期間」は、都道府県におけるはり札、立看板の許可期限を参考に判断すべく、通常一ケ月程度と考えられるが当該広告物の表示内容等からみて、すでにその意図するところが達成されたと明らかに認められる場合には、「相当の期間を経過」したものとして取り扱つて差し支えないこと。

　また「管理されずに放置されている」とは、補修その他必要な管理をなさず、良好な状態に保持されていない場合又は行政庁が違反を発見し、除却すべき旨を通告したにもかかわらず、除却に必要と認められる期間（通常5日間程度）を経過した後もそのまま放置されている場合をいうものであること。

3　本項の規定によるはり札、立看板の除却については、行政不服審査法（昭和37年法律第160号）による不服の申立てはできないと解されるので、本項に規定する要件を充たさないものを除却することのないよう注意すること。

4　本項の規定によるはり札又は立看板の除却は、知事の命じた職員の監督の下に、除却作業等の事実行為を第三者に委託することができるが、さらに、本項による措置そのものを道路管理者その他の第三者に委任することも可能であること。この場合において、受任者の資格、受任事務の範囲等についての所要の基準を設けることにより、その適正を期すること。

5　本項の規定により除却したはり札又は立看板は、いつたんこれを保管し、保管の開始後遅滞なく管理者等に引き渡すか、あるいは管理者等に受け取る意思がない場合には適宜処分するものとすること。

第2　屋外広告業の届出制度について

1　屋外広告業の届出制度を設けたのは、都道府県の区域内において屋外広告業を営む者の実態を的確に把握し、その指導育成に資する趣旨であるので、屋外広告業者が営業活動を都道府県の区域内において行おうとする場合であれば当該区域内に営業所を有しているか否かにかかわらず、又、他の都道府県に所在する営業所であつても届け出るべきものであること。なお、屋外広告業者の営業活動が他の都道府県に及ぶ場合には関係都道府県知事間で十分な通報連絡を行うことにより、その営業活動の全体を把握するよう努めること。

2　法第2条第2項の「屋外広告業」とは、広告主から広告物の表示又は広告物を掲出する物件の設置に関する工事を請け負い、屋外で公衆に表示することを業として行うことをいい、元請け、下請けを問わないが、広告物の表示等の工事を請け負わない広告代理業は、これに該当しないものであること。

3　届出については、手続の簡便を考慮し、必要に応じて便宜、届出人が所属する屋外広告業者の組織する地域的団体において取りまとめのうえ、届出をさせることとしてさしつかえないこと。なお、屋外広告業の届出を受理した場合は届出番号を付して屋外広告業者届出簿に記載整理のうえその旨を証する届出済証を交付するものとし屋外広告業者が届出済証又はその写しをその営業所に備えつけ、公衆に表示するよう指導すること。

4　法第8条及び第9条中「営業所」とは、広告物の表示又は広告物を掲出する物件の設置に関し常時請負契約を締結する等営業の場所的中心となる事務所をいい、その主従を問わないが、単なる作業所、連絡事務所等はこれに該当しないこと。

第3　講習会修了者等の設置義務について

1　講習会修了者等の設置義務に関する制度を設けたのは、広告物の表示及び広告物を掲出する物件の設置に関し、営業所の責任者にふさわしい知識を修得さ

せる趣旨のものであるので、講習会の開催は次により行うこと。

　なお、講習会の運営の全部又は一部について、事務の合理化を図る趣旨から、必要に応じ、他の者に委託することはさしつかえないこと。

(1)　講習会の講習要目及び内容は、上述の趣旨にかんがみ、おおむね次のとおりとすること。

　なお、条例施行後の最初の講習会については、受講者の受講の便を図るため必要と認められるときは、下記時間数を下まわってもさしつかえない。

　(イ)　屋外広告物に関する法令

　　屋外広告物法の趣旨を周知徹底させるとともに、屋外広告物条例及び同規則、都市計画法、建築基準法、道路法等について一般的知識を修得させることを目標として、6時間程度とすること。

　(ロ)　屋外広告物の表示の方法に関する事項

　　都市の美観風致と広告物の意匠、色彩及び形状との調和のあり方について一般的知識を修得させることを目標として、4時間程度とすること。

　(ハ)　屋外広告物の施工に関する事項

　　屋外広告物の種類ごとに材料、構造、設置方法等について一般的な知識を修得させることを目標として、8時間程度とすること。

(2)　上述の趣旨にかんがみ、すでに講習会の課程の一部について必要な知識を有すると認められる者については、その申請により、講習会の課程の一部を免除してさしつかえないこと。

　特に、次に掲げる者については、講習要目の(ハ)「屋外広告物の施工に関する事項」の課程を免除すること。

　(イ)　建築士法（昭和25年法律第202号）第2条第1項に規定する建築士の資格を有する者

　(ロ)　電気工事士法（昭和35年法律第139号）第3条に規定する電気工事士の資格を有する者

　(ハ)　電気事業法（昭和39年法律第170号）第54条第1項に規定する第一種電気主任技術者免状、第二種電気主任技術者免状又は第三種電気主任技術者免状の交付を受けている者

　(ニ)　職業訓練法（昭和44年法律第64号）に基づく職業訓練指導員免許所持者、技能検定合格者又は職業訓練修了者であつて帆布製品製造取付けに係るもの

(3)　講習会は、少なくとも毎年一回開催するものとし、開催にあたつては、あらかじめその開催の日時及び場所その他講習会の開催に関し必要な事項について周知徹底を図るとともにその講習会の能率的な運営を図り、あわせて受講者の便宜に供するため、講習会の課程をわかりやすく解説した講習用テキ

ストを作成し、受講者に配布すること。

2　法第9条第1項の「講習会の課程を修了した者」とは、講習会の開始時から終了時まで継続して在席し聴講した者をいい、遅刻、退席等があつた者については、この程度を十分勘案して、決するものとし、考査等によりその修了を判定しないこと。

　なお講習会を修了した者については、修了証明書を交付し、講習会修了者等台帳に記載整理すること。

3　法第9条第1項の「講習会修了者と同等以上の知識を有する者として条例で定める者」とは、次に掲げる者とすること。

(1)　他の都道府県（指定都市を含む。）の講習会修了者

(2)　職業訓練法に基づく職業訓練指導員免許所持者、技能検定合格者又は職業訓練修了者で広告美術仕上げに係るもの

(3)　知事が講習会修了者と同等以上の知識を有するものと認定した者

　なお、上述(3)の認定にあたつては、営業所における屋外広告物の表示又は屋外広告物を掲出する物件の設置の責任者として5年以上の経験を有すること及び過去5年間にわたり、屋外広告物に関する法令に違反することがなかつたことを基準とされるとともに、認定した場合は、認定書を交付し、講習会修了者等台帳に記載整理することとされたい。

4　法第9条第1項の「営業所ごとに…置かれていなければならない」とあるのは、当該講習会修了者等が必らずしもその営業所に専任の者であることを要しないが、雇用契約等により事業主体と継続的な関係を有し、通常勤務時間中はその事業所の業務に随時従事し得るものを置くべきことをいうものであること。

5　法第9条第2項の「期間」は、次期講習会修了時までの期間に所定の手続に必要な期間を加えたものを限度として定めること。

第4　屋外広告業者に対する指導等について

　屋外広告業者の指導にあたつては、屋外広告業者が組織する地域的団体の育成を図るとともに、当該団体が屋外広告物の表示方法、施工技術等の改善、広告倫理の高揚等を図り、もつて屋外広告業者の質的向上を図るための努力を積極的に行うよう指導すること。

　なお、広告物の表示等に関する許可の申請にあたつては、工事施行者たる屋外広告業者の氏名、住所等必要な事項を添付させ、工事施行者を事前に把握することによつて、広告物規制と屋外広告業者の指導とを一体的に行うよう努めること。

第5　経過措置

　この法律の施行のための条例改正に際しては、屋外広告業の届出及び講習会修了者等の設置については、公布後90日程度を経た後施行するものとし、かつ、施

行の際現に屋外広告業を営んでいる者に対しては、経過措置として、屋外広告業の届出について改正条例の施行後30日程度の猶予期間を置くものとすること。

第6　その他

　屋外広告物規制の強化とあいまつて公共掲示板等を整備することにより、違反広告物の減少が期待されること、特に、広範な地域にわたり屋外広告物の掲出を禁止する場合には、公共掲示板等の公的な表現の場を確保することが重要であることにかんがみ、その設置について積極的に努められたい。

〔別添　略〕

○屋外広告物法の一部改正について

$\begin{pmatrix} 平成16年12月17日 \\ 国都公緑発第148号 \end{pmatrix}$

国土交通省都市・地域整備局長から　各都道府県知事、各指定都市・中核市市長あて

　「景観法の施行に伴う関係法律の整備等に関する法律」が、平成16年6月18日法律第111号をもって公布され、平成16年12月17日から施行されたところです。この中で、屋外広告物法については、景観行政を行う市町村による屋外広告物条例の制定、許可区域の全国化、簡易除却対象となる広告物等の範囲の拡大、屋外広告業の登録制度の導入等の所要の改正が行われたところです。今回の改正は、違反広告物対策の実効性を確保するとともに、良質で地域の景観と調和した屋外広告物の表示等を図ることを目的とするものであります。

　今般、この改正により創設・充実された措置の活用に当たり、円滑かつ適切な運用を図ることが重要であるとの認識から、屋外広告物法の運用に関する技術的助言として、この通知を送付するものです。貴職におかれましては、下記の事項に留意し、改正法について広くその趣旨及びその内容の周知を図り、法の普及に努めるとともに、法の円滑かつ適切な運用を図ることにより、更なる良好な景観の形成、風致の維持及び公衆に対する危害の防止が図られることとなれば幸甚です。

　なお、都道府県におかれましては、必要に応じ、貴管内関係市町村（指定都市及び中核市を除く。）に通知していただきますようお願いいたします。

記

Ⅰ．広告物等の制限

1．許可対象区域の全国化について

　　良好な景観の形成は、地域住民の意向を踏まえそれぞれの地域の個性及び特徴の伸長に資するよう多様な形成が図られるべきことに鑑み、また、今回の屋外広告物法の改正と同時に公布された「景観法（平成16年法律第110号）」の景観計画区域等の制度が農業振興地域や自然公園等も含む広範な地域を対象としうることも参考としつつ、条例で広告物の表示又は掲出物件の設置について許可を受けなければならないとすることその他の制限を行うことができる地域について、「市及び人口5千人以上の市街的町村」との限定を外し、全国で許可制等の制限を導入することができることとしました。

　　なお、この改正によって、直ちに全ての町村の全域に許可制を導入する必要があるものではなく、どの町村のどの区域に許可制等の制限を導入すべきかは、地域の実情に応じて判断されることが望まれます。

2．景観行政を行う市町村による屋外広告物条例の制定について

(1) 趣旨

　「景観法」においては、景観計画の策定等の景観行政を行う地方公共団体を「景観行政団体」と位置づけ、指定都市及び中核市の区域については当該市が、指定都市及び中核市以外の市町村（以下「普通市町村」という。）の区域については当該普通市町村が都道府県の同意を得て、当該普通市町村の区域以外の区域については都道府県が景観行政団体となることとしています。

　屋外広告物は景観を構成する重要な要素であることから、屋外広告物行政についても、普通市町村である景観行政団体であっても景観計画に基づく規制等と一元的に行うことを可能にするため、都道府県と普通市町村とが協議の上、屋外広告物に関する条例の制定又は改廃に関する事務の全部又は一部を、当該都道府県の条例で、普通市町村が処理することができることとしました。また、景観行政と屋外広告物行政の統一的運用を図るため、景観計画に「屋外広告物の表示及び屋外広告物を掲出する物件の設置に関する行為の制限に関する事項」を定めることができることとするとともに（景観法第8条第2項第5号イ）、当該事項が定められた景観計画を策定した景観行政団体の屋外広告物に関する条例は、景観計画に即して定めることとしています。

(2) 屋外広告物に関する条例の制定等の権限の移譲の考え方

　この改正は、屋外広告物行政を行う意欲と能力を有する普通市町村も景観行政と屋外広告物行政を一体的に行うことを可能としたものです。したがって、景観計画において「屋外広告物の表示及び屋外広告物を掲出する物件の設置に関する行為の制限に関する事項」を定めた普通市町村である景観行政団体に対しては、当該普通市町村の体制が明らかに屋外広告物行政を担えない場合等を除き、原則として、都道府県から屋外広告物に関する条例の制定等の権限の移譲が行われることが望まれます。

　一方、全ての景観行政団体である普通市町村が屋外広告物行政を行わなければならないものではなく、景観計画に「屋外広告物の表示及び屋外広告物を掲出する物件の設置に関する行為の制限に関する事項」を定めるかどうかは、簡易除却事務等当該普通市町村の従前の屋外広告物に関する事務の実施状況その他の地域の実情に応じて、それぞれの景観行政団体となる普通市町村が判断することが望まれます。また、屋外広告物に関する条例の制定又は改廃の権限の移譲についても、景観計画への当該事項の記載の有無等に応じて判断されることが望まれます。

(3) 移譲する権限の内容

　この改正により普通市町村に移譲することができる権限の内容は、屋外広告物法第3条から第5条まで、第7条又は第8条の規定に基づく条例の制定又は改廃の権限となっています。同法第9条から第11条までの屋外広告業に関する

条例の制定又は改廃については、屋外広告業者の活動範囲等に鑑み都道府県、指定都市及び中核市の権限としており、普通市町村に移譲することはできないこととされています。

　また、普通市町村に移譲することができる権限の範囲は、屋外広告物法第3条から第5条まで、第7条又は第8条の規定に基づく条例の制定又は改廃に関する事務の全部又は一部とされています。このため、当該普通市町村の制定する条例の対象について、当該普通市町村の全ての区域で全ての広告物及び掲出物件とする場合のほか、その対象地域や対象とする広告物等をその一部に限定する場合も考えられることから、地域の実情に応じ都道府県と普通市町村が協議の上適切に役割分担することが望まれます。

(4)　移譲に際しての留意事項

　この改正により普通市町村に屋外広告物に関する条例の制定及び改廃の権限を移譲するに当たっては、都道府県は、当該移譲する権限の内容に応じ、併せて、地方自治法（昭和22年法律第67号）第252条の17の2に基づき、普通市町村と協議の上、屋外広告物法第7条及び第8条の広告物等の除却、保管、公示、売却、廃棄等に関する事務を当該普通市町村が処理することとすることが望まれます。

　また、この改正により普通市町村が条例を制定し、適用するに当たっては、規制内容や基準、手続等に係る条例や規則等を、都道府県の権限移譲に係る条例の適用の日までに策定するとともに、従前の都道府県の条例より規制が強化される場合には既存の広告物等についての適切な経過措置を定める等、その円滑な移行に十分留意することが望まれます。

Ⅱ．違反広告物等に対する措置

1．違反広告物等に係る行政代執行法の要件の明確化について

　広告物又は掲出物件が屋外広告物条例に違反している場合において、いわゆる簡易除却又は略式代執行の要件に該当しないときには、屋外広告物法は都道府県知事又は指定都市若しくは中核市の長（以下「都道府県知事等」という。）が当該広告物の表示者等に対し除却等の措置を命ずることによりこれを是正することとしています。今般の改正では、違反広告物等が大量にある実情に鑑み、迅速かつ適切な是正を図るため、都道府県知事等が当該命令を行った場合において、その措置を命ぜられた者がその措置を履行しないとき、履行しても十分でないとき、又は履行しても期限までに完了する見込みがないときは、行政代執行法（昭和23年法律第43号）第3条から第6条までに定めるところに従い行政代執行を行うことができることとして、行政代執行の要件を明確化することとしました。

　なお、この改正に伴い、都道府県知事等が違反広告物の表示者等に対し除却等の措置を命ずる際には、条例で定めるところにより、相当の期限を定めてその措

置を命ずることが必要とされたところですので、留意願います。また、「景観法の施行に伴う関係法律の整備等に関する法律」による屋外広告物法の改正規定の施行日（平成16年12月17日。以下「改正法の施行日」という。）前に、同法による改正前の屋外広告物法（以下「旧屋外広告物法」という。）第7条第1項の規定により命ぜられた措置については、本改正事項の適用はなく、従前どおり行政代執行法第2条の要件に該当する場合に、同法の定めるところにより行政代執行を行うこととされています。

2．簡易除却対象となる広告物等の拡大及び簡易除却の要件の緩和について

　(1)　趣旨

　　　　近年においても、全国的に屋外広告物条例に違反した簡易除却対象広告物又はこれに類する広告物等が大量に生じていることに鑑み、「構造改革特別区域法の一部を改正する法律（平成15年法律第66号）」により導入した簡易除却対象広告物等の拡大及び簡易除却の要件の緩和措置を全国化することとしました。

　　　　なお、この改正に伴い、「構造改革特別区域法（平成14年法律第189号）」に基づく「屋外広告物条例に違反した屋外広告物の除却による美観風致維持事業」は、改正法の施行日をもって廃止されたところであり、同日以降、同法に基づく特区の認定を受けていた地方公共団体においても、特区の認定を受けた区域の内外にかかわらず、改正後の屋外広告物法に基づき、「屋外広告物条例に違反した屋外広告物の除却による美観風致維持事業」と同様の要件により簡易除却を行うことができることとされています。

　(2)　簡易除却の対象となる広告物等について

　　　　改正後の屋外広告物法に基づく簡易除却の対象となる広告物又は掲出物件は、条例に明らかに違反して表示又は設置されている以下の広告物等です。

　　ⅰ　はり紙

　　ⅱ　はり札等（管理されずに放置されていることが明らかなときに限ります。）

　　　　はり札等とは、概ね、ベニヤ板、プラスチック板等に紙その他のものをはり、若しくは差し込む等により定着させ、又は直接塗装・印刷をして、容易に取り外すことができる状態で工作物等に取り付けられているようなものをいいます。

　　ⅲ　広告旗（管理されずに放置されていることが明らかなときに限ります。）

　　　　広告旗とは、広告の用に供するいわゆるのぼり旗で、容易に移動させることができる状態で立てられ、又は容易に取り外すことができる状態で工作物等に取り付けられているものをいいます。また、これを支える台についても、容易に移動又は取り外すことができるものについては、簡易除却の対象になりえます。

　iv　立看板等（管理されずに放置されていることが明らかなときに限ります。）

　　　立看板等とは、概ね、次のような広告物又は掲出物件で、容易に移動させ
　　ることができる状態で立てられ、又は容易に移動させることができる状態で
　　工作物等に立て掛けられているようなものをいいます。また、これを支える
　　台についても、容易に移動させることができるものについては、簡易除却の
　　対象になりえます。

　　・木、ビニールパイプ等の枠に紙張り、布張り等をした立看板
　　・ベニヤ板、プラスチック板等に紙その他のものをはり、又は直接塗装・印
　　　刷した立看板
　　・立看板に類似の形状で、屋外広告物となるパンフレットやチラシ等を掲出
　　　する物件
　　・いわゆるベンチに直接印刷・塗装する等により広告物を表示した掲出物件

3．除却した広告物等に係る保管等の手続について

(1)　趣旨

　　　近年においても簡易除却により大量の違反広告物の除却が行われていると
　　ころですが、旧屋外広告物法においては当該除却された広告物の保管、公示、売
　　却、廃棄等に関する規定は定められていませんでした。このため、簡易除却対
　　象広告物の拡大及びその要件の緩和と併せて、違反広告物等の除却を円滑に進
　　めるため、都道府県知事等が除却した広告物等の保管、公示、売却、廃棄等の
　　手続の整備を行うこととしました。

(2)　対象となる広告物等について

　　　屋外広告物法第8条の規定の対象となる広告物及び掲出物件は、同法第7条
　　第2項の規定によるいわゆる略式代執行（広告物等の除却を命じようとする場
　　合において、過失がなくて除却を命ぜられるべき者を確知することができない
　　ため都道府県知事等が代わって当該命令に係る措置を行うもの）として除却さ
　　れた広告物及び掲出物件並びに同法第7条第3項の規定による簡易除却により
　　除却されたはり紙以外の広告物及び掲出物件です。したがって、はり札、立看
　　板等の簡易広告物のほか、いわゆる野立て看板等の大規模な広告物等も想定さ
　　れます。

　　　また、略式代執行又は簡易除却により都道府県知事等が自ら除却した広告物
　　等の他、屋外広告物法第7条第2項又は第4項の規定に基づき都道府県知事等
　　の命じた者又は委任した者が略式代執行又は簡易除却により除却した広告物等
　　及び地方自治法第252条の17の2に基づき略式代執行又は簡易除却に関する事
　　務を処理することとされた普通市町村の長が略式代執行又は簡易除却により除
　　却した広告物等も、屋外広告物法第8条の規定の対象となります。

(3)　広告物等の保管について

　都道府県知事等は、その保管した広告物等が滅失し、若しくは破損するおそれがあるとき、又は屋外広告物法に基づき条例に定める一定の期間を超えて保管を行っている場合で、広告物等の評価額に比してその保管に不相当な費用又は手数を要するときは、当該広告物等を売却し、その売却した代金を保管することができますが、この場合の考え方は、以下のとおりです。

① 滅失又は破損のおそれのない広告物等について、売却又は廃棄までに都道府県知事等が広告物を保管すべき期間の最低限度は、屋外広告物法第8条第2項に基づく条例の定めるところにより行われた公示の日から起算して、以下の広告物等に応じてそれぞれ以下に定める期間です。

　ｉ　法第7条第4項の規定により除却されたⅡ2(2)ⅱ～ⅳのはり札等、広告旗、立看板等（これらを支える台その他の掲出物件は含まれません。）2日以上で条例で定める期間

　ⅱ　特に貴重な広告物又は掲出物件　3月以上で条例で定める期間

　ⅲ　ⅰ又はⅱ以外の広告物又は掲出物件（広告旗及び立看板等の台その他の掲出物件が含まれます。）　2週間以上で条例で定める期間

② 屋外広告物法第8条第3項の「滅失し、若しくは破損する恐れがあるとき」とは、通常の管理による保管を継続する場合に、物件の価値が著しく減少する恐れがあるときをいいます。なお、鉄骨等を屋外の資材置場等で保管する場合に、傷みが生じることをもって直ちに滅失・破損する恐れがあるとは認められないと考えられます。

③ 屋外広告物法第8条第3項の「保管に不相当な費用を要するとき」とは、その時点までの保管費用又は手数と条例に定める方法による当該広告物等の評価額とを比較し、前者が大きいことが明らかなことをいい、「不相当な手数を要するとき」とは、保管に特別に勤務や人数を必要とする場合をいいます。

(4) 広告物等の廃棄について

　都道府県知事等は、保管した広告物等の価額が著しく低い場合において、滅失若しくは破損のおそれのある場合又は(3)①の期間を経過した場合であって、広告物等の買受人がないとき、又は売却しても買受人がないことが明らかであるときは、これを廃棄することができますが、この場合の「価額が著しく低いとき」とは、売却に要する費用が売却予定価額を上回ることが明らかである場合等です。

(5) 経過措置について

　改正法の施行日前に、旧屋外広告物法第7条第2項又は第4項の規定により、いわゆる略式代執行又は簡易除却により都道府県知事等が除却した広告物等については、景観法の施行に伴う関係法律の整備等に関する法律附則第2条

により、同法による改正後の屋外広告物法第8条に定める広告物等の保管、公示、売却、廃棄等の手続きは適用されないこととされておりますので、留意してください。

4．その他

　屋外広告物法第7条第4項の規定による簡易除却は、都道府県知事等の命じた職員の監督の下に、除却作業等の事実行為を民間事業者やボランティア等に委託することができますが、さらに、本項による措置そのものを道路管理者や電気事業者、電気通信事業者、ボランティア等に委任することも可能です。この場合においては、委任事務の範囲を明確にするとともに、講習等により受任者に対し屋外広告物法・条例を周知徹底する等その実施について適正を期することが望まれます。

　良好な景観の形成に対する国民意識の高まりをうけ、違反簡易広告物の除却は以前にも増して重要となると考えられることから、これらの委託や委任も活用し、道路管理者、電気事業者、電気通信事業者、警察、屋外広告業界、地域住民等との連携を図り、一斉除却キャンペーンを随時実施する等により違反広告物の指導・除却を積極的に進めることが望まれます。

Ⅲ．屋外広告業の登録制度について

1．趣旨

　屋外広告物行政をより実効あらしめるためには、屋外広告物の直接規制や違反広告物対策等の屋外広告物に対する施策とあいまって、違反広告物が表示等されず良好な景観の形成に寄与する広告物が表示等される体制を構築するため、屋外広告活動の大半を担う屋外広告業者に対する施策を講じることが効果的です。この点、近年、違反を繰り返す等の不良業者が見られることから、従来の届出制に代えて、これらの業者に対し、営業停止命令等の営業上のペナルティーを課すことができるようにする等の屋外広告業の登録制度を導入することにより、もって不良業者の排除と良質な業者の育成を図ることとしました。

　また、登録制度は、同時に屋外広告業者の実態をより的確に把握し、その指導・育成に資することもまた目的とするものであることから、当該地方公共団体の屋外広告物条例の適用される区域内において屋外広告業者が営業活動を行おうとする場合であれば、当該区域内に営業所を有しているかどうかにかかわらず、原則として登録制度の対象とすることが望まれます。なお、屋外広告業者の営業活動が他の地方公共団体の屋外広告物条例適用区域に及ぶ場合には、関係地方公共団体間で十分な連絡調整を行うことにより、その営業活動全体を把握するように努めることが望まれます。

2．登録制度の内容について

(1)　登録の有効期間について

　　登録の有効期間を5年とした趣旨は、有効期間をごく短い期間とすることによる屋外広告業者の営業の継続性や屋外広告業者への手続等の負担を考慮する一方、有効期間があまりに長期にわたると、条例により変更の届出を行わせたり登録の取消しを行うことはできるとしても、登録を受けた者の営業所、業務主任者の変更や廃業等の実態を把握することが困難になり、適切な指導や監督に支障を生じることとなるためです。

(2) 登録の要件について

　　屋外広告物法第10条第2項第二号ニの「この法律に基づく条例又はこれに基づく処分に違反」した場合とは、当該登録制度を定めた地方公共団体の屋外広告物条例に違反した場合に限らず、他の地方公共団体の屋外広告物条例に違反した場合も含まれます。

(3) 業務主任者について

① 屋外広告業者の登録に当たっては、営業所ごとに、広告物の表示等に係る法令の規定の遵守その他営業所における業務の適正な運営を図るため必要な業務を行う業務主任者を置くこととしました。この業務主任者となるべき者は、以下のうちから選任することとしています。

　ｉ 国土交通大臣の登録を受けた法人（登録試験機関）が広告物の表示及び掲出物件の設置に関し必要な知識について行う試験に合格した者

　ｉｉ 広告物の表示及び掲出物件の設置に関し必要な知識を修得させることを目的として都道府県（指定都市及び中核市を含む。④において同じ。）の行う講習会の課程を修了した者

　ｉｉｉ ｉ又はｉｉと同等以上の知識を有する者として条例で定める者

② 屋外広告物法第10条第2項第3号柱書の「営業所」とは、広告物の表示及び広告物を掲出する物件の設置に関し常時請負契約を締結する等営業の場所的中心となる事務所をいい、その主従は問いませんが、単なる作業所、連絡事務所等はこれには該当しません。

　　また、「営業所ごとに・・・選任する」とあるのは、当該業務主任者が必ずしもその営業所の専任の者であることは要しませんが、雇用契約等により事業主体と継続的な関係を有し、通常勤務時間中はその事業所の業務に随時従事しえる者をおくべきことをいいます。

③ ①ｉｉの要件は、従前の屋外広告業の届出制度において必置とされていた「講習会修了者」と同様です。この講習会については、「屋外広告物法の一部を改正する法律について（昭和48年11月12日建設省都公緑発第81号）」第3の1に準じて行われることが望まれます。なお、同通知の適用に当たっては、同通知のうち第3の1の(2)中「電気工事士法（昭和35年法律第139号）第3条」については「電気工事士法（昭和35年法律第139号）第2条第4項」

と、「電気事業法（昭和39年法律第170号）第54条第1項」については「電気
事業法（昭和39年法律第170号）第44条第1項」と、「職業訓練法」について
は「職業能力開発促進法」と読み替えることが適当ですので、留意すること
が望まれます。

④　①ⅲの登録試験機関の行う試験の合格者又は講習会修了者と「同等以上の
知識を有する者として条例で定める者」とは、次に掲げる者とすることが望
まれます。

　　ⅰ　他の都道府県の講習会修了者。ただし、当該都道府県の講習会の内容と
　　　他の都道府県の講習会の内容や講習時間に大きな差異がある場合等他の都
　　　道府県の講習会修了者を「同等以上の知識を有する者として条例で定める
　　　者」とすることが適当でない理由がある場合においては、当該規定を規定
　　　せず、または他の都道府県を限定して規定することも考えられます。

　　ⅱ　職業能力開発促進法に基づく職業訓練指導員免許所持者、技能検定合格
　　　者又は職業訓練修了者で広告美術仕上げに係るもの

　　ⅲ　都道府県知事等が登録試験機関の行う試験の合格者又は講習会修了者と
　　　同等以上の知識を有するものと認定した者

　　なお、ⅲの認定に当たっては、営業所における広告物の表示又は掲出物件
　の設置の責任者として5年以上の経験を有すること及び過去5年間にわた
　り、屋外広告物に関する法令に違反することがなかったことを基準とするこ
　とが望まれます。また、認定した場合には、認定書を交付し、台帳に記載整
　理することが望まれます。

(4)　登録の取消し又は営業停止命令について

　①　営業停止の期間は、事案の内容、屋外広告業者の過失の程度及び事後の措
　　置状況等を総合的に勘案し、他の事案との均衡を図りつつ、6ヶ月以内で都
　　道府県知事等の判断により適切に定めることが望まれます。

　②　営業停止命令は、その営業の全部又は一部を対象として行うこととされて
　　います。したがって、全部又は一部の判断は、①と同様都道府県知事等が適
　　切に定めることが望まれます。なお、一部の停止とは、具体的には、特定の
　　地域、特定の営業所、特定の工事目的物等に対して行われることが考えられ
　　ます。

　③　営業の停止とは、請負契約の締結及び入札、見積もり等これに付随する行
　　為の停止と解すべきであり、停止命令の到達以前に締結した請負契約に係る
　　工事については、引き続き施工できます。

　④　屋外広告物法第10条第2項第四号ハの「この法律に基づく条例又はこれに
　　基づく処分に違反」した場合とは、当該登録制度を定めた地方公共団体の屋
　　外広告物条例に限らず、他の地方公共団体の屋外広告物条例に違反した場合

　も含まれます。したがって、例えば、一の地方公共団体のみの登録取消しや営業停止では監督処分の実効性がないと考えられる場合において、周辺地方公共団体と連携して登録取消しや営業停止命令を行うことが考えられる等、地方公共団体間の密接な連携が望まれます。

⑤　登録の取消し及び営業停止命令は、「行政手続法（平成5年法律第88号）」に規定する不利益処分に該当すると考えられることから、各地方公共団体の条例等に基づき、登録の取消し又は営業停止命令をしようとするときには聴聞又は弁明の機会の付与を行う等の適切な措置を講ずることが望まれます。

(5)　経過措置について

①　届出制度から登録制度への円滑な移行のため、屋外広告業の登録制度を定める条例には、従前の届出業者については、当該条例の施行の日から6ヶ月以上で当該条例で定める期間（当該期間内に登録の拒否処分があったときはその日までの間）は、登録を受けなくても屋外広告業を営むことができる旨を定めなければならないこととされています。

②　届出制度から登録制度への円滑な移行のため、条例の改正前に屋外広告業の届出制度を定める条例に規定する講習会修了者等である者については、屋外広告業の登録制度を定める条例において業務主任者となる資格を有する者とみなす旨を定めなければならないこととされています。

③　以下の者については、平成16年国土交通省告示第1590号により、登録試験機関の行う試験に合格した者とみなされることとされています。

　i　「建設業法施行規則の一部を改正する省令（平成16年国土交通省令第103号）」による改正前の建設業法施行規則（昭和24年建設省令第14号）第17条の2に規定する屋外広告士資格審査・証明事業として行われた試験に合格した屋外広告士

　ii　平成13年国土交通省告示第355号による廃止前の「屋外広告物に係る色彩、意匠、素材等に関する知識及び技術の審査・証明事業認定規程（平成4年建設省告示第428号）」に基づき認定された屋外広告士資格審査・証明事業として行われた試験に合格した屋外広告士（特別講習を受講し、修了考査に合格して屋外広告士となった者を含む。）

3．屋外広告業者に対する指導について

　屋外広告業者の指導に当たっては、屋外広告業者が組織する地域的団体の育成を図るとともに、当該団体が屋外広告物法及び条例の周知徹底、良好な景観の形成に寄与する屋外広告物の表示等についての普及啓発、屋外広告物の表示方法・施工技術等の改善等を図り、もって屋外広告業者の質的向上を図るための努力を積極的に行うよう指導することが望まれます。

　また、広告物の表示等に関する許可の申請に当たっては、工事施工者たる屋外

広告業者の登録番号、氏名又は名称、連絡先等の必要な事項を添付等させることによって、屋外広告物に対する施策と屋外広告業に対する施策とを一体的に行うことが望まれます。

Ⅳ．登録試験機関

　　民間主体が自主的に行う屋外広告物の表示等に関する知識に係る試験については、これまでこのような試験の合格者についての各地方公共団体における位置付けが一律ではなかったことを踏まえ、屋外広告業者が自主的にその知識を向上させることは屋外広告業の適正な運営に大きく寄与するものであるとの考えに基づき、Ⅲ3(3)① i の登録試験機関が行う試験に合格した者を、業務主任者となる資格を有する者として法律上明記することとしました。

　　なお、公正・中立な主体による試験の実施を確保するため、国が試験を実施する法人を指定するのではなく、試験科目や試験委員が適切であること、試験の信頼性の確保のための措置がとられていること等、法律に明示された一定の客観的要件に適合する法人について、登録を行うこととしています。

　　なお、建設業法施行規則第17条の2に基づく「屋外広告士資格審査・証明事業」に係る大臣認定については、平成16年12月17日付けで廃止されたところです（「建設業法施行規則の一部を改正する省令（平成16年国土交通省令第103号）」）。

Ⅴ．政治活動の自由に関連する屋外広告物に係る屋外広告物条例の適用について

　　屋外広告物行政は、都市の良好な景観を形成し、若しくは風致を維持し、又は公衆に対する危害を防止するため、国民の表現の手段を規制するものであるので、その運用に当たっては、引き続き、国民の政治活動の自由その他国民の基本的人権を不当に侵害することのないよう厳正な運用を期する必要があります（屋外広告物法第29条（改正前の第15条））。

　　今般の屋外広告物法改正は、屋外広告物の定義、禁止地域・禁止物件、許可地域等の制度の基本的な枠組みは変更しないこととしており、政治活動の自由に関連する従来の取扱いに何ら変更を加えるものではく、屋外広告物行政を推進するにあたっては、改正後も引き続き、屋外広告物法第29条の趣旨に十分留意すべきです。

　　このため、公職選挙法による選挙運動のために使用されるポスター、立札等又はこれらを掲出する物件については、屋外広告物規制の適用除外とすべきです。

　　また、政治活動に係るはり紙等の手数料については、これを徴収しないこととするとともに、政治活動に係るはり紙等に関する具体的かつ客観的な基準を明示して制度を運用するべきです。なお、この運用に当たり、留意すべき点は以下のとおりです。

①　「政治活動に係るはり紙等」の範囲について

　　「政治活動に係るはり紙等」とは、政治資金規正法（昭和23年法律第194号）

第 6 条第 1 項の届出を行った政党その他の政治団体が政治活動のために表示し、又は掲出するはり紙、はり札等、広告旗又は立看板等をいいます。「政治活動に係るはり紙等」について、現行の条例において手数料を徴収しないこととしている範囲をはり紙、はり札及び立看板に限定している場合には、この対象をはり紙、はり札等、広告旗又は立看板等に拡大することが望まれます。

② 「具体的かつ客観的な基準」を明示した制度の運用の例について

「具体的かつ客観的な基準」を明示した制度の運用方法としては、例えば、政治活動に係るはり紙等を許可地域に表示しようとする場合は、

・「一定の基準」に該当するはり紙等について、許可の適用除外とする。

・「一定の基準」に該当するはり紙等について、許可に代えて届出を要するものとする。

・「一定の基準」に該当するはり紙等については、許可しなければならないものとする。

等が考えられます。

この場合の「一定の基準」としては、例えば次のような具体的かつ客観的な基準を明示することが望まれます。

・広告物の表示面積が○㎡以下であること。

・広告物の色彩の地色が○色ではなく、かつ、蛍光塗料を用いていないこと。

・広告物の表示期間が○日以内であること。

・広告物に表示期間及び表示者名又は連絡先を明示していること。

Ⅵ. 罰則

違反屋外広告物対策の実効性を確保するため、屋外広告物の規制に係る条例には、罰金の他過料を科する規定を設けることができることとしました。なお、地方公共団体の条例に基づく過料は、地方自治法により、地方公共団体の長による処分として裁判を経ずに科すことができることとされています。

また、屋外広告業の規制に係る条例には、罰金及び過料の他、懲役刑等を科する規定を設けることができることとしました。

条例に定めることができる罰則は、地方自治法の規定する上限の範囲内、即ち懲役であれば 2 年以下、罰金であれば100万円以下、過料であれば 5 万円以下の範囲内となります。

なお、現行の条例で条例違反の屋外広告物等に対する罰金刑を定めている場合において、違反広告物対策の観点から同一の目的・同一の要件において過料を併科することは、望ましくないと考えられます。

○例　　規

○法第１条中「公衆に対する危害」の解釈について

昭和35年５月６日
建設計愛第112号
名古屋市長あて
計画局長回答

〔問〕　法第１条中「危害」とは、広告物又は広告物等を提出する物件の設置及び位置の不備等のために生ずる倒壊等の物理的現象による直接的な危害を示すに止まるか、あるいは、その他さらに広告物を提出する物件が表示又は設置されることによつて起る見通しの不良又は公衆の注意を奪う、その他道路交通上の妨げとなつて生ずるおそれのある間接的な危害をも含むか。

〔答〕　屋外広告物法にいう「公衆に対する危害」とは、広告物の表示又は広告物を提出する物件の設置により、見通しの不良又は信号機、道路標識の妨害等によつて生ずる危害をも含むものと解するが、条例に規定するに当つては、屋外広告物関係の審議会の諮問事項とする等慎重に取り扱われたい。

○自家広告の範囲について

昭和39年10月７日
建設都総発第37号
埼玉県土木部長あて
都市総務課長回答

〔問〕　標記について、昭和35年１月４日付け計画局行通達記の３の(3)に規定する自家広告の範囲について次のような疑義を生じたので、御教示を賜わりたい。

記

1　記３の(3)の上段に規定する「………自ら販売し制作する商品の名称」の範囲について、特に、自ら販売する商品の固有名詞（例えば○○キャラメル）を言うと思われるが、これらを自家広告と認めてよいか、又販売する商品の親会社名或は商標を表示しているのがあるが、これを認めてよいか。

2　記の３の(3)の中段に規定する「自己の居所又は事業所若しくは営業所に表示し又は設置されるもので」の範囲について、特に、事業所、営業所とは、現在、事業所、営業所を設置しているものについてのみいえるのであつて、○○建設予定

地、○○会社所有地等、現在事業所、営業所を設置していないものについては、自家広告と認め難いと思われるが、この解釈は妥当であるか。

　又は自家広告と認め難いとすれば、その場所が禁止区域に該当する場合は全面的に禁止できるか。

〔答〕　1　昭和35年1月4日付け建設計第1号計画局長通達は記3において自己の事業者等に一定規模以下で自ら販売する商品の固有な名称（例えば○○キャラメル）、又は商標を表示する場合については、屋外広告物法第4条第1項に係る条例の適用を除外することが望ましいとしているが、同通達以降の都道府県の屋外広告物行政の実情にかんがみ、昭和39年3月27日付け総発第7号都市総務課長通達において示した「屋外広告物標準条例案」第6条第2項第1号においては、これを改めているので、貴見における取扱いについてはこの趣旨を考慮の上、適切に措置されたい。

　　なお、販売商品の生産会社名の表示については、一般の広告物と同様に取り扱うことが適当である。

　2　○○建設予定地、○○会社所有地等の表示は、いわゆる自家広告とは認め難い。しかし、この種の広告物を広告物禁止区域から全く排除することは実際的でないと思われるので、これについては標準条例案第6条第2項第2号に示すように別途に措置することがよいと考える。

○屋外広告物条例準則に関する疑義について

$$\left(\begin{array}{l}\text{昭 和 42 年 8 月 1 日}\\\text{建設省香都総発第89号}\\\text{香 川 県 土 木 部 長 あ て}\\\text{都 市 総 務 課 長 回 答}\end{array}\right)$$

〔問〕　条例準則第6条第2項第1号に条例の適用除外とするいわゆる自家広告の一種として、「………自己の事業若しくは営業内容を表示するため、自己の住所又は事業所、営業所若しくは作業場に表示する広告物………」とありますが、自己が自ら販売若しくは製作する商品の名称（特定商品名、例コカ・コーラ）を自己の商品等に表示する広告物はこの規定に該当する広告物（自家広告）であると解するかどうか。

　もし、自家広告でないと解する場合、同一物件の同一面に特定商品名と商店名等が表示される広告物に対する広告物条例の適用についてはどう取扱うのが適当であるか貴見を賜わりたい。

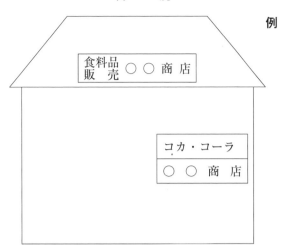

〔答〕　設問に係る広告物は、自己の取扱商品名のうち特定の商品名を表示するも
　　のであつて、専ら自己の事業又は営業の内容を表示するために表示されるもの
　　とは解し難いが、自己の事業又は営業の内容の一部を表示するものであること
　　は否定できない。
　　　したがつて、標準条例案第6条第2項第1号の運用にあたつては、自己の取
　　扱商品中の特定商品名と商店名等とが同一物件の同一平面上に表示されるもの
　　については、特定商品名の表示面積が全表示面積の一定割合以下であること等
　　をいわゆる自家広告の基準として規則で定めるよう措置されたい。
　　　この場合、規則で定める一定割合をこえる特定商品名の表示があるものにつ
　　いては、当該表示部分を独立の屋外広告物として取り扱い、禁止、許可等の規
　　制を行なうべきである。

○屋外広告物規制の取扱について

$$\left. \begin{array}{l} 昭和36年8月1日 \\ 建計施発第50号 \\ 熊本県知事あて \\ 施設課長回答 \end{array} \right\}$$

〔問〕　屋外広告物の規制の強化については、貴官通ちようの次第もあり、これが
　　整備に努めていますが、下記事項について取扱に疑義を生ずるので、何分の御
　　教示を願いたく照会します。

記

　　屋外広告物法第4条第1項第五号（注・現四号）による鉄道道路の沿線地域について美観風致上、条例の規定により、一部禁止又は制限（許可）地区として知事が指定する際、同地区が、自然公園の区域内にある場合、自然公園法第13条第3項、第14条第3項及び第26条第1項の規定によれば、国立公園、国定公園内の広告物等については、特別地域は、厚生大臣又は県知事の許可、普通地域については、県知事へ届出の規定となつており、又県立自然公園においては、同法第60条の規定により、国立公園における規制の範囲内において条例で規制することができることになつております。この場合、屋外広告物法に基づく県条例の規定により知事が自然公園法の規定以上の規制措置をなしてよいか。

〔答〕　屋外広告物に関する自然公園法の規定は、屋外広告物法による規制を排除するものでなく、国立公園又は国定公園の特別地域についても普通地域についても、美観風致を維持するため必要があると認めるときは、屋外広告物法第4条第1項の規定に基き、条例で定めるところにより、広告物の表示又は広告物を掲出する物件の設置を禁止することができるものと解する。

○自然公園法による広告物の規制との関係

　　　　　　　　　　　　　　　　　　　　　　　昭和37年2月2日
　　　　　　　　　　　　　　　　　　　　　　　建設総受第3号の1
　　　　　　　　　　　　　　　　　　　　　　　静岡県総務部長あて
　　　　　　　　　　　　　　　　　　　　　　　都市局部市総務課長回答

〔照会〕　1　屋外広告物法に基づく条例により、自然公園（国立公園、国定公園及び県立自然公園）の特別地域の全区域を広告物の掲出等の禁止地域とし、普通地域の全区域を許可地域とすることは可能か。

2　1が不可能とすれば、現に屋外広告物法に基づく条例により自然公園法による規制よりも強い規制を加えている地域、場所又は物件（たとえば、静岡県屋外広告物条例では、文化財保護法第69条第1項の規定により指定された地域その他の地域及び場所並びに橋りようその他の物件における広告物の掲出等を禁止し、都市計画法第10条第2項の規定により指定された風致地区その他の地域及び場所における広告物の掲出等を知事の許可事項としている。）が自然公園の区域の中に含まれている当該地域、場所又は物件については自然公園法による規制よりも強い規制を加えることはできないと解するのか。

〔回答〕　屋外広告物に関する自然公園法の規定は、屋外広告物法による規制を排除するものではなく、国立公園又は国定公園の特別地域についても普通地域に

ついても、美観風致を維持するため必要があると認めるときは、屋外広告物法第4条第1項の規定に基き、条例で定めるところにより、広告物の表示又は広告物を掲出する物件の設置を禁止することができる。

○屋外広告物法と公職選挙法との関係

> 昭和26年1月29日
> 建都発第47号
> 京都府知事あて
> 都市局長回答

〔照会〕　本府においては、屋外広告物法第4条第2項に基き京都府屋外広告物条例中に、街路樹、路傍樹、電柱等に広告物を掲出することを禁止する条項を設けて居りますが、一方公職選挙法第145条第1項の規定は、同項に掲げるもの以外の物件に対しては選挙運動に使用するポスターを自由に掲出し得る旨の規定と認められ、従つて府条例中に、電柱、樹木等に広告物掲出を禁止する条項を設けることは、公職選挙法により認められた選挙運動を妨害するものではないかという疑義がありますので、この点につき何分の御指示を得たく右照会致します。

〔回答〕　昭和25年10月18日5監第410号で照会のあつた標記については、公職選挙法（昭和25年法律第100号）第145条第1項の規定は、同項に掲げる物件以外の物件については、選挙運動のために使用するポスターを掲示することができるという積極的な意味を有するものではなく、他の法令の規定による他の観点からする規制を排除するものではない。従つて屋外広告物法に基く府条例中の電柱、樹木等に広告物の掲出を禁止する条項が直ちに選挙運動を妨害するものとは考えられない。

なお、右については、全国選挙管理委員会とも協議済である。

○屋外広告物法と公職選挙法との関係について

> 昭和26年5月4日
> 建都計第116号
> 新潟県知事あて
> 計画課長回答

〔問〕　公職選挙法第146条の規定によれば、選挙運動の期間中は如何なる名義をもつてするも、同法第143条の禁止を免れるものではないと規定されている。然

して、同法では他の法令（条例、規則を含む。）による義務広告に関する特例を認めていないため、たまたま本県屋外広告物条例第13条により許可事項の表示として管理者の住所、氏名を記載することとなつているため、仮に同管理者が公職選挙法による公職に立候補した場合、前述の表示は、選挙期間前とすれば事前運動とみなされる結果その表示をしないことにすれば、本県条例に違反することになる。而して、法律の条例に対する優位は地方自治法第14条の規定により明らかなところで、かかる解釈からすれば、本県条例第13条は法律の範囲を逸脱するものとして無効なりとする説がある。（国家地方警察新潟県本部並びに新潟県選挙管理委員会の見解）仮に、この説が正しいものとすれば、本条例上重大な支障を来たすものであつて、本県としては公職選挙法第143条にいう広告とは専ら選挙運動のためにする広告をいうのであつて、他の法令により義務づけられた広告は含まれないものと解するのが正説であると思われるが如何。

〔答〕　貴県屋外広告物条例は、広告物を掲出する場合にはその管理者の氏名を記載することを命じているのであるが、これは必ずしも広告物を掲出する本人の氏名のみに限るというのではなく便宜上その管理者を指定すればよいのであるから、何等お尋ねのような問題は起らず、かつ又たとえ公職の候補者の氏名を記載したとしても、客観的にみて選挙運動のためにする意思が認められないような程度のものについては、公職選挙法第146条の規定に抵触するものではない。

　　なお、右については全国選挙管理委員会とも協議済である。

○屋外広告物法と公職選挙法との関係について

　　　　　　　　　　　　　　　　　　　　｜昭和37年 7 月19日 ｜
　　　　　　　　　　　　　　　　　　　　｜建 設 都 総 発 第36号｜
　　　　　　　　　　　　　　　　　　　　｜山形県土木部長あて｜
　　　　　　　　　　　　　　　　　　　　｜都 市 総 務 課 長 回 答｜

〔問〕　1　公職選挙法第145条第 1 項ただし書では、選挙運動のために使用するポスターを橋りよう、電柱に掲示してよいことになつているが、これを屋外広告物条例で禁止することができるか、又、公職選挙法第145条第 1 項ただし書と屋外広告物法第 4 条第 2 項及び同法第 5 条の何れにしたがうべきか、又その理由如何。

2　〔定義（第 2 条）関係〕参照

〔答〕　公職選挙法第145条第 1 項の規定は、同項に掲げる物件以外の物件については、選挙運動のために使用するポスターを掲示することができるという積極

的な意味を有するものではなく他の法令の規定による他の観点からする規制を排除するものではない。選挙運動のために使用するポスターも、一定の期間継続して屋外で公衆に表示される限りでは屋外広告物法第2条の「屋外広告物」に該当し、同法の適用を受けるものであり、条例で、選挙運動のために使用するポスターについて、屋外広告物法第4条第2項及び第5条の規定に基づく禁止又は制限をなしうると解するべきである。

　しかしながら、昭和35年1月4日付け計画局長通達（屋外広告物の規制の強化について）では、選挙の有する高度の公益性にかんがみ、「公職選挙法その他の法令の定めるところにより行う選挙運動のために表示し、又は設置されるもの」については、「原則として規制の対象としない」よう指導したところであるので、念のため申しそえる。

○公職選挙法と屋外広告物法に基づく条例との関係について

$$\begin{pmatrix} 昭和38年7月20日 \\ 建設都自第3号 \\ 自治省選挙局長あて \\ 都市局長回答 \end{pmatrix}$$

〔問〕　標記の件につき、別添昭和38年6月3日付形選管第177号で照会がありましたので、これに関し貴職の意見を御回示下さい。

　　　　　　　　　　　　（別添）　昭和38年6月3日形選管第177号
　　　　　　　　　　自治省選挙局長あて山形県選挙管理委員会委員長照会
　屋外広告物法に基づき、山形県屋外広告物条例が公布施行されているが、同条例によれば、その第2条及び第6条で一定の地域又は場所に広告物を表示し、若しくは広告物を標示する物件を設置しようとするときは、知事の許可を要するものとし、又は、その表示を禁止し、ただ、これらの規定は、公職選挙法その他法律の定めるところにより行なう選挙運動及び法令の規定により表示し、又は設置されるものには適用されないことが第7条で明らかにされている。ところがその第9条及び第15条で形状その他表示の方法が美観風致を害するおそれのある広告物を表示し、又は広告物を掲出する物件を設置してはならないと規定されていること及びその違反に対する措置規定を根拠に選挙運動関係広告物の電柱等への表示その他を禁止し、又は制限しようと同条例の施行事務主管課では考えているようであります。

　第9条の規定の適用に関し、美観風致を害するおそれがあるかどうかの基準が全く定められていないこと及び表示個所についての制限禁止ではなく、表示方法等についての制限禁止であることにかんがみ、上記の主管課の考え方は法律的に可能で

348

あるか、さらに、一般的に公職選挙法第145条第1項ただし書の規定と屋外広告物法に基づく条例の規定との関係は如何に解すべきであるか御教示下さい。

〔答〕 屋外広告物法（昭和24年法189）第5条は、広告物又は広告物を掲出する物件について、美観風致を害する形状、面積、色彩、意匠、その他表示の方法を条例によつて禁止又は制限することができると規定し、山形県屋外広告物条例第9条は、これに基づいて同じ趣旨の規制を定めたものである。更に同条例中には、同条例第9条についての適用除外例は定められていない。従つて、選挙運動用ポスターも同条例第9条の規制の対象となると解する。

選挙運動用ポスター等の各都道府県条例における取扱いについては、屋外広告物法第3条及び第4条に基づく禁止地域、制限地域、禁止物件についての規定は適用除外としているが、屋外広告物法第5条に基づく美観風致の維持のためにする規制については適用除外としていない。当省としても、屋外広告物法第5条の規制を特に選挙運動用ポスター等について排除しなければならない理由はないと解するが、規制の具体的内容を定めるに当つては、都道府県の屋外広告物審議会の議を経て定めるように指導している。

○公職選挙法と屋外広告物法に基づく条例との関係について

（昭和38年8月27日
自治丙選発第27号
都　市　局　長　あ　て
自治省選挙局長通知）

昭和38年7月20日づけ建設都自第3号で貴職の意見を御回示頂いた標記の件につき、別添の写（昭和38年8月19日自治丙選発第25号）のとおり回答しましたのでお知らせします。

（別添写）　昭和38年8月19日自治丙選発第25号
山形県選挙管理委員会委員長あて選挙局長回答

屋外広告物法第5条及び山形県屋外広告物条例第9条の規定は、広告物及びこれを掲出する物件の美観風致を害するおそれのある表示方法について規制しようとするものであり、広告物を掲出する物件、換言すれば広告物の表示の箇所としての、たとえば、電柱そのものを規制しようとするものではないと解される。

したがつて所問の件については、個々の選挙運動用ポスター及びこれを掲出する物件について、その表示の方法が、美観風致を害するおそれがあるかどうかによつて判断されるべきものであると解される。

また、公職選挙法第145条の規定と屋外広告物法に基づく条例の規定との関係に

ついては、昭和24年9月17日全選発第453号茨城県選管あて全選局長回答により承知されたい。

　なお、以上の点については建設省と協議済であるので念のため申し添える。

（参考資料）　昭和24年9月17日全選発第453号
茨城県選管あて全選局長回答

選挙運動用のポスター、貼札と屋外広告物法との関係

問1　屋外広告物法は、特別規定であるから、文書図画の特例に関する法律もこれによつて制約を受け従つて選挙運動のためのビラ、ポスターの貼付については県条例で緩和されない以上屋外広告物法によつて

1　大きさが制限される。

2　禁止区域には一切貼付が出来ない。

3　不禁止区域でも許可を得なければ貼付が出来ない。

4　撤去の義務を負わされる。

の法意と一応考えられるが、また選挙運動の性質からみて自由を拘束する結果となるからこの法律は選挙運動には適用されないものとも考えられるが何れをとるべきか。

問2　茨城県屋外広告物条例第15条にはこの条例の適用除外事項を規定してあるが、この場合この条文によつて選挙運動を除外させるためには次のように解釈してはどうか。

1　文書図画の特例に関する法律の適用される選挙のうちビラ、ポスターの使用が認められたものは右条例第5条第1号の「他の法令の規定により表示し又は設置するもの」の中には、文理上では候補者が掲出義務を負わされたものでないから、含まないようにもとれるが立案の趣旨としては包含されるものと考えられるが如何。

2　文書図画の適用されない選挙例えば農地委員の選挙などにあつては、明らかに右条例第5条第1号に該当せず同条第4号の「一時的又は仮設的のもの」中に包含されるものと考えられるが如何。

　　なお、この場合知事が条例で委任された権限に基き、「一時的又は仮設的のもの」とは7日以内のものと規則で定められる予定であるが選挙運動は20日乃至30日貼付を要するのでこれについて例外規定を設けない以上は7日以上貼付すれば許可を要するものと考えられるが如何。

答1　屋外広告物法に基いて制定された都道府県条例において選挙運動のために貼付するビラ、ポスターについて特に適用を除外する旨の規定がなければ右条例の適用の対象となるが、選挙運動の性質からみて、ビラ、ポスター等の貼付について極度に制限することは適当でない。

答2　選挙運動等の臨時特例に関する法律の適用を受ける選挙運動のためのビラ、

350

ポスター等を、茨城県条例第5条第1号に該当するものと解することは困難である。むしろ同項第4号に該当せしめるよう規則を定めるのが適当であると考える。

○屋外広告物条例に関する疑義について

昭和41年9月13日
建設都総受第73号
山口県土木建築部長あて
都市総務課長回答

〔問〕 屋外広告物標準条例（案）第7条（経過措置）に、不適法となる屋外広告物または屋外広告物を掲出する物件については、1年の経過期間がおかれているが、最近における屋外広告物または屋外広告物を掲出する物件の中には、構造が鉄骨、鉄筋コンクリートまたは合成樹脂等を使用した堅ろうで数年放置しておいても変色、破損、老朽等容易に変化をきたさないものがある。このようなものについても経過期間を1年とすることにより、すべて無補償で撤去せしめることができるか。

〔答〕 貴見のとおり解して、さしつかえない。

○屋外広告物の解釈について

昭和42年10月16日
建設省富都総発第177号
富山県土木部長あて
都市総務課長回答

〔問〕 電柱にはり紙をはるという広告の方法は、未だに後をたたない現状であるが、最近電柱に貼紙防止網を施したところ、ベニヤ板にはり紙を行ない、その物件を電柱あるいは樹木にしばりつけるという方法が多く見うけられるのであるが、この広告物については屋外広告物法第7条第2項で措置すべきかあるいは同条第3項で措置すべきか。

法第7条第3項に規定する「はり紙」とは広告物であるはり紙を直接他の物体にはりつけした場合をいい、ベニヤ板等他の物件を介して行なわれる場合は、同条第2項ただし書によつて措置すべきであると考えるが如何。

〔答〕 貴見のとおり解して差支えない。

なお、ベニヤ板等に貼付されたはり紙のみについて屋外広告物法第7条第3

項の規定を適用することもできるので、念のため申し添える。

○屋外広告物法の解釈について

$$\left(\begin{array}{l}\text{昭和41年12月 1 日}\\\text{建設都総受第130号}\\\text{岡山県土木部長あて}\\\text{都市総務課長回答}\end{array}\right)$$

〔問〕　屋外広告物法第7条において条例に違反する屋外広告物の措置が規定され
ておりますが、同条第3項により違反した広告物がはり紙であるときは、知事
はその違反に係るはり紙をみずから除却し、またはその命じた者若しくは委任
した者に除却させることができることになつております。

　　この場合の知事は、即ち屋外広告物行政を担当する職員各自と解して職員み
ずから違反はり紙を除却できると解してよいか。あるいは、知事は取締り職員
各自に対して改めて命ずる必要があるか。解釈に疑義があるので御教示いただ
きたい。

〔答〕　屋外広告物法第7条第3項の業務を屋外広告の行政を担当する職員が行な
う場合においても、知事は、担当職員に対して当該業務を行なうことを命ずる
ことを要するが、個々の対象物件ごとにこれを行なう必要はないと解する。

　　なお、当該職員に対しては、通常の職員証のほか上記の業務を行なうことを命
ぜられたものであることを証する証明書を交付し、携行させることが望ましい。

○違反屋外広告物に対するシール、ステッカー等の貼付について

$$\left(\begin{array}{l}\text{昭　和　57　年　3　月　12　日}\\\text{建　設　省　山　都　公　緑　発　第　1　号}\\\text{山　口　県　土　木　建　築　部　長　あ　て}\\\text{建設省都市局公園緑地課長回答}\end{array}\right)$$

〔問〕　本県では、違反広告物があとをたたない状況にかんがみ、本年度から全県
下一斉の違反広告物除却作業を実施することとしました。しかしながら、違反
広告物は数多く掲出されているのに対して屋外広告物の事務に携わる職員の数
があまりにも少なく、行政代執行法に基づく行政代執行手続等をとることは事
実上不可能な状況にあり、このため、屋外広告物法第7条第3項及び第4項に
基づく除却（以下「簡易除却」という。）ができない広告板、広告塔等の広告
物については、同じ違反広告物でありながら、手続上の問題によりそのまま放

置せざるをえないという不公平な結果をきたしております。

そこで、本県としては、これら簡易除却ができない違反広告物については、住民に対する注意の喚起及び掲出者に対する警告の観点から、除却作業の際に当該広告物が違反広告物である旨を示すシール、ステッカー等を貼付することを検討しておりますが、このような措置をとることについて下記のとおり疑義がありますので、御教示願います。

記

1　このような措置をとることは法律上可能であるか。

2　このような措置をとつた場合、他の制度（たとえば、刑法上器物損壊罪）との関係で問題はないか。

〔答〕　1　おたずねの措置は、違反者に対する事実上の警告又は自発的な義務履行についての勧告若しくは説得の手段と解するのが適当である。このように解することにより、法令上の根拠なくおたずねの措置をとることができるものと解される。

　なお、当該措置の取扱いに際しては、以下の点に留意されたい。

(1)　当該措置を違反者に対する事実上の警告又は自発的な義務履行についての勧告若しくは説得の手段と解する以上、シール、ステッカー等の表示内容もそれにふさわしいものとすること。

(2)　当該措置を行うことにより美観風致を害することのないようシール、ステッカー等の大きさ、意匠等について十分配慮すること。

(3)　当該シール、ステッカー等も屋外広告物に該当するものであるので、条例に当該措置を行うことの根拠となる規定がない場合には、当該シール、ステッカー等は貴県の屋外広告物条例の規制を受けるものであること。

(4)　当該措置については行政不服審査法（昭和37年法律第160号）による不服の申立てはできないと解されるので、条例に違反していない広告物について当該措置を行うことのないよう注意すること。

(5)　なお、当該違反広告物を掲出する物件を設置し、又は管理する者を過失がなくて確知することができない場合には、おたずねの措置を屋外広告物法第7条第2項の公告手続として位置づけることもできると解される。すなわち、本条の公告の具体的方法は法律上特段の定めはなく、条例上の制約がないのであれば、適当な方法によることができると解されるのであり、当該違反広告物にシール、ステッカー等を貼付することにより公告をすること、あるいは公告に係る物件の特定方法として当該物件にシール、ステッカー等を貼付すること（たとえば、「シールを貼つたもの」という形で物件を特定すること）は、本条の趣旨からみて、適当な公告方法であると解される。

2　おたずねの措置をとつた場合の他の制度との関係は以下のように解される。

(1)　刑法との関係については、当該措置をとることが刑事上の罪の構成要件に該当したとしても、正当業務行為として刑法第35条により違法性が阻却される場合には犯罪は成立しない。この場合、当該措置の態様が如何なるものであつても一律に正当業務行為として違法性が阻却されるわけではないが、違法性が阻却されない場合においても、広告物の重要な部分（たとえば商品名等）以外の部分に貼付するようにする等広告物本来の効用を減却しない方法で当該措置をとれば、刑法第261条の罪（器物損壊罪）は成立しないと解される。従つて、おたずねの措置をとるに当たつては、シール、ステッカー等の規格、表示される文言、貼付の態様等に配慮し、広告物本来の効用を減却することのないよう万全を期されたい。

(2)　財産権の侵害による損害賠償責任については、当該措置をとることが屋外広告物法第1条所定の法目的達成のため相当の範囲内のものである場合には違法性が阻却され、行政当局は損害賠償責任を負わないものと解される。

(3)　憲法との関係では、屋外広告物の規制事務を行うに際しては、国民の政治活動の自由その他国民の基本的人権を不当に侵害しないように留意することが必要とされている（屋外広告物法第15条）。従つて、おたずねの措置をとるに際しては、特に政治活動、労働運動、市民運動にかかわる広告物の取扱いについて、国民の基本的人権を不当に侵害することのないよう慎重を期されたい。

○屋外広告物条例適用上の疑義

（昭　和　57　年　11　月　9　日
建　丘　都　公　緑　発　第　4　号
福　岡　市　都　市　計　画　局　長　あて
建設省都市局公園緑地課長回答）

〔**照会**〕　屋外広告物条例の適用に当たり、警察との協議の中で、許可申請者、除却命令等の相手方について、実際行為者が、対象ではないかとの疑義が示されているので下記について、御意見を伺います。

記

1　標準条例第5条（許可地域等）における「広告物を表示し、又は広告物を提出する物件を設置しようとする者」に示された「表示しようとする者」、「設置しようとする者」の意義について。

(1)　「表示しようとする者」は、法人、事業主又は個人が、その業務内容、知らせたい事等の広告を表示しようとする場合、その広告物の内容を表示しよ

うとする主体（法人、事業主又は個人）、又は主体から委託を受けた者（広告業者等で広告業者等の責任により表示を行うもの）と解してよろしいか。

　⑵　「設置しようとする者」は、その物件の所有者が、物件の権利・義務について、最終的責任を負うところから、その物件の所有者（法人、事業主又は個人）と解してよろしいか。

2　標準条例第14条（除却義務）、第15条（措置命令）、第17条（除却命令）等における「広告物を表示し、又は広告物を掲出する物件を設置する者」に示された「表示する者」「設置する者」の意義について。

　⑴　「表示する者」は、1による広告物の内容を表示した主体（法人、事業主又は個人）、又は、その委託を受けた者と解してよろしいか。

　⑵　「設置する者」は、1による物件の所有者（法人、事業主又は個人）と解してよろしいか。

3　標準条例第25条、第26条、第27条による罰則の適用について。

　罰則の適用については、1、2による主体、又は主体から委託を受けた者、若しくは、物件の所有者、及び「行為者」と解してよろしいか。

〔**回答**〕　昭和57年7月20日付け福都計第814号をもつて照会のあつた標記について、下記のとおり回答する。

記

1　⑴　屋外広告物標準条例（案）（以下「標準条例」という。）第5条にいう「広告物を表示しようとする者」とは、広告物を表示することを決定し自ら若しくは屋外広告業者等に委託する等により当該広告物を表示しようとする者（以下「広告主」という。）又は広告主より委託されて広告物を表示しようとする屋外広告業者等をいう。

　⑵　標準条例第5条にいう「広告物を掲出する物件を設置しようとする者」とは、その物件を設置することを決定し自ら若しくは屋外広告業者等に委託する等により当該物件を設置しようとする者（以下「設置主」という。）又は設置主より委託されて広告物を掲出する物件を設置しようとする屋外広告業者等をいい、当該物件の所有権を有すると否とを問わない。

2　⑴　標準条例第14条、第15条、第17条にいう「広告物を表示する者」とは、1⑴の者で現に広告物を表示している者をいう。

　⑵　標準条例第14条、第15条、第17条にいう「広告物を掲出する物件を設置する者」とは、1⑵の者で現に当該物件を設置している者をいう。

3　標準条例第25条、第26条、第27条により処罰対象となる者は、この各条に定める違反行為をなした行為者である。

　ここでいう行為者とは共犯関係にある実際に行為をした者、屋外広告業者、広告主、設置主等を含む概念である。

改訂22版　東京都屋外広告物条例の解説

1987年 3 月20日　第 1 版第 1 刷発行
2023年10月 6 日　第22版第 1 刷発行

監修　東京都都市整備局都市づくり政策部緑地景観課
編著　東 京 都 屋 外 広 告 物 研 究 会

発行者　箕　浦　文　夫

発行所　株式会社 大成出版社

東京都世田谷区羽根木 1 — 7 —11
〒156-0042　電話(03)3321—4131(代)
https://www.taisei-shuppan.co.jp/